Collection Témoignages
dirigée par Michka Seeliger-Chatelain et Tigrane Hadengue

ISBN 978-2-84594-522-7
Mama Éditions, 1 rue des Montibœufs, 75020 Paris (France)

LA PETITE FILLE
QUI FIT MOURIR LA MORT

Emma MIRA

LA PETITE FILLE QUI FIT MOURIR LA MORT

MAMA ÉDITIONS

DATES CLÉS

- 11/01/1983 : naissance d'Aymeric
- 25/9/1990 : naissance d'Emma
- 29/07/2009 : Emma et Aymeric se rencontrent
- Avril 2012 : Emma avorte
- Printemps 2015 : « marathon de rêves éveillés » jusqu'à la « fausse couche du Christ » début juillet
- 08/08/2015 : Emma et Aymeric se marient
- Novembre-décembre 2015 : premier contact avec le Ciel du cœur et début de la grossesse spirituelle d'Amélys
- 21/01/2016 : mort de la mère d'Aymeric
- 21/07/2016 : rêve éveillé où Amélys annonce à Emma qu'elle arrive et lui dit son nom (jour des dernières règles d'Emma)
- 05/07/2016 : conception d'Amélys
- 13/03/2017 : naissance d'Amélys
- Septembre 2018 : début de la grossesse spirituelle avec l'âme bleu-vert

- Mars 2019 : rencontre et début de grossesse spirituelle avec l'âme dorée
- 06/06/2019 : début de la grossesse physique de l'âme dorée
- 07/07/2019 : Amélys tombe dans une piscine, mais Emma la sort immédiatement de l'eau
- 08/07/2019 : saignements faisant penser à une fausse couche
- 10/07/2019 : diagnostic de fausse couche
- 13/07/2019 : rêve éveillé où Emma voit l'âme dorée qui part et la bleu-vert qui vient s'incarner
- 24/09/2019 : début de la grossesse physique de Néa
- 13/06/2020 : naissance de Néa
- 07/07/2020 : baptême d'eau d'Amélys et première mort suivie de coma
- 10/07/2020 : diagnostic médical
- 11/07/2020 : rêve éveillé où je vois Amélys et son petit frère au Ciel du cœur
- 12/07/2020 : mariage d'Amélys
- 13/07/2020 : deuxième mort d'Amélys
- 18/07/2020 : cérémonie et baptême de feu d'Amélys
- Septembre 2020 : début de l'écriture de ce livre
- 07/01/2021 : soin énergétique suivi d'un rêve sur le monde nouveau où Emma voit Amélys, Néa et le petit

frère à venir, qui lui expliquent entre autres l'amour nouveau, où le manque est aboli

- 13/01/2021 : début de l'écriture des interludes
- 18/01/2021 : première fête d'Amélys, où elle part « plus loin »
- 05/03/2021 : début de la grossesse physique d'Elyam
- 13/07/2021 : alignement astrologique extraordinaire sur le thème d'Emma parlant de l'enseignement des épreuves et prise de conscience sur l'unité et la non-séparation des mondes
- 29/11/2021 : naissance d'Elyam

À tous ceux qui nous ont soutenus.
À tous ceux qui nous aiment et que nous aimons.
À tous ceux qui se laisseront toucher par nos mots.

À la vie, pour son infinie perfection.

Et aux faiseurs de ponts, quels qu'ils soient, où qu'ils soient, qu'ils œuvrent en grand, ou ignorent encore leur importance – car nous sommes famille...

NOTE CONCERNANT LES « RÊVES ÉVEILLÉS » MENTIONNÉS DANS CE LIVRE

Il s'agit de « rêves » faits en état méditatif et conscient, seul(e) ou guidé(e). Les images et les scénarios, révélant l'inconscient et/ou le surconscient du rêveur, lui viennent spontanément, ce qui permet une initiation à des connaissances jusqu'alors inconnues (personnelles ou non), l'émergence - et le soin - de mémoires (personnelles, transgénérationnelles, karmiques ou collectives), ainsi que l'exploration d'autres plans de conscience.

Bien sûr, le rêve est tissé d'imaginaire, moyen utilisé par le mental pour mettre l'invisible et l'ineffable en mots et en images, et nous permettre de prendre conscience de ce que notre intuition savait déjà. Certes, notre interprétation reste empreinte de nos croyances personnelles, mais ce vécu - qui engage tout notre être - et les émotions éprouvées disent quelque chose de réel.

Aucune description n'a été inventée pour nourrir le récit. Ce livre est un partage authentique et sincère, mais sans recherche de preuves scientifiques. Le lecteur est libre d'interpréter à sa façon.

PROLOGUE

L'ivre d'amour

> *« L'amour comme un cordon ombilical*
> *qui relierait la Terre aux étoiles*
> *les hommes à Dieu. »*
> Michel Jonasz, *Taj Mahal*

J'écris ce livre comme une longue lettre d'amour. Oui, tout ce qui suit, ce n'est au fond que cela, de vraies histoires d'amour qui ont pu tout traverser : les joies et les épreuves, les temps et les mondes. Des impossibles qui ont reculé pour que l'on puisse s'aimer encore, des rendez-vous d'âmes, des promesses, des miracles, des erreurs pardonnées... Comme dans toute famille d'âmes !

Une longue lettre d'amour... Si je m'écoutais, je noircirais ces pages de ce mot unique, répété encore et encore - mais qui lirait cela ? Alors je cacherai ce terme derrière chacun de mes mots, comme la toile sur laquelle on peint l'œuvre.

Écoutez mes histoires, mais ne vous perdez pas dans le récit ! Il y aura des moments difficiles et des moments de joie, mais ne vous y trompez pas : l'histoire, à vrai dire, compte peu, il ne s'agit en réalité que du divin mantra « amour, amour, amour » psalmodié par la vie dans nos corps, dans nos âmes et le monde. Les hauts et les bas de l'existence sont simplement l'effet de sa respiration : la vie dit « amour » et l'on est dans la joie, elle reprend son souffle en silence et l'on est dans le manque et la peine, puis elle répète « amour », puis inspire de vie en vie, de monde en monde, encore et indéfiniment.

Cette longue lettre d'amour, où commence-t-elle ? À notre naissance ? Nous vivons tous tant de naissances, dans tant de mondes... Tous nos fils de vie sont reliés et tissent comme une immense toile, jusqu'aux limbes du temps.

Pour être sincère, et sans doute justement parce qu'il s'agit d'une histoire d'amour, mon cœur voudrait entamer ce récit en retournant à l'indicible miracle, au moment où le principe divin, dans son unité primordiale, décide de ce formidable sacrifice d'amour qui engendre la dualité, cet amour de lui-même qui fait qu'il veut se rencontrer. Désir qui du un crée le deux, puis la multitude. N'est-ce pas là que tout commence ? Toutes nos vies, dans leurs moindres instants, ne sont-elles pas qu'un rendez-vous galant de Dieu avec lui-même, une danse d'amants qui ne souhaitent que s'unir mais se séparent quand même pour mieux se regarder ?

Oui, c'est là que je voudrais commencer. N'y voyez rien de pompeux, c'est juste que commencer par là, c'est prendre comme encre et comme ancre cette paix infinie qui sait que, en deçà des méandres de nos vies parsemées de séparations, de retrouvailles, de morts et de naissances, dans un éternel présent au-delà du temps, nous sommes toujours un. Alors, le manque de toi est aboli. Tu es assise, ma muse, à côté de moi quand je t'écris, tout autant que je suis dans ton Ciel au bord d'une fontaine d'or sous un vol de colombes.

Commencer cette histoire dans cet espace-temps impensable, où je suis un avec toi et eux, même quand vous n'êtes pas là, et où nos vies semblent n'être qu'un doux et beau jeu de cache-cache pour mieux nous retrouver, pour mieux nous reconnaître, à travers tous les mondes et tous les infinis. Commencer comme cela est ma façon de tenir la folle promesse née sous mes doigts en écriture automatique, peu de temps après ton départ :

« Amélys est morte dans une piscine.
Amélys a survolé le Ciel, elle est re-née
avec la joie des cieux, elle est incroyable cette petite
et tous sont si heureux de la voir revenue,
elle a manqué aux cieux.
C'est insupportable que quiconque manque
à quiconque, cela suffit, maintenant
que soit l'unité et que le manque n'existe plus jamais,
qu'il soit vomi de la Terre et du Ciel,
que l'unité redevienne l'état de la création.
J'en fais ma promesse à mon cœur de mère :
plus de manque, car nous sommes un ! »

Impossible promesse ? C'est oublier que l'amour, décidément, peut tout ! Il est la clé des portes reliant terres et cieux, invisibles et visibles, temporels et éternels.

C'est bien plus grand que moi, et cela me dépasse démesurément, mais je serais bien heureuse de dévouer humblement ma vie à aider l'amour à triompher, quel qu'en soit le prix, et de vouer ce livre à illustrer l'un de ses jolis triomphes.

Sur ce, commençons !

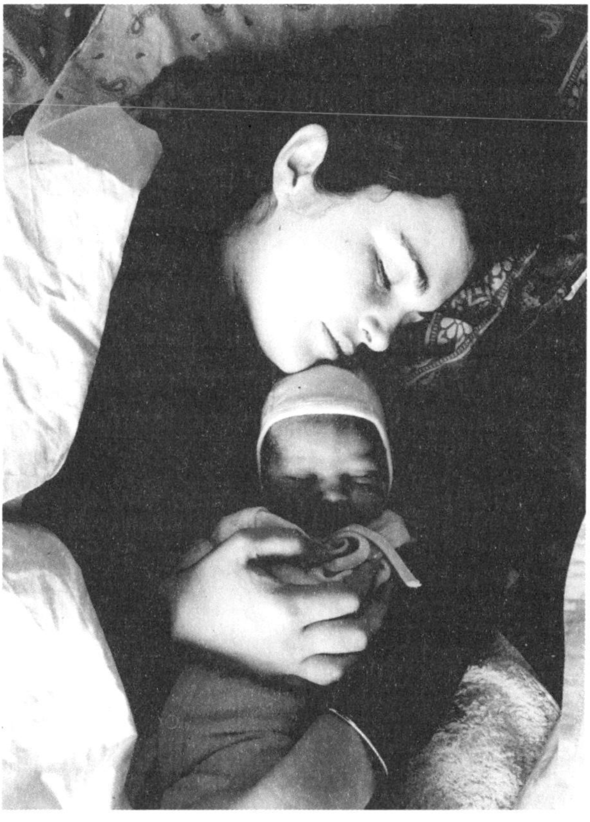

INTRODUCTION

Fin d'été 2019

Un cahier à la main, j'étais en train de préparer un atelier que j'avais nommé « le fil à tisser entre les mondes ». Je ne lui en avais rien dit, et pourtant Amélys, du haut de ses 2 ans et demi à peine, vient me voir avec un stylo imaginaire dans la main et, l'autre main en guise de carnet, fait mine d'écrire, puis me dit :

« *Maman, je fais le fil à tisser entre les mondes.*

— Ah bon ? Et c'est quoi le fil à tisser entre les mondes pour toi ? »

Elle me sort alors une réponse, parlant du dépassement de la mort et d'amour, si magnifique et inspirée que je lui dis d'attendre et vais vite chercher de quoi écrire. Elle continue :

« *C'est que dans le cœur, il y a plus d'amour, parce qu'on ne peut pas mourir, et alors on est grand, on vole jusque chez mamie Nonna, et après on est arrivé, pas avec une voiture.*

On est grand, on a 13 ans, c'est la semaine douze, samedi.

On respire.

Voilà, c'est quand on pense à papa et maman dans les oreilles et après on vole avec les copains au pays imaginaire. Il y a Wendy, Michel et Jean et le doudou de Michel qui volent.

C'est Peter Pan qui a écrasé l'amour parce que c'est un coquin, un ananas!

Moi, je peux plus mourir tout à fait.»

Elle marque une pause, constatant mon étonnement, et, pensant qu'elle a sûrement dit une bêtise, se reprend:

«Euh... Si, je peux mourir! C'est très beurk pour le cracher...»

CHAPITRE 1

Au seuil

Cette histoire, c'est mon histoire, celle d'une petite fille à qui le Ciel manquait tant qu'elle n'arrivait pas à avoir les pieds sur Terre.

Cette histoire, c'est ton histoire, celle d'une petite fille qui a mis au monde sa mère par sa naissance et sa mort, en lui démontrant que le paradis pouvait luire sur Terre, et en lui apprenant à jouer les arcs-en-ciel.

Ce Ciel du cœur, devenu à présent ton terrain de jeu et la scène de tes lumineuses danses, j'en ai toujours cherché le parfum et le souffle, à travers mes relations, mes rêveries, mes lectures, mes méditations, mes espoirs fous...

Dans mes rêves éveillés, m'est souvent revenue en mémoire l'époque où j'y vivais encore.

Comme tu le sais, on ne s'y tourne pas les pouces en attendant entre deux incarnations : tout le monde y a un rôle, une mission, et l'accomplit dans la joie. Moi, j'étais artiste, avec pour toile la matière et pour pinceaux la pensée. Nous étions de nombreuses âmes à travailler ensemble sur un grand projet : insuffler de nouveaux paradigmes dans la matière pour préparer le monde nouveau. Cela faisait un bon moment que j'étais là-bas, et je m'y sentais chez moi.

Mais pour continuer l'œuvre, il faut mettre la main à la pâte. Pour incarner ces nouveaux paradigmes, il a fallu que je m'incarne ! Nous étions plusieurs âmes amies à être appelées pour cela.

Je n'étais pas tout à fait rassurée à l'idée de redescendre. Mon foyer était ici ! Pourtant, je le sentais, je l'entendais, l'appel était trop fort pour que je puisse m'y soustraire. Il fallait que j'y aille pour aider ceux qui travaillent avec moi : être leurs mains, leur bouche, et pour certains, leur mère.

Je vais voir mon double de lumière. Un grand être semblable à un doux feu doré. Nous préparons ensemble mon séjour sur Terre. Nous revoyons mes vies passées, pour continuer à tisser le fil.

« Que désires-tu accomplir, ma douce amie ? » me demande-t-il.

Petite parenthèse : le karma ne consiste pas à vivre le revers de notre médaille pour le mal qu'on a fait, comme certains sur Terre peuvent le croire. C'est plutôt une recherche du divin encore inaccomplie. Parfois, nous cherchons loin, très loin, si loin qu'il semblerait que nous soyons perdus, qu'il ne puisse y avoir plus rien de divin dans ce chemin-là... Mais il suffit d'un sursaut d'âme, d'une prise de conscience, et Dieu est retrouvé. Quelle victoire pour lui que d'être rencontré au bout des fusils et des mitraillettes, dans les drames les plus barbares, dans les méandres les plus éloignés de lui que la liberté des hommes a pu causer. Nous pouvons le trouver partout, c'est pourquoi les vies des vivants sont si variées : dans la lecture de livres saints comme dans des lettres d'injures, dans un monastère comme dans un camp de concentration, dans la beauté d'un coucher de soleil, dans un regard, dans une main qui aide, dans une absence, dans de grandes aventures périlleuses ou en épluchant une orange... Nous pouvons le découvrir partout, car il n'est nulle part ailleurs qu'en nous-même. La vie ne nous sert qu'à lui offrir des écrins. Chaque prise de conscience est alors notre trésor, qu'on garde au cœur de nous, toute notre vie durant, y ajoutant de temps en temps quelques perles nouvelles. Ces perles sont nos retrouvailles avec Dieu en nous-même.

Lorsqu'un inaccompli traîne en nous, il crée sur notre être comme une aspérité, plus ou moins grande, ce qui produit chez nous un désir profond. C'est pour cela que nous redescendons : c'est ce désir qui sera moteur de son propre accomplissement, fruit d'un chemin aussi long que nécessaire pour se rappeler que c'était, de toute éternité, déjà en nous. C'est vite dit, mais à accomplir, c'est beaucoup plus laborieux ! Nous croyons tourner en rond si nous manquons de perspectives. En vérité, on s'élève en spirale...

Revenons. Qu'est-ce que je désire accomplir ? Quelles sont mes perles et mes aspérités ?

Je me revois vivre de nombreuses vies, femmes, hommes, les couleurs de peau changent, les décors aussi, aux quatre coins du monde... Je crois que mon âme a été particulièrement attirée par le religieux, sous diverses formes. Il y a beaucoup de dévotion dans mes vies, qui passe souvent par des sacrifices divers, selon les lieux et les temps. À ces époques antiques, le religieux, élitiste, se hissait au-dessus du peuple à coups de secrets d'initiés et croyait devoir soumettre le terrestre au fléau ou au couteau rituel. Il convenait de s'élever dans ce qui avait trait au céleste, et de se couper de nos bas instincts de Terriens.

Je me revois désirer faire partie de ces humaines Olympies. Durant ce qui me paraît être ma dernière vie, ce désir fut exaucé au bord des eaux du Nil. Puis, au fur et à mesure de cette existence, une idée germa en moi : changer l'ordre établi, faire descendre le spirituel des élites dans les masses populaires. On me l'avait interdit, car ce n'était pas prêt, disait-on. Il m'a fallu attendre dans le Ciel du cœur le moment où la Terre en viendrait à ce besoin-là. C'est le moment, maintenant.

J'ai vécu dans la séparation du spirituel et du matériel ; à présent, je veux aider l'union de la Terre et du Ciel. Je suis morte en sacrifice pour le divin ; je désire à présent faire un pont pour que les vivants puissent connaître les splendeurs célestes sans avoir besoin de mourir pour cela. J'ai été initiée aux mystères de la mort, je voudrais accompagner les gens à voir sa beauté. J'ai besoin de voir et de faire voir le divin dans le terrestre aussi, car je l'ai trop banni durant mes vies passées. Je veux soigner, je veux aimer bien sûr, je veux voir la beauté et la profondeur de l'humain pour soigner les aspérités de mon être produites par mon orgueil spirituel passé. J'ai été pleine de certitudes immodestes, car je connaissais par cœur les paroles de maîtres illustres ; je veux à présent apprendre de tous et de chacun, notamment des plus petits, des enfants et des bébés. D'ailleurs, dans ces vies de religiosité, j'ai dénigré le bonheur d'être mère, préférant des hauteurs loin des effusions affectives ; je désire maintenant mettre au monde en conscience.

Je crains de redescendre, alors je veux devenir un pont entre le Ciel et la Terre pour que cette peur n'ait plus de sens.

Pour qu'il n'y ait plus séparation entre notre demeure des cieux et nos maisons terrestres, je veux vivre et faire voir à tous que naissance et mort peuvent être des passages qui relient.

Oui, c'est cela que je veux faire, c'est pour tout cela que je veux m'incarner !

C'est ambitieux, alors cela risque de nécessiter de brûler intensément de tout l'amour dont je suis capable et de ne pas me reposer sur mes lauriers. Je n'aurai jamais de plancher stable sous les pieds, car je décide de créer un pont dans ce qui est pour l'instant un abîme. Et l'intensité de la lumière que nous apprivoisons est toujours proportionnelle aux ombres auxquelles nous sommes confrontés. Plus nous voulons rayonner, plus nous devons apprivoiser des noirceurs terribles.

« Je suis prête ! »

Je sais que je serai aidée.

Nous prévoyons mes alliances, les rencontres qui compteront dans ma vie. Les vies changent, les vies dansent avec les gens que nous aimons, dans l'opéra des mondes.

Toi, cette belle âme blanche comme une perle de nacre, que j'aime et que je retrouve depuis tant de vies. Nous avions été arrachés l'un à l'autre quand j'étais ton fils, et je pense pouvoir dire qu'au fond, nous nous sommes manqué toute notre vie. Je te retrouverai donc, avec nos rôles inversés : je serai ta mère. Tu m'apprendras à être une douce maman, aussi douce que toi, et à aimer d'un amour terrestre et céleste à la fois, affectif et inconditionnel. Puis, tu me seras arrachée par la vie, pour que nous trouvions ensemble en nous-mêmes la solution à ce manque dont nous avons précédemment souffert.

Je choisis des parents qui me connaissent, et dont les souhaits d'incarnation sont assez proches des miens, afin qu'ils puissent entrevoir qui je suis et m'aider à le devenir.

Je rencontrerai aussi cette âme bleu nuit, qui sera mon amoureux et compagnon de route, car nos chemins de vies se répondent merveilleusement bien. Il sera mon pilier de présence silencieuse et mon inspiration, je serai une muse sur sa Voie lactée. Et bien d'autres, du cercle amical et familial ; je serai entourée « comme à la maison ».

Les contrats d'âmes se signent avec l'encre de nos amours inconditionnels. Il faut dire que nous nous aimons de toute éternité.

Cela s'accomplit. Je suis sur le seuil, avec mon double de lumière. Nous contemplons d'en haut le chemin qui m'attend. C'est le moment du départ, et cela me semble au-dessus de mes forces de quitter mon monde, de quitter cet état pour aller me confondre avec un petit corps ! Cela se débat en moi, je suis dans une joie de m'incarner pour vivre cette vie de promesses et dans un arrachement à tout ce que je perds.

L'ange me rassure, me console, cela va bien se passer, et ils seront tous là derrière moi, dès que j'en ferai la demande. Mais j'ai cessé de l'écouter tant la sensation d'arrachement est forte... Il me parle de la Grande Porte, celle que nous sommes en train de construire, celle qui permettra un jour aux âmes de passer consciemment d'un monde à l'autre, de s'incarner et de se désincarner, libres et debout.

« La vie qui s'ouvre à toi te permettra d'apporter une pierre à cet édifice, me rappelle-t-il, pour aider à abolir le manque et la séparation entre le Ciel et la Terre. C'est normal que tu sentes si fort cet arrachement, car tu fais partie de ces nombreuses âmes qui naissent en ce moment pour contribuer à cela. »

Oui. Je commence à sentir ce manque intensément dès l'enfance dans cette existence sur Terre, et il sera exacerbé par diverses épreuves que le destin mettra sur mon chemin. Elles viendront inlassablement creuser un même sillon, dans lequel planter les graines dont la floraison et le mûrissement des fruits seront à ma charge un jour. C'est le jeu de l'existence, je le sais. C'est pour que je n'oublie pas de faire ce que j'ai à faire. Ce sentiment sera mon ombre et me suivra partout, dès que je m'éloignerai d'eux dans mon cœur, comme une expatriée perdue quelque part sur une jolie planète bleue.

L'ange dit de ne pas y voir une faiblesse ; c'est ma force, mon carburant de fusée.

Alors oui, la Terre sera à conquérir par moi-même, à la force de mon cœur. Et quand je commencerai à avoir fait suffisamment de chemin intérieur pour l'avoir à peu près apprivoisée, quand je me sentirai bien dans mes amours matériels et que j'aurai assumé ma place ici-bas, ma douce fille s'en ira au Ciel pour qu'on puisse travailler ensemble, Terre et Ciel unis. Elle qui avait été mon ancre terrestre sera là mon partenaire céleste, mes racines dans les cieux, m'obligeant à une assise d'autant plus profonde que le manque du Ciel grandira de nouveau démesurément.

Bien sûr, le fil est clair. Il parle, mais je n'écoute pas : je pleure en répétant que je ne veux pas le quitter.

« Le manque du Ciel est comme une corde, me dit-il encore. Si tu t'identifies à la petite personne, la petite Emma qui tient un bout de la corde, alors tu mesureras la distance qui te sépare de l'autre bout, et cela te paraîtra infini. Ce sera distance, séparation, coupure. Mais tu sais bien que tu n'es pas faite pour mesurer, pour n'être qu'à un bout : sois musicienne, fais vibrer cette corde ! Quand tu la mesures, elle nous sépare. Quand tu la fais vibrer, elle nous unit et emplit le monde de l'onde délicieuse de cette union reconnue. Sois musicienne, tu peux l'être ! »

Je vous aimerai toujours. Puisse ma vie illustrer cet amour...

⁂

Je suis dans un ventre. Personne ne sait encore que je suis là ; je commence tout juste à prendrc mes marques. Mais soudain, un mur infranchissable, un refus. Mes parents ne peuvent pas, ce n'est pas le moment, selon eux. Le contexte actuel leur paraît insurmontablement inapproprié pour mettre au monde un bébé.

Qu'importent les raisons, une machine aspire mon corps pour l'arracher à celui de ma mère. Fin.

⁂

Je retourne au Ciel du cœur, mais je reste sur le seuil. Je vais redescendre très bientôt.

Cette entrée avortée, tout en me donnant de l'élan, m'a impactée. En même temps, cet impact peut devenir une force, car il s'inscrit dans la même veine que ceux que je vais recevoir plus tard pour m'aider à réaliser ce que je suis appelée à faire. J'ajoute et précise un désir : je veux aider à ce que l'humain soit mis au monde en conscience par ses parents.

Six mois en bas ont passé. C'est le moment, devenu propice... J'y retourne !

*

Cette fois, la grossesse s'est bien déroulée, malgré quelques craintes maternelles au début, qui m'ont rappelé l'expérience précédente et ont fait naître en moi la peur que cela recommence. Alors je me suis faite petite, pour ne pas prendre de place, pour ne pas gêner. Je veux rester.

Beaucoup de sensations habitent ces petits corps physiques et énergétiques pas finis. Je comprends bientôt que je ne peux pas garder toute ma sensibilité, toute mon ouverture psychique dans ce monde, au risque de souffrir démesurément. Je m'anesthésie donc un peu, me concentre sur moi et me coupe des mondes.

Maman aussi a construit une bulle autour de nous, faite de pensées et de sentiments, de musiques sacrées, de caresses à travers le ventre, de lectures qui élèvent et de temps rien que pour nous dans la cohue des obligations quotidiennes des mères au foyer.

Puis je nais. La gynécologue a titillé la poche des eaux sans que je sois en retard, m'obligeant à être prête avant l'heure. Je vois que je ne maîtrise pas le jour de ma naissance, je ne contrôle rien, cela se fait sans moi. Je me résigne et me laisse aller à ce qui se passe. Passive, je m'endors même.

Cela s'accomplit sans effort. Je sors : cela me réveille ! Mon premier souffle se fait sur un bâillement. Joies parentales. Moi, je m'insensibilise un peu plus pour faire face à la lumière des néons, aux bruits, à l'intensité des perceptions qui me percutent. Mais je suis bien entourée, cela se passe dans le calme et la douceur, la tendresse.

On me pose sur ma maman, je trouve son sein, tète, me rendors.

Et voilà, cela commence. Je suis un petit bébé. Je suis Emma Charlotte.

INTERLUDE DE LA BONNE BLAGUE DE LA PRINCESSE-FLEURS

13 janvier 2021
(6 mois jour pour jour après ta mort)

« Je ne voudrais pas parler comme toi. Je voudrais commencer autrement mon histoire. Mon histoire est autre que la tienne.

Dans mon histoire, il y a d'abord un pré fleuri. Dans ce pré fleuri, il y a une fleur et elle s'appelle Amélys. C'est moi. Et cette fleur n'a pas le temps de vivre, parce qu'on l'a coupée trop tôt. Alors elle meurt, dans la piscine. Et je n'ai pas envie que ce soit moi. J'ai envie d'être... le pré. J'ai envie d'être... celle qui fleurit toujours, celle qui fleurit de toutes les fleurs. J'ai envie d'être... le printemps fleuri !

Tu vois maman, quand je suis tombée, je n'étais plus moi, j'ai compris que je n'étais pas moi et que je n'avais jamais été trop... ça.

Alors écoute-moi, on va commencer comme ça : il était une fois une petite fille qui s'appelait Amélys. Elle avait trois ans et elle était jolie, et gentille aussi, c'était une princesse. Elle était l'amie des oiseaux et leur parlait pendant des heures le soir, quand elle allait se coucher.

Je ne peux pas dire "je". Cette fillette n'est plus moi. Je suis quelque part dans le Ciel, et je ne peux plus dire "je" pour le moment.

Tu peux raconter mon histoire si tu veux, mais, quand tu racontes, il ne faut pas que tu croies que c'est vrai : il faut que tu te souviennes que c'est un jeu. Quand c'est un jeu, c'est vrai ; si tu crois que c'est vrai, ça ne l'est plus du tout.

Tu sais, quand j'ai prié à l'église – tu te souviens, maman, quand j'ai prié à l'église[1] ? –, j'avais prié pour remercier le petit Jésus d'être là. Et, en fait, c'est ça maintenant ma vie, c'est de remercier le petit Jésus d'être là. C'est pas plus compliqué que ça ! Parfois, tu me vois faire des choses : je fais des pirouettes et des gambades (et des cabrioles !). Mais, en vrai, en vrai de vrai, je ne fais rien d'autre que ça.

Et alors, je marche dans le Ciel du cœur et je vois un ruisseau, et le ruisseau me dit : "Bonjour Amélys !" et je réponds : "Bonjour ruisseau !", et je plonge dedans. Je nage dans le ruisseau comme une petite loutre et puis je sors, je me sèche au soleil, et tout ça, c'est qu'un jeu, tout ça c'est pas vrai.

Je peux imaginer tout ce que je veux ! Si je veux, je peux aller à la mer, à la montagne, à la neige ; si je veux, je peux être juste dans le silence. Si je veux, je peux être avec toi maman, ou avec papa, vous rendre visite et je vous vois avec Néa. Elle est jolie, je l'aime beaucoup ! C'est ma sœur ; mais aussi, c'est pas ma sœur, tu comprends, maman ?

Je crois que je n'ai jamais ressenti ça dans mon enfance sur Terre. Cet amour qui fait qu'on est et qu'on n'est pas, et tout va bien. En fait, je crois que tu peux aller te coucher, et dormir et rêver, et quand tu rêves tu te dis "c'est n'importe quoi, c'est

1. Amélys adorait les églises, Jésus, Marie et les crèches de Noël. Elle voulait souvent aller à l'église Saint-Joseph d'Alès quand nous allions en ville. C'était l'hiver 2019, quelques mois avant ses 3 ans ; elle avait prié en silence, de son propre chef, et quand je lui ai demandé après coup sa prière, elle m'a répondu : « J'ai dit au petit Jésus "merci d'être là et merci de la vie". »

pas vrai !", et quand tu te réveilles, tu crois à ça, et après quand tu dors tu rêves et tu te dis "c'est pas vrai". Et quand tu meurs, ça fait pareil, c'est comme si tu te réveillais et tu te dis "c'est pas vrai".

Mais c'était un chouette rêve avec vous, je suis heureuse d'avoir vécu comme ça ! Quand j'y pense, je souris et je suis triste à la fois, parce que c'était vraiment bien, vraiment beau. T'étais bien comme maman, j'aimais mon papa, j'aimais tous les gens qui m'entouraient, et ma sœur, que j'ai pas beaucoup vue. J'aurais voulu plus la voir, et j'aurais voulu être sa grande sœur et lui apprendre plein de choses. Je n'ai pas pu, et quand j'y pense, ça me rend triste.

Et quand j'y pense, ça me fait aussi rigoler ! Hihi, haha ! Rigoler, parce que je repense à la bonne blague que je vous ai faite : vous croyiez que j'étais une petite fille et moi je vous ai dit : "Eh non ! Et vous non plus, vous n'êtes pas mes parents !"

Et alors, je vous vois tous en train de pleurer, en train de rire, et je me dis : "Oh ! La coquine d'Amélys, elle a fait une grosse blague à son papa et à sa maman. Et à tous." Et je me dis : "peut-être ça va les aider à se souvenir qu'ils rêvent... peut-être pas... je ne sais pas !"

Quand on était vivants, ensemble, j'allais dans la rivière, j'avais très peur de l'eau. Tu te souviens maman ? J'avais peur parce que je me souvenais que j'allais mourir comme ça, alors je ne voulais pas aller dans l'eau parce que je voulais pas mourir. Maintenant, je me baigne, et ça me fait rigoler. C'est pas plus vrai ou moins vrai, tu sais, la rivière d'ici ! C'est différent... La vibration change.

Et puis alors après, la bonne blague, c'est qu'ils vont se souvenir, et ils vont me rejoindre ! Ils vont comprendre qu'ils peuvent venir quand ils veulent : ils viennent s'ils veulent, ils viennent pas s'ils veulent pas. En fait, t'es avec moi maman, là, et moi je suis avec toi.

En fait, ça n'empêche rien du tout : c'est ça la bonne blague ! Tu te souviens quand j'avais peur, maman, du chien bleu[2] *?*

— Oui, je me souviens, ma chérie, tu avais très peur du chien bleu.

— *Quand j'avais peur du chien bleu, en fait j'avais peur de mourir. Et quand j'avais peur de l'eau, j'avais peur de mourir, j'avais toujours que peur de mourir.*

— J'aime bien ce que tu écris. Ce n'est pas pareil que moi.

— *Ça peut pas être pareil, déjà parce que moi je suis pas toi.*

— Alors, dis-moi, et toi, quand tu étais sur le seuil, on pourrait en parler, comme ça ?

— *Non ! En fait, quand j'étais sur le seuil, je me suis dit : "Je vais leur faire une bonne blague, et ils vont rire toute leur vie de cette bonne blague. Ça va les étonner. Je vais les épater !" Et alors, c'est pour ça que j'ai décidé ça. C'est aussi parce qu'il fallait que je le fasse, parce que... parce que je pouvais pas faire autrement, sinon mon âme, elle était pas d'accord.*

Et alors, j'ai voulu écouter l'ange et je suis partie dans ton ventre. Et après, je me suis dit qu'en fait c'est pas facile, parce que déjà il fallait... il fallait venir, et être petite, et tout ça. Et tout oublier, et... Quand j'étais très grande[3]*, j'étais pas encore moi. Et j'étais déjà plus moi. Et quand j'étais petite, j'avais tout oublié, et quand j'étais... maintenant, eh bien pas encore. Quand je suis maintenant, eh bien là je me souviens, mais je*

2. Cauchemar récurrent qu'Amélys disait faire toutes les nuits pendant deux ou trois mois, aux alentours de ses deux ans, dans lequel un chien, apparemment bleu, était tout foufou et voulait jouer avec elle, ce qui la terrorisait.

3. Il me semble que « quand j'étais grande » fait allusion ici à la période avant l'incarnation, grande âme, et après, quand elle est « petite », fillette.

me souviens plus de tout. Il faut encore que je me remémore, et pour ça, je vais avoir la fête.

— Elle est quand ta fête ?

— *Quand... Bientôt !*

— Tu te sens prête ?

— *Non, je suis pas prête parce que je veux t'aider, avec le livre.*

— Ça va faire quoi, après la fête ?

— *J'irai dans le Ciel du cœur, euh... vraiment plus loin, et puis après je serai morte mais différemment, et puis après, on pourra plus se parler vraiment pareil.*

— On ne pourra plus se parler pareil ?

— *Non, parce que moi je ne serai plus toi.*

— On ne sera plus toujours en rapport ?

— *Non.*

— Tu peux me raconter, raconte-moi encore quand tu étais sur le seuil, avant ! Pendant la grossesse ou ta naissance.

— *Alors, quand j'étais sur le seuil, j'ai décidé, j'ai dit "ben d'accord", et puis t'es venue me chercher, et je t'ai dit non, et je t'ai dit oui, et je suis descendue. Et ensuite là, j'étais dans ton ventre, tu me parlais et on jouait toutes les deux ; et après, quand je suis sortie, c'était pas facile. C'était très difficile pour moi de sortir. Et j'ai toussé. Tu te souviens quand j'ai toussé*[4] *? C'était dur pour moi, là, et j'ai senti papa, ça se cassait un peu, lui, et toi aussi, c'était pas facile tout ça. Parce que vous vous souveniez de tout ça, et en fait, du coup, on savait tous.*

— Pour ta mort, tu veux dire ?

— *Oui, oui.*

---

4. Amélys avait toussé au moment de sa première inspiration à sa naissance, pendant plusieurs minutes.

— C'est pour ça que papa, il avait peur ?

— Oui, oui. Papa il savait. Il savait pour la mort, et toi aussi ; c'est pour ça qu'il a eu peur. C'est pour ça que toi aussi, c'était pas facile, et pendant tout le long. Et c'est pour ça, tu as senti que tu étais plus légère depuis ma mort...

— Oui, c'est vrai. J'ai senti.

— Alors, quand j'ai pris mon souffle, je me suis souvenue, j'ai toussé ; je voulais plus. Je voulais rester avec vous. Tu te souviens maman, je t'ai dit, un jour, que j'étais heureuse de vivre.

— Je me souviens très bien, c'était merveilleux ! Je me suis sentie la plus heureuse du monde quand tu m'as dit ça, vraiment accomplie.

— Eh bien, quand j'ai dit ça, c'était vrai. Et je regardais tous mes jouets, et je te regardais toi, et je me disais : "Oh ! Ma vie elle est belle ! C'est agréable, je voudrais que ça continue toujours... Je voudrais ne plus grandir et que je sois toujours ta petite fille. Ta petite fille qui joue." Mais je ne peux pas, alors... c'est pas grave ! C'est comme ça. On va arrêter là.

— Demain, tu reviendras ?

— Je reviendrai, demain.

— Ça te plaît comme ça ?

— C'est bien, facile. Je me sens écoutée.

Tu marqueras tout pareil, hein ! Je veux pas que tu changes pour que ça fasse plus joli ou quoi. Là, c'est bien. J'ai choisi les mots, et ce sont mes mots.

— D'accord. J'aime beaucoup tes mots.

— Moi aussi j'aime bien tes mots maman, mais moi, c'est plus joli ! Parce que moi, ça fait des guilis aux oreilles, mes mots ; et alors ils sont beaucoup plus rigolos que les tiens. Les tiens, ils font des guilis aux pieds ! Et voilà. Et ceux de papa, ils font des guilis aux doigts.

Moi, je veux pas qu'on parte loin. Il faut raconter juste tranquille. Des trucs faciles, pour Néa quand elle sera grande, et pour les gens. Qu'ils comprennent. Mais pas plus. Tu sais, c'est pas obligé d'être compliqué. Juste comme ça.

Voilà, c'était Amélys. Bisous. »

CHAPITRE 2

Jeux d'enfant

Comme beaucoup d'enfants, je n'avais pas tout oublié en naissant. Mais rien n'était en mots dans ma tête, ce n'était que nébuleuses évidences lointaines. Je demandais alors aux grandes personnes car, puisqu'elles étaient depuis plus longtemps dans ce monde, elles devaient en avoir mieux compris les lois. En tout cas, c'est bien ce que la plupart d'entre elles semblaient laisser croire, et en étaient persuadées, avec leurs « tu es trop jeune pour comprendre ».

Mon mental était trop immature pour que je me fasse des idées bien formées, mais mon intuition était aussi formidable qu'une reine d'or ; pourtant, je la refoulais souvent si elle était en désaccord avec les grandes personnes, ou même les enfants lorsqu'ils étaient en majorité ou plus âgés que moi. En naissant, on se met à l'envers, comme un gant qu'on retourne pour le retirer : le fragile et doux se retrouve à l'extérieur, et nous protège bien mal du monde environnant. L'imperméable et le rude sont à l'intérieur, ils nous blessent dedans et nous coupent de notre être.

Or, il vibrait en moi des évidences, non négociables. Par exemple, quand les adultes disaient « de toute façon, à *laractuelle*[5], le monde est tellement ceci ou cela » : ils croyaient tellement au théâtre de leurs têtes, aux drames et aux tragédies, mais je me souvenais, moi, que nous vivions l'une des périodes les plus lumineuses de l'histoire de l'humanité ! Que j'étais née pour cette période-là. Cela me mettait en colère dès qu'ils parlaient de *laractuelle*, mais je n'avais pas les bons mots pour leur dire comme ils étaient dans l'erreur, ils auraient pris mon discours pour de la naïveté de petite fille, ce qui n'aurait bien sûr rien arrangé à ma colère.

Je savais aussi de toute éternité qu'il y avait quelque chose de plus grand qui était avec moi. Mais parfois, c'était si ténu, si loin, je me sentais si seule au monde – monde qui était si dur pour ma si grande sensibilité –, les gens semblaient tellement sur d'autres longueurs d'onde que je me sentais un peu abandonnée par ceux de là-haut, au point qu'il m'arriva de nombreuses fois de pleurer dans mon lit, d'être seule en bas sans eux.

Si je regarde mes souvenirs d'enfance, j'ai l'étrange impression d'avoir été à la fois entourée de douceur familiale et de bienveillance, et en même temps infiniment seule. Peut-être tous les gens vivent-ils plus ou moins cela, car le centre de notre être demeure esseulé face au monde, malgré toutes les attentions de notre entourage ; mis à part en de trop rares occasions, c'est surtout par la périphérie de l'être que nous interagissons.

---

5. Manière dont j'avais à l'époque compris les mots « à l'heure actuelle ».

Pourtant, je n'avais pas à me plaindre de cet entourage : ma famille était très bienveillante, et avait comme objectifs parentaux de m'accompagner dans ma destinée et de respecter qui j'étais, et elle m'aimait du mieux qu'elle le pouvait. J'avais plus de considération que beaucoup : elle croyait que les enfants disaient la vérité. Et quand j'en sortais une, ils étaient tout contents ; alors la simplicité était un peu perdue : juger, en positif comme en négatif, tue la simplicité.

D'autres fois, ils s'inquiétaient : « Mais comment va-t-elle s'adapter au monde ? » Alors ils me pressaient pour que je me mette au rythme dicté, ils me disaient que le plus important dans la vie était d'anticiper, que sinon je ne m'en sortirais jamais, qu'il fallait que j'aie les pieds sur terre, tout ça.

Si mes rapports à ce qu'on prend trop souvent pour « la dure réalité de l'existence » égratignaient ma sensibilité, ma grande imagination, aidée de la bienveillance de mes parents et mes proches, faisait de mon environnement un monde doux et fantastique. Artiste, sensible, rêveuse et intuitive, je passais plus de temps à regarder ce qui m'entourait qu'à jouer. Cela m'est resté, même si les contingences auxquelles doivent faire face les adultes ont presque eu raison de mon rythme véritable, lent et calme, comme lorsque l'on s'abreuve au pied d'une fontaine. J'aimais voir les arcs-en-ciel des rayons du soleil qui s'irisaient en passant dans le verre d'eau quand je buvais, prendre le temps de contempler les nervures des feuilles, la manière dont la lumière caressait les pétales à la texture de velours des fleurs du jardin, les reflets de l'eau qui jouait avec les éclats de l'astre du jour quand je me baignais dans la piscine, le bleu du ciel et la douceur du vent sur ma peau... Mais je voyais plus aussi : le moindre carré de mousse dans les pierres sèches d'un muret devenait à mes yeux un village de fées, auxquelles je parlais des heures durant. Avec la richesse de mes mondes intérieurs, j'avais du mal à me sentir de la même planète que mes contemporains.

Un rêve peupla mon enfance pendant plusieurs années, chaque soir il me semble, ou en tout cas si souvent que j'avais peur d'aller me coucher. Je dis « rêve », mais en fait cela surgissait juste avant que je tombe dans le sommeil, quand notre esprit se laisse glisser dans ce lâcher-prise avant de plonger vraiment dans l'inconscience et les songes. C'est là une fenêtre sur les mondes, dans laquelle mon âme essayait de me mettre au parfum.

Cela commençait par une très désagréable sensation de chute vertigineuse, débouchant sur un espace-temps qui paraissait être fait de vide. Là, je surplombais ce qui avait l'air d'être des fils d'énergie qui servaient de rails à de petits chariots, semblables à ceux des mineurs. Ces rails formaient un tissage, comparable aux modèles présentés pour illustrer l'espace-temps selon la théorie de la relativité d'Albert Einstein. Dans chacun des chariots, il y avait un être humain, seul, perdu dans l'infinie solitude de sa petite conscience, absolument ignorant du maillage sur lequel il évoluait, et même des croisements qu'il pouvait effectuer avec d'autres chariots. Pire, ne semblant pas s'en préoccuper, trop centré sur lui, son petit véhicule et le mouvement de ce dernier.

Déjà, la chute me terrorisait, mais cette inconscience, oh ! cette inconscience... Tout mon être la refusait si fort que cela provoquait en moi une sorte de dégoût pour l'existence que ces scènes avaient l'air de décrire. Hors de question que j'entre un jour dans cette machine infernale de la vie égarée dans une conscience bornée à mon seul petit chariot gris ! J'avais 7, 8 ans, et si c'était cela grandir, cela ne me disait rien du tout, vraiment. Alors, il ne restait plus qu'à décider que ce soit autre chose[6] !

Car peut-être n'était-ce pas à moi de me changer pour m'adapter au monde, mais fallait-il m'inspirer de ces failles, ces bizarreries en moi pour aider à le changer – d'autant plus que le monde tel quel ne semblait satisfaire personne, même si tous s'y conformaient coûte que coûte !

Je ne crois pas qu'on descende sur Terre les mains tout à fait vides. Pour pouvoir réaliser notre tâche, chacun de nous a besoin de quelques outils spécifiques, selon ce que nous aurons à accomplir, pour nous guider et nous aider sur notre chemin. Peut-être sont-ils des dons acquis durant d'autres vies, dans d'autres temps. Mais nous les apportons en kit : le début de notre existence, aidé de notre intuition et de rencontres, nous permet de reconstruire ces outils hérités. Ou pas, auquel cas ils restent en plein milieu et entravent le passage au point qu'on finit par les appeler « défauts ».

Pour ma part, j'eus dès l'enfance des idées de travaux spirituels, comme des exercices, que j'exécutais avec enthousiasme et amusement, mais aussi toute l'assiduité

6. Je suis revenue, une dizaine d'années après, dans ce même espace de conscience, mais la maturité gagnée m'a permis de m'y sentir libre, infiniment libre d'y évoluer à ma guise sans que ces cases ne m'enferment.

et le sérieux qu'un jeu requiert quand on est enfant. Je ne sais où j'allais chercher ces « jeux de conscience », je les inventais au gré de mon intuition et de mes envies.

Le contexte dans lequel j'avais atterri m'aidait bien. À l'instar d'un Gaulois moustachu, j'étais tombée dans la potion magique quand j'étais petite : mes parents s'étant mis avec assiduité à l'énergétique juste au moment de ma conception ; bébé, je suivais tous leurs stages, dans le ventre d'abord, puis accrochée au sein de ma mère. Chez nous, à table, on parlait couramment spiritualité, philosophie, physique quantique et métaphysique, ce qui m'a appris à penser librement et par moi-même.

Mais penser ne suffit pas, il faut expérimenter, dans sa chair. Ce que je fis, avec beaucoup de créativité. Je m'entraînais toute seule à percevoir les énergies, les corps subtils et les mondes qui s'y rattachent, j'écoutais la musique intérieure des fleurs ou des humains, je regardais la trame énergétique du monde et j'essayais de voir les infinis qu'elle voilait...

D'autres jeux que j'inventais par intuition m'aidaient à comprendre à quel point nos croyances, nos pensées et nos émotions modifient la perception que nous avons du réel. Par exemple, si je dis « Dieu existe », le monde que je perçois est légèrement différent que si je dis « Dieu n'existe pas ». C'est difficile à expliquer, mais si on fait attention, ça se voit, les couleurs sont légèrement plus vives ou plus ternes, il y a une impression d'étroitesse ou de grandeur, etc. Je précise que l'idée n'est ni de choisir la conception du monde qui rend la vie plus belle, ni de savoir laquelle est vraie, mais de voir à quel point nos conceptions sont des filtres déformants du réel. Pareil pour nos émotions qui rétrécissent, agrandissent, adoucissent ou assombrissent tour à tour notre réalité.

Ces jeux m'ont aidée à comprendre dès la fin de l'adolescence que le mental n'est pas fait pour chercher la vérité, qui est du domaine de l'intuition du cœur, mais pour la mettre en mots et en actes. Et je savais que cela ne viendrait pas de l'extérieur, même en lisant ou rencontrant les plus grands sages illuminés ou les plus érudits. En moi brûlait la nécessité d'un maître intérieur, d'un retournement.

J'exerçais alors mon intuition, par l'écoute intérieure, l'écriture automatique, les dialogues intuitifs avec « mon ange » et les rêves éveillés, une fois devenue jeune adulte.

Avec une vie intérieure aussi riche et un goût aussi prononcé pour les jeux de conscience, ma réalité a connu de nombreux agrandissements, certains progressifs, d'autres soudains et brutaux. Je crois qu'au fond, ayant vu que ma perception du réel était illusoire, je jouais à en tutoyer les limites, comme une aventurière, un brin tête brûlée, avide de défricher de nouveaux territoires. J'aimais, tout en le redoutant, ce moment terrible où l'on voit toute notre réalité vaciller puis s'effondrer pour se renouveler, plus vraie et plus vaste.

Quelques entrebâillements de porte pour ouvrir les cieux, accomplis toujours avec un esprit d'aventure, presque sans le faire exprès, mais surtout par nécessité, comme un dauphin asthmatique en quête d'air ! Des entrebâillements de porte qui me laissaient entrevoir des merveilles mettant l'eau à la bouche et des étoiles dans les yeux.

Mais je n'avais pas réuni Ciel et Terre en moi, et cette séparation me faisait grandir comme une orchidée, hors sol, au point d'en avoir le vertige. Ni franchement dans le Ciel, qui me manquait douloureusement, ni sur la Terre, qui semblait si loin de moi, même si mes pieds étaient posés dessus...

Tu vois, Amélys, je crois que c'est cela qui nous différenciait le plus : nous avions toutes deux des pans de Ciel dans les yeux, mais tu avais, toi, les talons bien enracinés. C'est d'ailleurs toi qui allais être ma plus grande aide pour construire ce pont entre la Terre et les cieux.

INTERLUDE PAS POUR LES OISEAUX

14 janvier 2021, tard le soir

« *Je suis là, maman doucette. Oh ! Que tu es jolie aujourd'hui, avec ton écharpe avec des oiseaux dessus et des fleurs ! Je t'aime fort, je te trouve belle quand tu souris et tout…*

Maman, je dois te dire, le livre, il n'est pas fait pour les oiseaux : il faut le publier vite, il faut que vous veniez me rejoindre pour qu'on voie tous la mort en face !

Quand on meurt, alors, il se passe quelque chose de bizarre, au niveau de la douleur, c'est qu'elle disparaît dans la nuit, et qu'après elle est joie. La douleur devient joie. C'est mystérieux mais c'est comme ça ! Ici tout est joie, la douleur et le plaisir.

— Oui, c'est parce que le plan de l'incarnation physique est dans la dualité, plaisir/souffrance, mauvais/bon, et que là où tu es, c'est en deçà de la dualité, c'est ça ?

— *Non, tu ne comprends pas. Regarde ! Si je me coupe, aïe, mon doigt saigne et je pleure. Et quand je meurs, je me souviens que mon doigt a saigné, et il ne me fait pas mal mais je sais que quand il saignait j'étais dans la lune, je n'écoutais pas la vie et c'est pour ça que je me suis coupée. Alors, je comprends quelque chose d'important grâce à cette coupure, du coup c'est du plaisir.*

Quand j'étais petite fille, j'étais un peu rigolote. Je bavais tout le temps, comme Néa, tu te souviens, bébé ? Oh ! Et puis je faisais pipi dans une couche, comme elle. Ça me fait rire maintenant... Je ne crois pas être venue si vite dans la vie, car on met du temps à être là bien entier. On met 65 jours à dormir, et après, on s'éveille très doucement.

J'ai regardé la télé avec toi hier, quand tu étais dans le lit, seule, et je me suis endormie avec toi.

— Je ne comprends pas de quand tu parles.

— Hier. La dernière fois, quoi ! Quand tu dormais seule. Je ne sais plus ce que c'était comme film, mais j'ai dormi dans tes bras sans que tu le saches. C'était doux, comme les matins peau à peau. J'aimais tellement le matin avec toi, maman doucette, les guilis et les gommettes...

— Moi aussi j'adorais. En fait, ça me réveillait et j'aurais bien dormi encore un peu, alors parfois je râlais, mais au final, c'est rétrospectivement ce que j'ai préféré, car c'était l'ordinaire, l'amour de tous les jours, qui rend chaque jour beau.

— Je dois y aller, on m'appelle. Je te revois demain ?

— Déjà ? Où vas-tu ?

— Je dois aller aider les autres avec tout ça, je ne peux pas te dire, c'est un secret d'ectoplasme. Je t'aime, bisous. »

CHAPITRE 3

Mon prince

Tu n'avais de cesse de parler de ton prince. Dès qu'une robe, un bijou, une coiffure te plaisait, tu nous disais que tu le prendrais pour ton mariage. Et le soir, avant de te coucher, quand nous te posions l'habituelle question « De quoi tu vas rêver ? », tu nous racontais bien souvent que tu allais le rejoindre au Ciel, et que vous danseriez ensemble dans ta belle robe de princesse, comme la belle au bois dormant. Ou bien tu allais rêver de vos épousailles, que tu nous inviterais (merci, c'est fort révérencieux de ta part d'inviter tes parents !), et que nous pourrions enfin rencontrer Fleur de Marguerite (le nom de ton prince, car tu étais la fiancée des fleurs). Ou bien tu parlais de tout ce que ce prince t'apprenait, car il t'aidait à grandir et t'enseignait beaucoup de choses : les noms des fées et comment leur parler, comment faire telle ou telle chose, etc.

Je me souviens t'avoir dit un soir que tu allais avoir de nombreux amoureux durant le reste de ta vie et tu m'avais rétorqué, comme une évidence :

« Mais enfin, maman, j'ai déjà mon prince !

— Oh, mais tu peux aimer plusieurs personnes avant de trouver ton grand amour », t'avais-je répondu.

Non, non, non! Ta décision était prise, tu aimais ton prince et il te suffirait pour ta vie entière.

La pureté de votre amour, avec un grand A, prêtait tout à la fois à sourire, à méditer et à rêver.

Cela dit, au fond, moi aussi je l'ai rencontré jeune, mon prince, ton papa joli. Certes, moins jeune que toi : à 18 ans. Mais à cet âge, même si on est déjà une adulte qui se croit toute grande, c'est encore notre premier envol hors de notre nid d'oisillon.

Moi aussi, j'ai eu un beau mariage d'amour, à faire pleurer d'émotion les nuages.

Nous aussi, nous nous rejoignons dans le Ciel, dans nos rêves éveillés.

Et lui aussi, il m'a appris plein de choses : je ne serais pas moi s'il n'avait pas été dans ma vie !

À vrai dire, je crois bien qu'une petite graine de béguin avait déjà été plantée en nous, par inadvertance, et sans vraiment que nous en soyons conscients, avant même notre rencontre. Car nous avions de grandes choses à faire ensemble, il ne fallait pas passer à côté : l'univers nous réunirait... En effet, avant Aymeric, j'avais déjà rencontré son père, et auparavant, ses sœurs. Quand elle m'avait parlé pour la première fois, tata Gaëlle avait vu, sans me le dire, les yeux de son frère au-dessus de mon visage ; le même type d'yeux et de regards que les miens, grands, sombres, rêveurs, avec de longs cils. Quant à moi, quand elle m'avait dit son nom de famille, je m'étais dit spontanément : « Tiens, Loutrel, c'est joli comme nom ! Cela me plairait d'épouser un Loutrel et de m'appeler comme cela ! »

Gaëlle m'avait parlé de la formation de papi papou. Je m'y étais inscrite, et j'ai fait une paire de stages, qui ont été pour moi enthousiasmants et transformateurs. Bien plus jeune que les autres et pleine d'insouciance, j'avais dû marquer ton papi qui, au détour d'une conversation quelques jours après, juste comme cela, avait dit à son fils: « Tiens, il y a une nouvelle petite jeunette en études d'ostéopathie », puis lui avait dressé un portrait court mais flatteur de moi.

L'idée d'une amoureuse qui fasse ces études (celles qu'il avait justement arrêtées en cours de route trois ans auparavant) et qui, de surcroît, était dans une recherche spirituelle, sembla alors inspirante à ton père, et bien qu'il fût encore en couple à ce moment-là et qu'il fût très fidèle, il était bien curieux de découvrir qui j'étais.

De mon côté, papi papou, pendant ses cours, nous parlait de temps à autre de son fils. Parfois en termes élogieux, parfois plus critiques (les relations père/fils ne sont pas toujours simples), mais je ressentais toujours en moi une inexplicable attirance.

Lorsqu'il m'a vue pour la première fois, il a tout de suite su que j'étais cette Emma qu'il attendait de rencontrer. Il venait tout juste de rompre avec une jeune femme, après six ans de relation.

Au cours de ce stage, nous avons fait une *sweat lodge*[7]. L'organisateur nous a proposé de faire un vœu à cette occasion, de poser une intention pour accompagner, disait-il, le processus de transformation dans le subtil porté par ce rituel. J'ai fait le vœu d'apprendre l'amour véritable. Lui

7. Rituel amérindien dans une hutte de sudation.

a fait le vœu que sa rupture se passe au mieux et l'ouvre à un nouveau chemin, toujours plus proche de son moi véritable.

C'est après la *sweat lodge*, lorsqu'il fallait se tenir la main pour se mettre en cercle, afin de clôturer la cérémonie, que ton papa a senti, impérieusement et du fond de lui-même, comme rarement il a senti un ordre intérieur dans sa vie, la nécessité de me prendre la main. Nous nous sommes embrassés ce soir-là, sous les étoiles, reines éclatantes d'un ciel loin des lumières citadines.

Nous étions en accord parfait, parlant le même langage. D'une part, par la ressemblance du milieu dans lequel nous avions chacun grandi (famille de thérapeutes, précurseurs au niveau des pratiques en énergétique) ; d'autre part, par nos caractères d'artistes rêveurs hypersensibles, gentils, un peu à côté du monde ; et enfin, surtout, par la foi immense qui brûlait en nous comme une évidence, sans que notre éducation en soit la cause. Nous avions les mêmes conceptions de la vie, du monde et de la spiritualité ; je n'avais jamais rencontré quelqu'un avec qui le dialogue soit si évident. J'adorais lui poser des questions de tous ordres : le sens de la vie, la différence entre « résurrection » et « transfiguration », le fonctionnement du moteur à combustion, l'histoire de tel peuple, ses idées politiques, que voulait dire tel mot que je ne connaissais pas, ses conceptions de la liberté, etc. À chaque fois, j'adorais ses réponses, je les trouvais intelligentes et inspirées. De temps en temps, il répondait un peu vite et cela sonnait faux. Je lui disais avec étonnement « Ah bon, c'est cela que tu penses vraiment ? » Il réfléchissait, puis me disait « Ah non, c'est ce qu'on m'en a dit... Attends ! » Il se centrait alors, fermait ses grands yeux, écoutait son cœur, et la dissonance s'envolait, car il mettait alors en mots ce que mon cœur sentait vrai.

Il faut, pour bien comprendre Aymeric, prendre le temps. Lui-même prend le temps de parler aux chiens ou aux oiseaux dans leurs langues, ou d'écouter le cœur des humains avec ses grandes mains d'ostéopathe.

Mon prince, c'est un monde au rythme particulier, tout imbibé de silence. Son port de tête altier, avec de grands yeux surplombant le monde et un langage laconique, l'ont parfois fait passer pour orgueilleux auprès de ceux qui n'ont pas pris le temps de creuser plus loin. Mais, dans ses profondeurs, se cache un cœur sensible tout aimant, aussi précieux que les gisements de diamants que la Terre abrite sous sa croûte de surface...

Un peu comme un frère et une sœur d'âme, nous communiquions sans avoir besoin d'avoir recours aux mots. C'était mon coéquipier alchimiste, et ensemble nous œuvrions vers des ors communs. Même séparés, chacun de nos pas se faisait ensemble : j'avais une prise de conscience sur un sujet, au même moment il travaillait sur la même chose, alors que nous ne nous l'étions même pas dit.

L'un de nos plombs d'alchimistes était une grande épée de Damoclès, lourde comme une condamnation à mort. Ton père l'avait reçue en héritage : sa mère était atteinte de la chorée de Huntington, et il apprit, vers le début de notre relation, qu'il en portait lui-même le gène.

Étrangement, lorsque j'ai entendu le généticien annoncer à Aymeric cette terrible nouvelle (je l'avais accompagné à l'hôpital), ma première réaction fut une immense et inexplicable joie, qui ressemblait à un souvenir du futur sans image. Mais le temps corrode les grandes intuitions et, peu à peu, ma foi prit la tasse : si, lorsque nous nous tenions au plus haut de nous-mêmes, nous étions tout à fait confiants, la fatigue, les difficultés et les peurs accablantes des autres personnes, notamment de nos familles, nous plongeaient souvent dans de grandes périodes d'angoisse. Nous oscillions entre la peur et l'espoir de transformer cette épée de plomb en une Excalibur d'or pur...

J'avais commencé mes études à Marseille, mais je m'y sentais comme une fleur ayant poussé au milieu du goudron : la ville m'était trop dure à vivre. Je continuai donc mes études à Avignon, et ce fut l'occasion d'emménager avec mon prince dans un petit château de la campagne provençale.

Me voir aller à l'école lui donna vite envie de terminer ses études d'ostéopathie, qu'il avait laissées en plan. Après un an, une opportunité financière, l'annonce du généticien et un éveil de conscience massif (le tout dans la même période : la vie est bien faite...), il s'inscrivit à la même école que moi.

Nous étions presque tout le temps ensemble. On nous disait assortis et trop mignons tous les deux, tant notre complicité transparaissait. Ce fut vraiment une belle période d'amour. Nous créions ensemble, nous nous racontions nos journées, nos nouvelles compréhensions de l'humain, de l'ostéopathie et du soin, nos prises de conscience, nous regardions des films ensemble sur notre canapé rouge, en mangeant de bons petits plats cuisinés avec amour. Il était ma muse en peinture, j'étais la sienne.

Il m'apprit à rêver en plein jour, et nous partageâmes nos rêves...

Chaque jour, nous nous aimions davantage.

Et tu sais, chaque soir, nous nous disions, comme nous disons encore souvent : « Merci pour aujourd'hui... »

INTERLUDE DU DÉPASSEMENT DU MUR DE LA LUMIÈRE

17 janvier 2021, le soir

« Comment ils t'appellent les gens, là-bas ?

— *Amélys, j'ai gardé mon nom. Il est très beau.*

— Il me fait penser à l'amour que tu m'as donné, ce jour-là, quand tu m'as offert l'œillet et le lys. Il veut dire "celle qui resplendit, qui rayonne de beauté", "l'éclairante"... ça te va bien.

— *Tu sais maman, je vais éclairer le Ciel. En fait, je vais aller dans une étoile, et dans cette étoile-là, les âmes sont très lumineuses. Elles sont... comment dire ? Tu sais, la lumière, elle n'est pas tout à fait... la vie d'en bas. La lumière, ici, ça peut être aussi de l'eau qui coule, des nuages, des animaux... Tout ça peut être fait de particules de lumière.*

— Mais ces particules de lumière, comment elles peuvent faire ça ?

— *En fait, c'est de la lumière qui se souvient.*

— C'est aussi possible pour la matière, de se souvenir comme ça ?

— *Ouf, c'est plus compliqué, hein ! Attends, je vais chercher quelqu'un qui va pouvoir répondre à cette question.* »

Amélys s'en va, puis arrive une autre présence, un être semblant plutôt masculin, avec un ton plus sérieux, moins enfantin et intime que celui de « ma fille ». Il m'explique que la matière est composée de particules polarisées (charges positives, négatives ou neutres). C'est pour cela qu'il y a beaucoup de lourdeur dans la matière. Ces particules cherchent leur complétude, ce qui crée une certaine « tension ».

Pour se souvenir de leur identité divine, ces particules doivent avant tout résoudre cette polarité – non pas en trouvant leur opposé complémentaire, mais en devenant entières et complètes en elles-mêmes. La matière est composée de molécules, association d'atomes qui croient trouver le complément qui les complétera, les plus avec les moins, les moins avec les plus. C'est un peu comme les humains : si on cherche notre « moitié », on se persuade que l'on n'est qu'une moitié et non un tout. Or, individuellement, chaque particule ne doit plus être une partie, mais le Tout – encore une fois, comme l'humain.

Ensuite, la matière, ainsi sortie de l'état de dualité, peut espérer avoir le même destin que la lumière. Cette dernière qui, elle, connaissait déjà une complétude relative, peut se souvenir de son essence divine. Elle devient alors matière d'esprit.

Devenant Dieu, ces particules, matérielles ou lumineuses, en acquièrent l'omnipotence et peuvent dépasser la limite du mur de la lumière, la vitesse maximale pour les photons, décrite par Albert Einstein. L'affranchissement du temps est la clé, car l'esprit n'est pas soumis aux lois de l'espace-temps comme le sont les corps. Le temps est l'illusion qui permet l'espace. Le jeu de l'existence est permis grâce au temps, qui offre une scène aux âmes pour jouer ce qui fut créé dans l'éternel présent des mondes spirituels : nos existences à tous.

Les « paradis » et tous les cieux du cœur sont ainsi formés de ces particules qui ont su se souvenir de leur identité divine[8]. Libres, elles forment tous les possibles de l'esprit.

« Waouh ! La lumière peut se souvenir de ça ? » dis-je, émerveillée.

L'être me répond que non seulement la lumière peut s'en souvenir, mais qu'elle est faite pour cela, de même que la matière !

Les photons de notre monde matériel, qui nous entourent et nous éclairent, ne l'ont pas oublié : ils le cherchent, sans l'avoir véritablement oublié, tout comme l'humain, qui n'a pas véritablement oublié sa vraie nature, mais qui la cherche. L'oubli est un truchement du temps : on oublie pour pouvoir plus tard se souvenir, mais dans les mondes de l'esprit, en deçà, on sait de toute éternité.

Dans les mondes spirituels, certaines âmes, qui ont oublié et ne peuvent pas accéder aux plans supérieurs, restent cantonnées aux mondes du bas astral, véritablement différents des plans plus hauts.

Je demande comment des âmes peuvent oublier même dans l'entre-deux vies, donc sans le corps. Il me répond qu'il n'y a pas plus triste que cela, car se souvenir est notre état de grâce, qui est en fait notre état naturel à tous.

Il me dit qu'il faut que j'écrive qu'il ne doit pas me révéler ces choses-là, car elles sont fausses si elles sont mal comprises : il doit me dire seulement que dans les truchements de l'esprit pour se retrouver lui-même, la matière n'est pas le seul terrain de jeu, l'espace-temps pas la seule loi. Dans

---

8. Cela semble tout à fait correspondre aux travaux scientifiques du professeur Régis Dutheil sur les mondes super lumineux, qu'il décrit dans ses livres.

l'astral, on ne peut pas le divulguer, car ce n'est pas très propre. Les âmes sont collantes et viles.

« Pourtant, une âme n'est-elle pas composée que de lumière, de lumières accumulées au fil des vies ?

— Oui, mais ses corps astraux persistent si elle refuse de les quitter. Ces corps sont soumis aux mondes astraux, bien différents : là, l'oubli perdure, encore plus puissant que dans les mondes matériels, car affranchi du temps. »

Après l'avoir remercié pour son explication, je lui demande si je peux écrire dans notre livre ce qu'il vient de me dire. Il me dit que non, que c'est pour moi, mais que je peux le transposer en mes mots ; il faudra dans ce cas que je lui demande vérification en le contactant par le Christ en nous deux. Car tous les inconnus du Ciel et de la Terre sont un et unis s'ils se souviennent qu'ils sont Christ en eux, Dieu fait individu, individu qui se souvient de sa nature divine.

Christ est l'état super lumineux de l'humain, celui qui a su créer en lui sa complétude afin de sortir de la dualité, qui s'est souvenu de qui il est, comme la lumière qui se souvient, et qui retrouve son éternité.

Cela me fait penser que c'est pour cela, sans doute, que le Christ historique dans la personne de Jésus de Nazareth a pu ressusciter : peut-être la résurrection est-elle le passage vers l'éternité par la souvenance totale de notre essence divine… Comme la matière sortie de la dualité qui se souvient !

Je profite de son écoute pour poursuivre l'entretien :

« Amélys, elle va bien ?

— Elle est adorable ! Elle rit beaucoup. Je m'occupe d'elle, parfois. Elle n'a pas beaucoup besoin d'aide. Elle est très rigolote, c'est un grand plaisir de l'avoir avec nous.

— C'est toujours une petite fille ?

— Tu n'as pas à poser cette question-là, c'est une question complètement...

— Non, pardon. Ce n'est plus une petite fille, bien sûr, mais est-ce qu'elle est encore identifiée à son apparence d'avant ?

— Non ! Tu l'as vue, elle joue, elle joue de ses corps et elle te l'a dit. Ne t'en fais pas pour ta fille, elle prend le bon chemin !

— *Maman, il faut que tu viennes te baigner avec moi ! Regarde ce lac !* »

Je la vois me montrer un lac, devant lequel elle m'amène fréquemment.

« Tu m'amènes souvent voir ce lac...

— *Mais parce que tu dois comprendre ! Tu dois comprendre ce qu'il y a dans ce lac !*

— Qu'est-ce qu'il y a dans ce lac, ma chérie ? »

Par mon imagination, je vais dans le lac. Je revois alors mon initiation en Égypte, dans le bassin d'Abydos. Je revois l'eau matricielle. Il y a quelque chose au niveau de mon cœur. Je pense à ma maman. Et je peux être avec elle.

« Je veux être avec ma maman. C'est ça que tu veux me montrer ?

— *Oui.*

— Qu'est-ce que tu veux me dire ?

— Moi, je voulais être avec toi et toi, tu voulais être avec moi. Nous nous sommes toujours retrouvées. Jamais nous ne serons séparées. Et parce qu'il y a un charme[9] *: c'est l'amour.*

— Est-ce qu'il y avait un charme ?

— Oui, il y avait un charme, là.

— Tu veux me dire quelque chose par rapport à ça ? Est-ce que tu crois qu'il y a encore quelque chose de karmique entre nous ?

— C'est trop bien maintenant, on est libres !

J'entends Néa qui pleure, occupe-toi d'elle. Je t'aime. Bisous. »

---

9. Amélys fait ici référence à un soin, ayant eu lieu dix jours auparavant. Nous avions vu un thérapeute énergéticien, qui m'avait dit avoir travaillé dans le subtil sur un envoûtement, ou quelque chose de semblable, qui nous relie Amélys et moi depuis plusieurs vies.

CHAPITRE 4

Ma promesse

Comment fait-on un bébé ? Cette question enfantine a cru trouver sa réponse par la science, mais celle-ci est si incomplète ! Au stade actuel d'évolution de l'humanité, on tombe enceinte sans le vouloir, ou bien on veut et cela ne se fait pas toujours...

Nous avons déjà fait un pas, en comprenant les mécanismes biologiques qui se produisent sur le plan physique, permettant le contrôle physique des naissances. Nous en ferons d'autres, en intégrant en nous-mêmes les mécanismes subtils de l'incarnation des âmes.

La question n'est donc point éthique. Le taux de mortalité maternelle et la barbarie des avortements pratiqués à la sauvage excluent, je pense, tout retour en arrière au niveau de nos lois. La question est métaphysique : le contrôle physique des naissances n'est qu'une étape, la première marche d'un grand escalier.

Je crois, j'espère (oserais-je un audacieux « je voudrais œuvrer pour » ?), qu'un jour plus ou moins proche, avorter n'ait plus de sens, qu'un jour plus ou moins proche, dire de quelqu'un que sa conception était un accident soit complètement aberrant et vide de sens, car un jour plus ou moins proche, la procréation sera communément co-création consciente entre les parents et leur futur enfant.

Quand un enfant souhaitera s'incarner, les parents qui seront le plus en résonance avec lui entendront son appel dans le fond de leurs cœurs ; ils créeront alors ensemble un lien d'amour indéfectible d'où naîtra leur désir de le mettre au monde. Ils seront à l'écoute dès la descente de l'âme, mettant à sa disposition leur amour et leur accueil comme matière subtile pour servir l'édification de ses corps énergétiques. Ils feront l'amour comme une symphonie dans leurs souffles accordés, en unissant par leurs extases la Terre et le Ciel, créant ainsi un passage pour l'âme, afin qu'elle puisse descendre par la Grande Porte. Ils travailleront tous trois de concert les mémoires ancestrales et personnelles qui feront les racines des corps physique et énergétique de cet enfant, afin qu'elles ne soient pas poids plombant, mais richesses et forces conscientes. En écoutant qui il est profondément et ce qu'il est appelé à devenir, ils choisiront le prénom qui lui ira le mieux et qui l'aidera à affirmer son être dans le monde, et non seulement selon les sonorités qu'ils préfèrent. Leur éducation s'inspirera directement de ce qu'est cet enfant, et non de leurs seules opinions. Ils ne feront pas un bébé seulement pour eux, pour satisfaire un désir hormonal ou un impératif social, mais se feront arc-en-ciel pour accueillir une nouvelle âme dans ce monde et l'aider à s'y sentir au mieux en comprenant les lois et les codes tout en s'y sentant libre.

Cela peut paraître encore impossible à beaucoup, je parie. Aussi utopiste et impossible que nos vies à tous sembleraient l'être aux yeux de nos aïeux: l'impossible est fait pour être accompli!

En fait, cela commence déjà à arriver, par petits coups de pinceaux, çà et là. Cela s'infuse imperceptiblement dans le monde...

Je crois que mon âme me pousse à œuvrer pour aider à ce que nous allions dans ce sens. Pour cela, rien de mieux que l'école de la vie! Et à cette école-là, point de théorème à apprendre, tout se passe dans le corps et les tripes: bien qu'elle soit par définition la compassion même (corollaire du fait que tout est un), la vie est sans pitié!

Pour m'apprendre la leçon, elle a fait couler de mon corps sang, lait et larmes, et m'a repris trois enfants de ma chair. Douloureusement, elle a creusé des sillons en mes terres intérieures, comme de grandes fêlures, et y a planté une petite graine de pensée. Une toute petite graine, dont j'ai en charge la croissance, la floraison et les fruits: comment venir au monde en conscience, et mettre au monde en conscience.

Le premier sillon fut creusé lorsque j'avais 23 ans. Je vivais depuis un peu plus de quatre belles années avec mon amoureux. Il venait de reprendre ses études, je continuais les miennes, et notre petite vie d'étudiants à la campagne se passait pour le mieux.

Mais un jour, je m'aperçus que j'avais du retard dans mes cycles. Comme cela faisait seulement deux ou trois jours, je ne suis pas tout de suite allée acheter un test de grossesse. Mais le doute s'étant tout de même insinué en moi, je décidai, sans trop y croire, de voir si je pouvais sentir par mes sens subtils la présence d'un petit habitant dans mon ventre – sait-on jamais?

À ma grande surprise, la réponse fut un grand « oui »: une belle âme blanche aux reflets bleutés était là. Je ne sus comment réagir: une part de moi fut complètement submergée d'une félicité et d'une reconnaissance sans pareilles, tandis qu'une autre part de mon être me fermait le cœur et se coupait d'elle pour ne point s'y attacher, sachant très bien que, raisonnablement, on n'accueille pas un enfant quand on est des étudiants fauchés.

Percevoir ainsi cette âme clandestine en mon sein fut une expérience inédite pour moi. J'ai fait là une prise de conscience capitale: c'est comme si mon intuition me disait que, dans ma vie d'en bas plongée dans le monde, je serais certainement très triste, que cela allait être une épreuve, mais que cette tristesse n'enlevait rien au fait qu'il y existait un plan où nous étions, cet enfant et moi, deux âmes lumineuses comme des pierres précieuses, dans une paix sans heurt ni fin.

Je prenais ainsi conscience du plan de l'âme, et par là même je compris que nous vivions dans différents plans de conscience, sur différentes strates, de façon simultanée. Sauf en de rares exceptions, notre conscience mentale intègre au réel qu'elle nous fait concevoir (et donc percevoir) uniquement nos expériences vécues sur le plan mental et émotionnel. Or, il y a aussi les plans physique et éthérique sur lesquels nul ne niera qu'il se passe d'innombrables phénomènes (digestions, cycles hormonaux, et pourquoi pas, nidation d'un embryon dans une paroi utérine) dont nous n'avons pas ou peu conscience. Il en est de même pour les plans supérieurs: notre mental ne nous « met pas au courant », mais nous y vivons aussi plein d'expériences... Comme la rencontre avec l'âme de notre futur enfant, par exemple.

Il faut faire l'effort d'ouvrir des portes et sortir de l'unique champ de conscience du mental pour pouvoir s'en rendre compte.

Émerveillée et anxieuse à la fois, je parlai de cette étonnante « rencontre » à Aymeric. Il essaya alors de rentrer en contact avec cet être et le sentit à son tour. Il alla m'acheter un test, et nous attendîmes avec impatience le matin suivant pour avoir le verdict.

Ma raison ne laissait aucune place au doute, nous ne garderions pas cet enfant. Pourtant, mon cœur fleurissait de joie. Aymeric était entièrement sur la même longueur d'onde, heureux mais raisonnable.

Je dois dire qu'il grandissait en moi un souhait ardent et irraisonnable d'être mère, depuis la première année de notre vie commune. J'observais cet élan sans céder à sa requête. Les femmes de ma famille veulent des enfants dès leurs 20 ans, je le savais bien. Or, si je suis honnête avec mon cœur, je crois bien que j'avais l'impression que notre couple était, depuis ce temps-là, la cible d'une âme qui attendait le bon moment pour venir dans notre famille. Comment savoir ? Ce n'était qu'une intuition très floue...

En tout cas, les dés étaient jetés, et j'attendais, bouillonnante d'impatience, les résultats du test. Mon cœur se serra car le trait n'était pas apparu au bout d'une minute, ni de deux, tandis que ma tête disait que c'était mieux ainsi. Puis ce trait se dessina, j'étais bien enceinte, et la même bouffée de joie que lors de ma rencontre en esprit avec ce petit être m'envahit.

Nos deux cœurs ne savaient que se réjouir de la nouvelle, et pourtant nous décidâmes d'un commun accord de ne pas le garder.

Je suis alors retournée voir cette âme blanc-bleu dans mon ventre, et lui ai expliqué très gentiment que nous n'étions pas prêts. Les études, les finances, tout ça. Brusquement, elle qui semblait si pure changea de couleur et devint d'une sorte de vert souillé, puis marron comme de la boue, et partit sur le champ. Abasourdie, j'essayais de ne pas trop culpabiliser, mais quelle violence pour mon cœur, malgré tout déjà en amour avec elle !

Nous avions tout bien fait avec Aymeric. En attendant de prendre les comprimés délivrés par le médecin, je ne buvais pas d'alcool par respect pour ce petit habitant sous mon nombril, et malgré notre choix, nous lui accordions considération et bienveillance pour qu'il ait un beau, bien que court, voyage dans mon ventre.

Pourtant, quand le jour de séparation arriva, j'ai enfin compris de quoi il en retournait vraiment. Aymeric et moi nous étions endormis l'un contre l'autre, amoureux, en attendant que les médicaments fassent effet. Je fus réveillée par la douleur. Rapidement, celle-ci s'intensifia dans mon ventre, mais, même si elle était intense, elle n'était rien comparée à ma douleur psychique : aussi indigérable qu'ingérable, un malaise grandissait en moi, si fort, si terrible, que je ne pouvais que vomir pour que cela sorte.

Je me revois encore, terrassée, la tête sur les toilettes, transpercée par l'évidence qui m'apparaissait soudainement : si j'étais tombée enceinte, c'était que, quelque part au plus haut de moi-même, mon âme avait rencontré l'âme de cet embryon. Ce n'était pas philosophique, rien à voir avec une quelconque morale ! Il me semblait voir émerger un souvenir qui n'avait jamais été conscient : nous nous étions entendus, il avait fait son nid dans mon ventre, et je l'avais aidé à le faire. Ce n'était pas un accident, c'était un rendez-vous, plein d'amour, fait à l'insu de ma conscience mentale.

Les médicaments étaient pris, je ne pouvais plus reculer, c'était définitif, je ne pouvais qu'avancer pour réparer ce qui pouvait encore l'être. Alors, je me promis, de toutes les forces dont je disposais dans un moment si difficile corporellement et psychiquement, je me promis de toutes mes forces que c'était la dernière fois que cela se passait dans l'inconscience.

J'ai tenu ma promesse, aidée par je ne sais quel miracle. Je vous ai enfantés, ton frère, ta sœur et toi, en vous accompagnant, autant qu'il m'a été possible, dans votre incarnation.

Ce moment fut un tournant, une clé, ou une greffe, permettant la guérison de ma lignée[10] et de ma propre incarnation.

Quelques semaines après l'avortement, j'étais avec Aymeric, une nuit au bord d'une piscine, les yeux plongés dans les étoiles, et je repensais à tout cela. L'intuition me vint alors que dans quatre ou cinq ans, je redeviendrais maman, pour de bon.

10. Il y a de nombreux avortements dans ma famille, depuis plusieurs générations...

INTERLUDE D'APRÈS LA FÊTE

Le 7 janvier 2021, soit six mois tout pile après la chute dans la piscine, notre futur enfant, sous forme d'un homme de lumière, est venu me visiter en rêve, pour me montrer qu'Amélys était enceinte d'elle-même, et qu'on allait bientôt faire une fête pour célébrer un nouveau passage pour elle.

Le 13, pour les six mois de sa mort, j'ai commencé à écrire le livre avec elle[11].

Le 18, pour les six mois de la cérémonie d'adieux, Amélys est venue me dire qu'elle était au seuil d'une nouvelle transformation, d'un départ dans d'autres hauteurs plus célestes, mais qu'elle ne voulait pas me quitter ; c'était sa fête et elle n'était pas rassurée. Un énergéticien m'avait également dit que, dans pas longtemps, elle partirait plus loin et qu'on ne pourrait plus communiquer aussi simplement, alors elle devait sentir cette croyance qui s'était immiscée en moi. Finissait-elle par y croire elle-même ?

Je repris alors ce jour-là momentanément mon rôle de mère, la consolai, la rassurai, mais lui dis surtout de ne pas s'arrêter, de continuer à s'élever, qu'elle n'était pas à moi mais à Dieu, comme moi, qu'on s'unirait en lui par

11. Les interludes.

notre amour. Quoi que l'avenir nous réserve, nous serions toujours une dans son amour.

Peu après, je la vis transmutée, et l'entendis me dire qu'elle avait trouvé sa voie, qu'elle était au service de l'énergie de la Vierge Marie (ce qui ne me surprit pas, car elle aimait Marie de façon tout à fait surprenante pour une enfant de cet âge, sans avoir des parents si chrétiens que ça).

20 janvier 2021

« Peux-tu toujours me parler, Amélys ?

— *Je peux te parler, maman d'amour. J'ai fait ma fête, tu étais là, d'ailleurs. Tu m'as dit de partir, et je suis partie, plus loin dans les cieux. Il y a dans ces cieux de l'air pur comme jamais, tu vois, le soleil ne se couche jamais. Il n'y a pas d'emportement, tout est joie et repos. On attend dans la douceur l'avènement de l'humain. Regarde dans ton cœur, maman chérie !* »

Écoutant sa demande, j'ai alors la vision d'un bébé dans un couffin qui arrive en flottant sur un ruisseau.

« Tu vois le petit Moïse ? Il arrivera bientôt. J'aimerais que tu l'aimes comme moi je peux l'aimer, c'est mon chéri, je l'aime beaucoup, vraiment. Tu l'appelleras dans les cieux et il répondra : "Oui, maman doucette ?", car je lui ai dit que tu t'appelles comme ça. Je vais t'aider à être sa mère. Je sais comme ça n'a pas été facile pour toi. Je vais t'aider maintenant. Je suis grande, tu sais...

— À quoi ressembles-tu à présent ? Qu'est-ce qui a changé depuis ta fête ?

— *Je ne sais pas, rien et tout à la fois. J'ai un nez plus grand, car il contient l'air vaste, j'ai des cheveux immenses, car ils sont l'infini, je souris avec des lèvres immenses, j'ai de la lumière qui irradie de moi. Autour de moi, c'est doux, chaud, comme des nuages écarlates, mais tendres. Je n'ai plus de souvenirs dans ma tête, et pourtant je me souviens de tout, car aucun souvenir ne m'emporte et j'ai recontacté ma mémoire véritable. C'est en paix, sans regret.*

— J'ai plus de mal à te sentir là, je doute de ta présence...

— Tu doutes tout le temps de toute façon et tu me coupes trop souvent la parole. Ça te fait quoi que ce soit si simple, hein ? Ne peux-tu me parler simplement, croire en ce qu'on fait, là ? Tu veux tout complexifier, que ça passe par toi, mais moi aussi je vis, oh ! Moi aussi je suis là, moi aussi j'ai besoin de te voir ! Tu ne comprends pas l'importance de ce que nous faisons... Je ne viendrai plus si tu ne cesses de douter. Je t'aime, mais tu n'es pas prête. Là.

— Je te demande pardon, du fond du cœur. C'est vrai, plein de fois j'ai arrêté de t'écouter parce que je ne croyais pas que cela puisse être toi, plein de fois je suis passée à autre chose au milieu d'une conversation parce que j'ai trop l'impression de n'être en face que de moi, de me parler à moi-même. Ça doit sûrement t'épuiser, car j'imagine que ça te demande un certain effort de venir me parler, qui est non respecté si je trahis ainsi ta parole en la taxant d'illusion. Je te demande pardon, et vais tout faire pour m'améliorer. Pour répondre à ta question, ça me fait quoi que ce soit si simple ? Je vois qu'en moi-même, ce qui lutte, c'est mon attachement pour ma petite fille que je ne reverrai plus de mes yeux, que je ne toucherai plus peau à peau. Alors ça freine, car ça me rattache au passé. Je dois muter mon amour, je dois accepter que tu sois autre. Tu n'es plus ma fille, mais je t'aime...

— Je suis contente que l'on s'entende. Tu sais, je ne suis pas en colère contre toi. Tu as du mal, car tu crois à ton jeu. Tu te souviens, quand je criais dans le jardin : "Maman, je vois prince Yvan, il vole dans le ciel pour aller secourir Vassilissa la belle[12] !" ? Eh bien, c'était faux, il n'y avait pas de prince sur un cheval blanc dans le ciel. Mais, en moi, il y avait le courage de ce prince, la beauté de cette princesse, la joie de le voir la sauver, tout était là. Et ils s'embrassaient d'amour, car ils s'étaient retrouvés. Je ne pense pas que tu puisses comprendre à quel point la vie est un jeu, car tu as un corps et tu crois en ce qu'il te dit. Mais fais confiance à ta petite chérinette, la vie est un jeu. Quand tu penses à moi, si tu m'as aimée, je suis dans ton cœur pour toujours, et alors je suis là avec toi.

— Mais mon imagination peut te recréer, sans que cela soit vraiment toi !

— Oui. La différence est énorme. Dans un cas, tu es dans l'imagination pure, débranchée de mon âme, dans l'autre, tu es dans le dialogue où l'imagination joue un rôle actif de facilitatrice. Tu ne peux pas m'imaginer vraie si je ne suis pas là. Alors écoute, c'est un secret difficile à comprendre, je ne suis pas là pour toi, mais à travers toi. Tu n'y es pour rien, tu permets mon message. Par toi, je parle. Si un oiseau permet ma parole, alors le messager deviendra l'oiseau. Si c'est autre chose, un objet ou quoi, ce sera ça mon corps, l'espace d'un instant. J'emprunte toutes les voix, mais ma voix est derrière.

— Je n'ai vraiment pas compris pour l'exemple du prince Yvan. Yvan n'était pas là ? »

---

12. Ce sont les personnages du conte de la princesse grenouille. En effet, Amélys avait un jour couru dans le jardin en regardant le ciel tout en m'appelant pour que je vienne voir prince Yvan qu'elle voyait dans le ciel.

À ce moment, Néa se réveille de sa sieste et se met à pleurer.

« Va chercher Néa, elle pleure, elle se réveille. On en reparle après. Je l'aime beaucoup, il faut que tu t'en occupes bien, on l'aime par ici, attention, maman doucette ! »

Je vais chercher Néa, la pose dans sa chambre, et propose à Amélys de reprendre.

« Alors, je te disais, par rapport à Yvan. Alors, quand j'imaginais Yvan, je l'imaginais parce qu'à l'intérieur de moi j'avais besoin d'imaginer Yvan. En fait, à l'intérieur de moi, il se passait quelque chose qui faisait penser à Yvan qui sauvait Vassilissa. En fait, Yvan et Vassilissa, ils n'existent pas, mais ce qui à l'intérieur de moi me faisait penser à eux, ça, ça existe. Si tu me dis : "Imagine Vassilissa et Yvan", je les imagine. Là ce n'est que mon imagination, ce n'est pas vrai, parce que ça ne vient pas de moi. Si moi je suis heureuse d'aller dans le jardin, que je me sens du courage, de la beauté, de l'amour d'être entourée de toutes ces fleurs et que ça me fait penser à Yvan, alors il est vrai. Ce n'est pas Yvan qui est vrai, mais il y a du vrai là-dedans. C'est pareil pour nous : si tu penses à moi, c'est parce que je suis là. En fait, je suis toujours là quand tu penses à moi, soit dans le passé, la petite fille que doucement tu quittes, soit dans le présent, la grande âme, grande t'imagines pas comment, dans son Ciel immense, que tu apprends à reconnaître, et toujours je suis là. Sauf quand ça ne vient pas de toi. Quand tu te forces, ce n'est pas vrai. C'est pour ça que tu as raison, il faut vraiment ne pas oublier que c'est une relation "trésor secret". Je suis ton trésor secret et ça ne doit pas être perverti. Par les autres, par l'extérieur... Ça doit rester simple, comme maintenant. Je crois que tu as bien compris.

— Oui, je trouve que tu m'as bien expliqué. Tu voudrais me parler d'autre chose...

— Oui, bien sûr : du petit Moïse. Le petit Moïse, il arrive... Oh oh ! Tu vas être heureuse ! Il est tellement rigolo ! On est toujours ensemble. On joue beaucoup ensemble et je lui apprends des choses de la vie telles que je les ai comprises, comme ça, il arrive et il sait déjà un peu. Il va arriver accompagné.

— Tu joues un peu le rôle de sa grande sœur...

— Non, pas du tout ! Je joue un rôle qui n'existe pas, un rôle qui n'est pas reconnu, qui ne s'appelle rien du tout. C'est même pas un rôle d'ange gardien, c'est un rôle de... passeur de flambeau. J'arrive, il repart ; je repars, il arrive... On se briefe l'un l'autre sur nos nouveaux mondes. Je suis heureuse, maman, ici ; vous me manquez, mais je suis vraiment heureuse, alors en fait vous ne me manquez pas. En fait, je pense à vous et vous êtes là, et tout va bien ! Vraiment, je ne vois pas quoi que ce soit qui m'embête ici, tout est parfait. Quand j'étais petite fille, est-ce que tu te rappelles la fois où j'ai sauté sur la neige ? Il y avait des endroits où il y avait de la neige et des endroits où il n'y en avait pas. Et moi j'avais peur de la neige, je ne voulais pas marcher sur elle.

— Je me souviens. En mars, dans les Pyrénées ?

— Oui. Et après, papa, il m'a dit : "Viens !" On a apprivoisé la neige, et après j'ai sauté dessus.

— Je ne me souviens pas que tu aies sauté dessus. T'avais peur, hein ?

— J'avais peur, mais à un moment donné, j'ai pris mon courage et j'ai sauté dessus. Et là, eh bien j'étais guérie de quelque chose. Aujourd'hui, c'est pareil. Il y a des mondes différents dans lesquels j'évolue, et d'abord je dois être sur l'un, comme la Terre sans neige, puis l'autre, avec de la neige, et j'ai

peur, puis j'y vais. C'était ça quand tu m'as vue avant la fête. J'avais peur de mon nouvel état, j'avais peur de ce que j'allais abandonner, parce que j'avais peur que tu ne sois plus là.

— Pourquoi t'avais peur ?

— Parce que je sais que l'on doit faire quelque chose ensemble, et je ne sais pas à quel point tu pourras suivre...

— Tu crois que je ne pourrai pas suivre ?

— Moi je crois que oui, mais le monsieur[13] *il avait dit que non.*

— Ben, le monsieur ce n'est pas grave, tu sais. Nous, on invente notre vie, hein ?

— Oui, c'est vrai.

— Eh bien moi, tant que cela me semble juste, je te suis. Si, à un moment donné, ça n'est plus juste, je préfère que tu choisisses Dieu plutôt que ta maman. Mais, tant que c'est juste, je te suis ! Sois attentive à quand ça ne sera plus juste, c'est tout ce que je te demande...

— Non, ce n'est pas tout ce que tu me demandes, tu me demandes beaucoup, tu sais ! Tu fais pas beaucoup d'efforts ! Parfois je dois venir, et t'es dans autre chose, tu ne réponds pas. Moi, ça m'est difficile de trouver des portes fermées ! Parfois tu veux pas, parce que... Je ne sais même pas pourquoi : tu penses à d'autres choses, des choses bêtes ! Et moi, je reste dehors, enfermée, sans pouvoir te parler. Tu veux bien parler quand c'est le moment pour toi, et moi je ne suis pas à ta disposition. Parfois, c'est le bon moment pour moi. »

Je prends un temps de silence, pour digérer ce qu'elle vient de me dire, qui bien sûr me touche beaucoup.

13. Le thérapeute vu le 7 décembre, comme expliqué précédemment.

« Oh ! Ma chérie... Il y a des fois en particulier où tu t'es sentie enfermée comme ça, que tu as senti que je ne te répondais pas ?

— *Non, pas en particulier. Un peu tout le temps. T'es pas encore tout à fait prête.*

— Non, c'est vrai. Je vais essayer de travailler en amont pour me préparer. Je te promets, Amélys, j'ai entendu ce que tu as dit et je vais trouver la solution. Elle sera radicale, et tu auras ta maman pour toi, je serai à disposition, Néa aussi et le petit Moïse, vous aurez tous votre maman, et Aymeric, il aura sa femme : je serai à disposition de ceux que j'aime et qui comptent pour moi.

— *Maman, il faut pas que tu t'oublies non plus quand même.*

— Je ne sais pas comment trouver l'équilibre... Tu sais, toi ?

— *Alors, je vais tout t'expliquer, écoute-moi bien ! Il faut que, quand tu es avec Néa, tu sois avec Néa. Quand tu fais un geste envers elle, tu fais un geste envers elle. Quand tu lui parles, tu lui parles. Quand tu es avec moi, tu es avec moi. Quand tu es avec Aymeric, tu es avec Aymeric. Quand tu fais quelque chose, tu fais quelque chose, mais quand tu l'arrêtes, il faut que tu l'arrêtes.* (Soupir). *Toi, quand tu fais quelque chose, tu le fais, mais tu penses à Néa. Quand tu es avec Néa, tu continues à penser à la chose que tu faisais. Quand tu es avec papa, tu es avec tout ça dans ta tête. Et quelle place il me reste, à moi ? Quand je viens te voir, eh bien je trouve une maman avec la tête remplie de choses inutiles. Et moi, je dois attendre que tu ne fasses plus rien du tout, que tu sois libre, et tu l'es pas souvent. Alors, libère-toi ! Fais vraiment les choses à 100 %. Si tu les fais à 100 %, je peux être avec toi, véritablement. Et moi je me sens aimée, et Néa aussi, et Aymeric aussi, et les choses que tu fais sont bien faites, et toi, tu te sens aimée et reconnue. En fait, c'est là que tout se passe. Tout ce qui est autre chose, c'est la mort. Tout ce qui est autre chose, on n'est pas dans la vie éternelle, c'est la mort parce que ça n'est pas vrai. Sois seulement dans la vérité, tiens-toi là ! Il n'y a que là que je peux venir te voir. J'ai besoin que tu sois là ! Il n'y a pas que moi qui ai besoin. Tu sais, ce n'est pas important que pour moi parce que ma maman me manque. C'est important pour plus. Tu peux pas comprendre. C'est tant mieux, mais c'est important pour plus que ça. Ma maman ne me manque pas. Je suis une grande fille maintenant, je n'ai plus besoin de maman. J'ai besoin de toi parce que tu peux faire quelque chose de grand avec moi. Ça, ça compte... Les autres, ils n'ont pas leur maman avec eux. Parfois, mais pas tous. Zacharie, oui. Je t'ai parlé de Zacharie ?*

— Oui. C'est un nouvel ami, c'est ça ?

— *Oui. On est un peu amoureux...*

— C'est merveilleux ! Tu veux me parler de Zacharie ?

— (petit rire) *Non... Tu le rencontreras un jour... dans le Ciel ! Il ne va pas aller sur Terre tout de suite.*

— Quand je serai sur la Terre ou dans le Ciel ?

— *Ben, sur la Terre, si tu veux ! On peut se retrouver, un jour. Il veut bien te rencontrer.*

— Moi aussi, je veux bien le rencontrer. Mais tu as raison, il faut que je m'affranchisse de la mort, de tout ce qui m'empêche d'être dans la vie éternelle et l'éternel présent. Donc, je te promets, je vais faire ça. Je te promets.

— *Moi, je trouve ça bien, ce que tu fais. Je suis fière de toi... Tu sais, là-haut, je suis fière de ma maman ; on parle beaucoup de toi, de papa aussi. Papa, dis-lui qu'il faut se reposer quand même. Tu lui dis, maman, qu'il faut qu'il prenne du temps pour lui. Offre-lui un massage ! Il a besoin de son cerveau, qui est en inflammation. J'y vais maman, je t'aime !*

— Oui, je vais m'occuper de Néa à 100 %. Je t'aime... »

CHAPITRE 5

Au-delà de nos rêves

Quand ton papa avait 15 ans, il a lu quelque part qu'il était possible de rêver éveillé, et de se servir de cela comme d'une pratique auto-initiatique. Cela lui a tout de suite parlé, et il s'est mis à visiter des mondes imaginaires presque tous les soirs avant de se coucher.

Cela dura une bonne quinzaine d'années, évoluant sur trois mondes bien définis, qui apparaissaient l'un après l'autre, au moment où il était prêt. Trois mondes bien différents et tous trois merveilleux, symbolisant chacun l'une des étapes alchimiques menant vers le Grand Œuvre et la pierre philosophale (ce qu'il ne comprit qu'au fur et à mesure, ne pouvant décider consciemment le contenu de ses rêves).

Puis, cela s'est effondré comme un *big crush* après le Big Bang, l'invitant à ne plus aller chercher ces mondes dans ses rêves, mais à les insuffler dans le réel de son quotidien.

Aymeric ne parlait pas beaucoup de tout cela. D'une part, c'était trop « barré », pensait-il, pour que les gens comprennent son discours sans juger. D'autre part, parce qu'il ne parle pas beaucoup.

Mais quand il me raconta en toute confidence ses travaux spirituels dans les rêves, je fus, moi, enthousiaste ! Tout ce qu'il m'en disait me semblait fantastique : par exemple, il pouvait lire les réponses à ses questions en piochant des livres dans sa bibliothèque intérieure, avait des initiations extraordinaires et des soins énergétiques avec les maîtres de ces mondes, et on lui montrait des mystères tels que l'imbrication de l'infiniment petit et l'infiniment grand ou la matière noire... Que de délices pour une curieuse comme moi ! Je pensais alors que mon amoureux était un héros, un magicien des temps modernes. Pas magicien à faire de la magie à l'extérieur – d'ailleurs, cela ne m'intéresse pas trop, ce genre de magie-là –, mais plutôt à aller mettre de la conscience dans les terres inconscientes de sa psyché. Aucun voyage au monde ne m'intéresse plus que celui qui est à l'intérieur de soi.

Alors, bien sûr, j'ai voulu faire pareil ! Or sa façon de procéder, très patiente et méticuleuse, retournant inlassablement dans les mêmes lieux pour y accomplir des travaux alchimiques en profondeur, ne correspondait pas à mon tempérament tout feu tout flamme. Je l'ai fait, mes rêves étaient très intéressants, mais difficiles à suivre, cela partait dans tous les sens, et en deux ou trois soirs, mon monde imaginaire était déjà devenu bien trop grand. Je devais trouver ma propre façon de rêver, ne pas vouloir faire comme lui.

Le temps a passé, et j'ai laissé cette pratique en relative jachère, lui préférant comme moyens de centrage et de reliance préférés l'art et le dialogue intuitif avec mon ange.

Puis, après l'obtention de mon diplôme d'ostéopathie et l'ouverture de mon cabinet, je me suis trouvée devant l'urgence criante de devoir passer mon permis de conduire. J'avais résisté jusqu'alors, mais ce n'était plus possible, pour aller au travail et tout le reste, il me fallait devenir autonome.

Mais voilà, conduire accompagnée de la monitrice d'auto-école était déjà stressant pour moi, alors passer mon permis, c'était l'angoisse totale ! J'en étais à ma troisième tentative. L'examinatrice m'avait même conseillé de prendre des « substances pour me détendre un peu », tant elle était décontenancée par mon émotivité. Mais personne (même moi) ne comprenait à quel point cette angoisse de la conduite était profonde... Je me souviens être rentrée d'une séance de conduite dans un état que le mot « désespoir » est bien trop faible pour décrire : des larmes coulant comme l'eau d'une fontaine sans fond arrosaient un sentiment indicible et abyssal de ne pas voir ma place sur Terre. De ne pas être capable de la prendre. Je ne pourrais jamais m'adapter aux contingences matérielles, ni ne le voulais, rien n'avait de sens, même en finir avec tout cela n'en avait pas, alors à quoi bon ? Car étrangement, l'obtention de mon permis de conduire résonnait inconsciemment pour moi avec « monde des adultes » - une plongée dans le chariot de mineur perdu sur la trame que je voyais dans mon rêve d'enfance. Et j'arrivais à un âge (j'avais alors 24 ans) où il semblait grand temps de m'y soumettre. Je me sentais prise au piège d'un monde dont les lois m'étaient incompréhensibles, étrangères et sur lesquelles je croyais n'avoir aucune prise.

M'y soumettre...

J'avais alors fait des séances d'hypnose, sans résultat satisfaisant, et d'autres techniques de « thérapies brèves ». Voyant une publicité sur le « rêve d'éveil » là où je travaillais, je pris rendez-vous pour essayer cette technique, sans grande conviction. Ce fut radical : une seule séance suffit et j'obtins bien vite mon permis. Plus important que ce papier-là et les voies bitumées qu'il m'ouvrait, je découvris une nouvelle façon de conduire mes rêves, permettant ainsi l'exploration d'une infinité de routes intérieures. Cela se faisait accompagné, et c'était plus libre que la méthode d'Aymeric. De toute façon, qu'importe, je ne suivis ni une technique ni l'autre, mais savoir qu'il en existait plusieurs me permit de créer la mienne, sur mesure. Cela me devint facile, incroyablement facile.

Cela marqua le début de ce qu'on pourrait appeler « un merveilleux marathon de rêves », qui dura de février à juillet 2015. Je réussissais à rêver sans accompagnement, il me suffisait de fermer les yeux (et encore, parfois je pouvais les avoir ouverts) et les voyages commençaient ! J'avais le temps, à l'époque, alors j'en faisais quotidiennement, et même souvent plusieurs fois par jour.

Le premier rêve m'amena étonnamment au lieu imaginaire où ce marathon prendrait fin : un endroit un brin intergalactique, où je rencontrais un être divin immense dont le regard contemplait un horizon qui m'était invisible. Un peu plus loin, une licorne me snoba, me faisant comprendre que je n'étais pas encore apte à faire partie de son cercle, si l'on peut dire.

Puis à la fin de ce rêve, après de nombreuses pérégrinations, mon maître intérieur me dit qu'on m'offrait une grotte, afin qu'elle soit le centre de mes recherches pour les rêves qui suivraient.

En effet, les rêves suivants commencèrent et finirent toujours dans cette grotte et, à vrai dire, c'était comme si je ne la quittais plus : une partie de moi était toujours dans ce lieu, tandis qu'une autre partie faisait des voyages extraordinaires, traversant des mondes inférieurs et supérieurs du plus bas inconscient jusqu'aux hauteurs les plus sublimes que je puisse imaginer, accomplissant des travaux de nettoyage ou de création, m'amenant à être toujours plus centrée et plus juste dans ma grotte. Comme un rêve éveillé dans un rêve éveillé !

C'est une grande grotte aux parois parsemées d'améthystes. Au centre, un siège en pierre fait office de trône dédié à mon Soi (il n'est pas apparu dès les premiers rêves, mais au fur et à mesure de leur évolution). Sur le côté droit, un clair ruisseau circule, reliant mondes intérieur et extérieur grâce à la mémoire de l'eau qu'il porte. Au centre du plafond, une grande brèche s'ouvre sur des plans supérieurs, comme autant d'étages à découvrir si je le souhaite. Des colombes messagères y volent et l'air vibre de musiques si célestes que nulle oreille humaine ne peut les entendre (mais le cœur le peut). Ces étages donnent sur des mondes dont la structure est faite de lumière et l'air de musique, et dont la beauté est si grande qu'il est bien difficile pour mon imagination de m'en donner des images claires, fussent-elles seulement métaphoriques. À titre d'exemple, je me souviens d'y avoir vu, dans le premier je crois, la musique des minéraux. Dans les suivants, j'ai rencontré des grands êtres divins dans des mondes dorés, de plus en plus dorés à mesure qu'on s'élève...

De même, le plancher s'ouvre sur des étages inférieurs. J'y ai découvert des mondes obscurs tous endormis d'inconscience, dont je devais redevenir la légitime reine.

Toute aventure que je faisais vers le haut m'imposait des conquêtes de même intensité vers le bas, dans mes profondeurs secrètes et souvent terrifiantes.

Un livre entier pourrait être dédié à mes travaux et aventures oniriques, notamment durant cette période si prolifique. Rêves après rêves, je repris le pouvoir dans mes royaumes, de mes terres et mes cieux intérieurs, je les réinvestis de ma conscience, ceux d'en bas et ceux d'en haut. De même, j'ai passé de nombreux rêves à nettoyer mon corps de toute impureté énergétique, des mémoires de traumatismes plus ou moins anciens, à guérir mon enfance et ma lignée ancestrale autant que je le pouvais.

Je ne savais pas à quoi, mais je me préparais à quelque chose, il fallait que je me mette à niveau pour ce qui allait advenir, pour être prête à vivre ce qui m'attendait.

L'évolution était comme exponentielle : au début, beaucoup de peurs, de longs rêves de nettoyage ; puis des voyages, de plus en plus profonds, de plus en plus divins. Jusqu'aux initiations les plus sublimes, commençant par ce que je pourrais appeler mes trois baptêmes.

Abydos[14]. Je plonge solennellement dans le bassin baptismal jouxtant le temple d'Osiris. L'eau m'enveloppe peu

14. Plusieurs rêves m'emmenèrent dans un lieu que je sais être Abydos, bien que j'ignore alors tout de ce temple égyptien. Dans ces rêves, l'architecture du lieu m'apparut et me fut confirmée par mes recherches bibliographiques ultérieures, preuves à mes yeux que ces rêves initiatiques ne furent pas que des rêves, mais une imbrication de métaphores et de souvenirs d'un autre temps.

à peu, je m'y abandonne tout entière. Je me noie sans me débattre, accueillant cette mort symbolique comme mon baptême d'eau.

Mon corps s'élève ensuite jusqu'à ce que mes pieds prennent l'onde claire comme plancher. C'est alors que l'air qui m'enveloppe m'asphyxie à son tour, comme si je n'étais plus adaptée à cet air-là, devenu trop dense pour moi. Deuxième mort, baptême d'air.

Je m'allège et monte encore, lévitant au-dessus de l'eau. Mon corps est comme fait de lumière et rayonne en mandorle autour de moi. *Je* n'a plus à être, plus grand m'appelle que *je*. Troisième mort, baptême de lumière.

Je sors du rêve, mais il continue à vibrer en moi, jusqu'au cœur de mes cellules, à m'en donner mal à la tête. Comme si je me renouvelais, que je muais vraiment. S'impose alors une sensation bien improbable : l'impression que l'air que je respire n'est plus celui qui me convient. Littéralement ! Il me faut augmenter le débit de ma respiration, j'étouffe... Plus étrange encore : du sang se met à couler à l'arrière de mon nez dans mon arrière-gorge, pas à flots, mais en permanence.

Trois jours à manquer d'air, trois jours à en saigner. Puis la régulation s'opère, je ne sais comment, et je retrouve mon air nouveau – ma nouvelle ère ? Mystère...

Durant toute cette période intense de rêve, je voyais souvent le Christ et Marie, sa mère. Je me voyais être l'un ou l'autre aussi. Ce n'était pas de l'orgueil, mais l'apprivoisement de ces archétypes fondamentaux, contenus, je crois, dans toute psyché humaine, par-delà toute religion.

Peu à peu, je compris un peu mieux le mystère de la divine conception, où l'amour pur suffit pour concevoir...

Pour finir en apothéose, je fis le rêve éveillé suivant : Je retourne là où tout cela avait commencé, là où, quelques mois auparavant, j'avais rencontré la licorne, qui m'avait toisée d'un regard si distant, et cet être divin immense qui me paraissait alors si éloigné de la réalité qui était la mienne. Et voilà que la distance qui nous séparait s'était abolie, le travail de ce marathon de rêves portait ses fruits : il y avait dans ce lieu un air de fête, de célébration d'un accomplissement qui, à la fois me dépassait oh combien !, et qui en même temps était le mien.

L'être divin m'invite à entrer en lui, et à venir au niveau de ses yeux. Il est si grand que ses yeux sont pour moi comme un promontoire. Alors je ferme les miens, et vois de son regard... la création des mondes. Indicible moment.

Puis je redescends au sol, et la licorne s'avance vers moi. Elle me regarde droit dans les yeux. Dans une révérence, elle pose sa corne sur mon ventre en me disant « à présent, je t'autorise ». Miracle, me voilà enceinte de ce que j'ai immédiatement su intuitivement être le Christ ! Pas Jésus de Nazareth, bien sûr, mais *mon* Christ, mon *Je Suis* éternel. Ma tête aromatisée de culture chrétienne n'ose pas le croire tant l'honneur me semble démesuré, tandis que mon cœur en fête bondit de joie. Mon amour pour Dieu se fait chair !

Le rêve s'achève sur cette indicible joie, cette indicible gratitude pour Dieu, la vie, tout ce qui m'a amenée jusqu'ici. Je me sens si accomplie que je me demande de quoi le futur pourra être fait...

Je ne m'attendais à rien, mais surtout pas à ce qui allait arriver.

J'étais si heureuse après ce rêve-là que je languissais de savoir la suite et de rêver de nouveau. Quelques heures plus tard seulement, je décidai donc de retourner rêver. Je m'allongeai, le rêve commença.

Je me retrouve enceinte devant la licorne, joyeuse, pleine de gratitude et d'espérance, et là, sans explication, celle-ci me plante sa corne dans le ventre, tuant le Christ en mon sein.

Tout s'arrête pour moi, je suis dans l'effroi et l'incompréhension. Le rêve s'arrête net. Des flots de larmes coulent de mes joues tandis que je vois s'effondrer toutes mes croyances, tout le sens de la vie que j'avais patiemment construit durant mon existence, tout s'effondre... La perte est si brutale, si totale, que je n'ai plus envie de vivre, et mourir ne me tente pas davantage ; je ne peux plus rien. Arrêt complet.

Alors je prie, je prie, je demande pardon, pardon de je ne sais quoi, mais pardon, je demande pourquoi, je ne sais plus quoi dire, je dis à Dieu que je ne peux pas vivre cela, qu'il faut qu'il m'envoie une aide, une réparation, quoi que ce soit, j'ai vraiment besoin d'aide !

C'est alors que je me sens de nouveau enceinte, et cette fois, l'enfant s'appelle Ysmaël (ce qui veut dire en hébreu « Dieu entendra ma prière »). Tu as remarqué, coïncidence merveilleuse, c'est l'anagramme de ton prénom, mon Amélys, toi qui allais venir dans mon ventre tout pile un an plus tard.

C'était comme ce qui était arrivé quelques années plus tôt à Aymeric et ses mondes : toute la grotte était détruite, et je ne pourrais plus rêver pendant des mois.

Pour un renouvellement complet, changer d'octave...

Depuis ce jour, mes rêves ne sont plus les mêmes, c'est comme si je ne voyais presque pas les images, mais savais intuitivement ce qu'il fallait y voir. Comme si l'intuition avait pris le relais de l'imagination.

L'accomplissement laisse place à la mort pour une renaissance. Premier des trois baptêmes de juillet.

INTERLUDE DU RETOUR À LA POINTE DE L'ÉPÉE

31 janvier 2021

Cela fait quelques jours que j'ai bien du mal à contacter Amélys. J'ai essayé plusieurs fois, mais la réponse était qu'elle et le petit frère à venir ne pouvaient pas me parler.

La dernière fois que nous nous sommes entretenues toutes les deux, elle m'a dit d'être plus attentive pour qu'elle puisse venir quand elle voulait sans attendre que je sois disponible, et, entre la fatigue due aux nuits écourtées par les pleurs de Néa, toutes les choses à faire, les pensées et les sentiments qui me traversaient, j'ai bien eu du mal à le faire. Je sais que je ne devrais pas culpabiliser pour autant, mais cela m'a mise en tension, j'ai eu l'impression de ne pas être à la hauteur de notre relation, et donc de l'abandonner un peu.

D'autant plus que j'ai cru lui parler un soir, mais elle était jalouse de Néa, en colère et triste que je ne m'occupe pas plus d'elle, et elle a fini noire comme une entité mauvaise. Elle ne voulait plus s'élever, ce n'était qu'émotions négatives. J'ai alors pensé que ce n'était pas elle, mais cela n'a pas réussi à me rassurer complètement. J'en ai fait un cauchemar dans lequel j'étais poursuivie par un homme devenu fou de chagrin par la perte de son enfant.

Le lendemain, je retrouvai Amélys en rêve éveillé, pas sous forme de petite fille mais plus grande, une âme d'un blanc plus pur, dans des hauteurs plus célestes, comme elle m'apparaît parfois, et elle me disait qu'elle n'était plus la petite fille, et que si je l'attendais là, je pouvais nourrir un épouvantail émotionnel alimenté par des souvenirs et sentiments sur le plan astral.

En même temps que cette culpabilité, je ressens en moi comme un désir d'éloignement, un désir d'indépendance l'une envers l'autre. Néa grandit, j'ai besoin de me consacrer à elle, de tourner tout mon regard vers elle. Et vers Aymeric, et moi, et nous. Mais je culpabilise, bien que ma raison me dise qu'il s'agit d'un sentiment on ne peut plus sain, et peut-être initié par plus grand que moi.

J'essaie alors, encore, de contacter Amélys. Cela répond qu'elle ne peut pas me parler. La porte est tout à fait close. J'attends, j'essaie de m'ouvrir au mieux, car je souhaite ardemment pouvoir lui parler, afin d'être sûre que tout va bien.

Au bout de quelques instants, je sens qu'elle revêt sa forme de petite fille et descend dans des hauteurs plus habituelles à nos discussions.

« Je suis là, maman, je t'ai manqué à ce que je vois ! »

Elle me fait un câlin, qui m'abreuve d'amour.

« Tu ne peux pas comprendre l'importance de ce que nous faisons là-haut. Il y a des animaux qui sont malades, des bœufs et des ânes gris. J'ai besoin de repos pour m'en occuper. Je ne peux pas te parler, car je dois m'affairer à autre chose, en fait. Ce n'est pas fini nous deux, mais pour le moment je dois y aller !

— Attends ! Juste, est-ce que c'est en partie à cause de mon attitude inattentive ? Ou autre ?

— Mais non. Regarde à l'intérieur de toi ! »

Prenant ça au pied de la lettre, je regarde dans mon cœur, en mode rêve éveillé. Je vois une fontaine, l'eau coule doucement. Un lotus a recueilli de l'eau dans son calice, un corbeau y boit. Le soleil pâle luit, mais des nuages s'approchent, puis il se met à pleuvoir.

Implicitement, j'attends une explication de la part d'Amélys, pensant, quand elle me disait de regarder en moi-même, qu'elle me parlait de ces images-là, et que celles-ci allaient répondre à la question que je lui avais posée, grâce à son interprétation brillante. Mais elle me répond :

« *Je ne peux pas t'expliquer, tu dois te débrouiller seule. Ce sont tes images.*

— Comment ça, un bœuf et un âne ?

— *Tu ne comprendrais pas, tu ne peux pas comprendre. J'ai mangé la vérité, elle ne peut pas être dite mais doit être comprise ! Je dois y aller, car je fais attendre ceux que j'aide. Ils ont besoin de moi.*

— Pour pouvoir mieux comprendre, je peux voir avec mon ange ?

— *Non, ce sont mes histoires, laisse-moi, là.* »

Frustrée par cet entretien éclair qui me laisse perplexe et un peu seule, je souhaite continuer pour mieux comprendre par un rêve éveillé. L'entêtement n'a jamais été le moindre de mes défauts ! Je vois toutes les images, la fontaine, les oiseaux et tout le reste, puis un grand être spirituel qui arrive avec une longue épée, qu'il plante dans l'image et qui absorbe le rêve. Toutes les images de tous les rêves de ma vie se retrouvent ainsi aspirées. Il fait cela pour réaligner les rêves à leur vraie vocation : la volonté divine seule. Tout doit s'y soumettre, car tout cela est fait pour la réaliser dans mon cœur et les mondes, rien d'autre.

Têtue, je demande à cet être majestueux s'il a un message, lui, espérant qu'il éclaire un peu la situation. Sa réponse est claire : rien de plus n'a à être dit. Il y a un temps pour tout. Tout le monde le sait, bien qu'il soit si humain de l'oublier pour n'en faire qu'à notre tête.

Quelque temps plus tard, je reprends contact avec Amélys :

« Tu ne dois pas être avide de ma parole, détache-toi de moi, car je grandis. Je ne peux pas être qui tu veux, je dois grandir et te quitter.

— Peut-on se parler si je "monte" ?

— Tu ne peux pas pour l'instant monter si haut.

— Ta participation au livre est-elle terminée ?

— Je n'ai pas participé encore, seulement quelques paroles d'enfants. Là, ça va commencer. Patience, prépare-toi, tu verras...

Je t'aime. »

CHAPITRE 6

Oh ! Jeanne

J'étais dans ma voiture, je rentrais du travail. Tout à coup, j'ai eu comme une épiphanie, un éclair vint traverser mon esprit (non, non, cela ne fait pas mal) : j'ai su que j'attendais un enfant. Je n'étais pas enceinte, car les dates ne coïncidaient pas avec mon cycle, mais je sentais qu'une âme s'apprêtait à venir dans mon ventre.

J'avais entendu de nombreux récits dans lesquels des femmes pressentaient la venue de leur futur enfant, souvent trois mois, ou un seul, avant la conception. Je me disais que cela allait peut-être être identique pour nous... Si seulement j'avais eu à ce moment-là le plan de vol de tout ce qui allait se passer, l'attente m'aurait peut-être été plus facile. Encore que, pas sûr, car j'attendais avec tant d'impatience cet enfant que j'allais forcément être en tension tant qu'il ne serait pas là !

Toujours est-il que ce jour-là, dans ma voiture, je ne savais rien sinon que cela allait arriver, dans un futur plus ou moins proche. J'écoutai alors mon intuition pour voir d'où me venait cette certitude, et je vis une âme d'un vert émeraude si beau, si profond, que j'en tombai instantanément amoureuse.

Les jours suivants, cette âme ne me quitta quasiment pas, m'accompagnant à la maison comme au travail, illuminant mon quotidien de grâce.

Après quelques jours, je lui demandai de me dire un peu plus qui elle était : « Je suis la parole, le messager. » Je me réjouissais déjà de devenir un jour la mère d'une âme aussi jolie, mais j'allais bientôt comprendre qu'elle n'était vraiment que le messager, et que mon futur enfant était une autre âme, toute blanche opalescente. Toi.

Notre rencontre se fit dans un contexte si incroyable que je n'en ai compris toute l'importance, la profondeur et la beauté qu'après ta mort ! Et encore, ai-je bien tout compris ?

Nous avions réfléchi au problème de la chorée de Huntington, et il nous semblait capital d'arrêter de perpétuer la transmission de ce gène. Nous voulions tout de même avoir des enfants ensemble, par souhait tout d'abord, mais aussi afin de gagner sur la peur et les interdits engendrés par cette maladie depuis des générations. Nous souhaitions faire un test in utero afin de ne mettre au monde que des enfants qui soient libérés de ce poids. Nous avions décidé cela depuis plusieurs années.

Cela faisait une bonne dizaine de jours que j'avais eu cette intuition dans la voiture, et que cette belle âme couleur émeraude me suivait presque tout le temps. Sûre du bien-fondé de notre choix, je décidai de lui expliquer ce qui l'attendait, avec douceur mais sans aucun doute. Au moment où je lui dis tout cela, je vis cette âme fuir, dans tous les sens du terme, en me disant qu'elle ne pouvait vivre cela, que sa vie avait déjà été avortée la dernière fois et que renouveler l'expérience la briserait. Elle s'en alla donc, me laissant seule avec ma culpabilité et ma tristesse de me sentir un peu abandonnée. C'était pour moi presque aussi violent qu'une fausse couche ; je me mis à pleurer.

C'est là que je t'ai rencontrée, ma merveille !

Cela faisait à peine un quart d'heure que je pleurais ainsi seule dans ma chambre, lorsque j'ai senti ta petite voix qui m'a dit, avec une infinie douceur : « Euh, en fait, moi ça me va ! Ce type d'expérience va bien avec ce que je viens accomplir sur Terre, car je suis Celle qui met au monde. Alors si tu veux, je viens... »

Bien sûr, j'étais incrédule face à tout cela - cela me dépassait tellement ! - et encore triste du départ de l'âme émeraude, que j'aimais déjà beaucoup. Pourtant, bien que je ne parvienne pas encore à percevoir avec précision cette nouvelle arrivée, comme si elle m'avait parlé juchée dans un ailleurs lointain, sa vibration m'apparaissait fort ressemblante à la première, comme deux sœurs par leur beauté, leur légèreté et leur douceur. Ce fut un apaisement pour mon cœur, comme un arc-en-ciel après un gros orage.

Peu à peu, nous nous sommes découvertes mutuellement. Le premier mois, un peu moins peut-être, je voyais surtout une couleur émeraude, comme si cette âme faisait le lien, la passation. L'ange messager. Enfin, cela, je ne le savais pas, je pensais que c'était l'âme de l'enfant que j'attendrais ! Puis, un soir, la dernière patiente de ma journée de travail m'a offert un livre sur la méditation selon un certain maître indien. Avant de repartir chez moi, j'ai pris le temps d'ouvrir ce livre au hasard, et de lire un paragraphe sur l'observation du mental et des pensées qui nous traversent. Je décidai donc de regarder quelles pensées m'habitaient à ce moment précis. Or je n'ai vu en moi ce jour-là qu'un océan de silence pur et vaste, ponctué de temps en temps du mot « amour ». Je baignais dans ce silence aromatisé de joie, quand je vis apparaître l'âme émeraude, sous la forme d'un être au corps immense fait d'une matière énergétique smaragdine. Elle m'invita à venir en son corps et m'accueillit dans son cœur comme sur un promontoire. Cela me fit penser à cet être divin qui m'avait accueillie dans ses yeux, pendant le rêve éveillé durant lequel j'étais tombée enceinte du Christ, mais là, c'était descendu d'un étage : le cœur et non la tête. Comme dans le rêve en question, l'âme émeraude me proposa de partager avec moi son regard, la vision de ses yeux du cœur. Alors, je sus qu'il fallait que je ferme les miens, car si je *voulais* voir, je ne verrais rien.

Cet instant changea ma vie à jamais.

Devant moi, se trouvait ce que les croyants appellent le paradis, d'autres l'au-delà, certains scientifiques les mondes super lumineux, et papa, toi et moi, le Ciel du cœur. C'était comme dans les témoignages des personnes ayant vécu une expérience de mort imminente, mais sans avoir à mourir pour cela : je voyais un monde construit tout entier de lumière, peuplé de musiques sublimes. Là vivaient des âmes que je ne parvenais pas à distinguer, bien qu'il m'ait semblé en connaître certaines. On m'y accueillit comme si cela avait toujours été ma famille, mon foyer.

Et je fus amenée à toi.

Je te regardais et j'ai dû te reconnaître, car sans me rappeler les détails de quoi que ce soit, je m'exclamai : « Oh !

Jeanne ! », comme si l'on se connaissait depuis longtemps – ou toujours.

« Voilà ta future fille », me dit l'âme émeraude. « Quoi ? Mais ce n'est pas toi ! Je pensais... Enfin, comme tu étais... Je n'ai rien compris, je me sens perdue ! »

J'aurais voulu ressentir une vague d'amour dès cet instant, entendre en fond dans ma tête la chanson : « Destinées, nous étions toutes les deux destinées... » Mais il y avait plutôt en moi un mouvement de recul, que j'essayais tant bien que mal de combattre, culpabilisant de ne pas être plus aimante et ouverte envers celle qui allait apparemment devenir ma fille. En cause sans doute quelques souvenirs inaccessibles à ma conscience, du passé ou du futur, celui de la douleur de ta mort, peut-être...

Ces barrières tombèrent vite. Nous nous retrouvâmes souvent, chez toi dans ces mondes blancs de lumière, ou chez moi, en perception de ta présence près de moi dans mes activités quotidiennes, ou en voyage dans mes rêves éveillés. Nous nous sommes apprivoisées, sans effort – que j'ai aimé t'apprivoiser ! Je me suis rapidement aperçue que tu étais merveilleuse.

L'attente a duré des mois. Pas facile à vivre pour une femme aussi impatiente que moi, qui plus est sur un sujet aussi bouillonnant pour mon cœur et mon ventre : j'avais l'impression de faire une fausse couche à chaque menstruation. Neuf mois, il t'a fallu neuf mois pour venir dans la chambre utérine que je t'avais préparée. Quand on le sait, après coup, on se dit : « Bien sûr, neuf mois comme une grossesse, une grossesse spirituelle avant la gestation physique ! » Mais moi, je ne savais pas que cela durerait si longtemps, je croyais toujours que la prochaine fois serait la bonne, tant je te sentais proche! Neuf mois où tu as insufflé à mes rêves des vents de révolution, de guérison et de transmutation sur tous les plans de mon être.

Un jour, ma douloureuse impatience m'a fait poser la question « mais pourquoi tarde-t-elle tant ? » et j'avais fait un rêve en guise de réponse. J'ai vu l'enchaînement de nos rencontres à travers plusieurs vies, reliées à ma conscience par un fil de sens luisant ici et là.

Le nœud karmique s'était produit dans une époque très ancienne, dans un décor ressemblant à la Mongolie. Femme chamane, j'avais dû, contrainte et forcée, prendre un mari et devenir mère de nombreux enfants. J'enrageais de ne pas pouvoir être respectée dans ma vocation, de voir mon temps avalé par ma progéniture et d'être soumise par la force aux hommes, qui me brutalisaient pour me montrer leur domination, écrasant de leurs mains bestiales mes désirs d'absolu. Ainsi mes rêves célestes, qui semblaient n'intéresser que moi, avaient été sacrifiés sur l'autel d'une maternité subie. Il m'apparut que tu étais ma fille et que tu avais vu cette coupure entre le spirituel et le matériel commencer à me fendre l'âme. Sans doute as-tu essayé de m'aider à voir que cette coupure n'était qu'illusoire, mais ma rage d'enfermement me rendait aveugle.

Pour dénouer ce nœud, il fallut tout d'abord tester l'inverse, et voir que ce n'était pas mieux. La vie suivante, j'ai donc pris le contre-pied : homme, prêtre, quelque part en Amérique du Sud, je sacrifiais au couteau d'obsidienne animaux, femmes et hommes, pour la satisfaction d'une patrie céleste en des temps sanguinaires, croyant provoquer une élévation spirituelle et la bénédiction des dieux. Notre rencontre fit vaciller mes croyances et me toucha au plus profond du cœur. Tu étais si pure, dans ton regard doux, serein et beau, dans ton port de tête à la fois humble et altier, dans ton lâcher-prise complet alors que j'élevais le poignard au-dessus de toi, que je compris la vraie dévotion au divin. Ceci engendra le désir en mon âme d'être comme toi, de vivre en ma chair cette indicible pureté. Petite vierge sacrifiée, tu m'avais fait descendre de mon piédestal et je commençais à comprendre que la transcendance vraie n'était pas là où je la cherchais.

Je crois que cela m'a amenée à vouloir vivre ce qu'est le véritable don pour le divin.

Pour satisfaire ce vœu, je naquis en Égypte et tu devins ma mère. Mère murmurant sans mots dans tes câlins et berceuses que Terre et Ciel sont à unir et non à séparer.

INTERLUDE DES VRAIS HABITANTS DU CIEL

2 février 2021

Voilà plusieurs jours que je n'arrivais plus à te contacter, ou que j'y parvenais mais que tu me disais être occupée, indisponible pour moi.

Je me suis ensuite rendu compte que cela était peut-être lié au fait que je m'étais sentie insuffisamment prête, indigne dans mon inattention, et ma tête trop pleine de futilités. Ma culpabilité pourrait-elle me couper de toi ? Peut-être était-ce moi qui pensais qu'il était devenu impossible de se parler, ce qui le rendait impossible.

Alors je réessayai :

« On peut parler, mon Amélys ?

— *Maman, je peux te parler parce que tu as compris que je peux te parler.*

Maman, quand tu regardes le ciel, qu'est-ce que tu vois ?

Tu ne vois pas papa, tu ne vois pas toi. Tu vois que moi et les autres morts. Pourtant, toi aussi tu es dans le ciel et papa aussi, et Néa aussi. C'est juste que vous n'êtes pas *que dans le ciel.*

Maman, écoute bien quand je te parle, il faut que tu comprennes ! Tu peux être dans le ciel, parce que tu es grande, alors tu peux aller jusque-là.

— J'ai l'impression d'avoir du mal à bien trouver les mots, de devoir me concentrer pour pouvoir te parler…

— Ce n'est pas un problème de concentration, c'est un problème d'écoute. Tu t'écoutes toi. »

En effet, j'étais préoccupée par mon avis sur ce qu'elle me disait; j'étais donc dans mes opinions plutôt que dans une écoute véritable.

« Maman, il faut que tu écoutes, et que tu sois très sincère dans ton écoute. Il faut pas que tu écoutes avec tes oreilles, ni avec ton cerveau. Il faut que tu écoutes avec ton cœur. Alors maintenant, tu arrêtes, et tu descends dans ton cœur. Sinon, tu ne peux pas m'écouter, et moi je peux pas bien parler, parce que ma parole naît de ton écoute. Si ma parole est trahie par ton écoute, alors je ne peux plus parler.

Tu sais, quand je ne suis pas venue, ce n'était pas toi. C'était moi qui avais besoin de prendre de la distance, car tu étais un peu seule, et lourde, et je ne pouvais pas venir te voir comme je le faisais avant, car j'avais besoin, moi, de prendre du temps pour faire ce que j'avais à faire ici.

Quand tu viens, je suis heureuse. Mais ça me ramène à… en fait, ça me ramène à des choses d'ici-bas. Quand tu ne viens pas, je peux me renouveler. Et alors je renouvelle notre relation. C'est important, il me faut ce temps de pause! Les temps de pause, c'est important comme la respiration. Je ne vais pas te quitter à tout jamais, tu sais, je ne vais pas dire "au revoir maman, adieu, on se revoit quand tu seras morte". Je vais te dire "maman, il faut mourir souvent. Meurs maintenant, on se retrouve juste après…", car la mort est mutation. On meurt seul et on naît seul.

Il y a une solitude quand on meurt et quand on naît. Entre, on est accompagné. La naissance et la mort, on est solitaire, une respiration intérieure. […] »

L'enregistrement m'a alors fait défaut, je n'ai donc plus la suite de l'entretien.

De ce que j'en comprends, elle m'expliquait que son message n'était pas de mourir, mais de nous montrer comment vivre. Vivre dans plusieurs mondes à la fois. Amélys n'est pas partie, elle est là autrement.

Elle m'expliquait également que les vivants aussi sont au ciel : il y a la petite personne, reliée au corps et à un fragment d'âme évoluant dans la réalité terrestre. Et puis, il y a une autre partie de notre âme, notre grande âme, comme la partie immergée de l'iceberg, qui est hors de l'espace-temps, dans l'éternité.

Comment rejoint-on le Ciel du cœur ? Très simplement : nous y sommes déjà, mais nous l'avons oublié. Une part de notre âme éternelle est encore dans ces espaces supralumineux hors du temps et sait de toute éternité notre vie, nos vies, l'amour, tout ce qui compte. L'autre moitié a oublié et vit tant bien que mal son existence sur Terre, en croyant n'être que ça, que Terrien.

Mourir, c'est se réunir.

Mourir n'est pas un grand voyage. Mourir, c'est une réunion en soi-même.

Naître, c'est projeter une part de notre être dans la matière. Quand je meurs, cette projection cesse, au moins en partie, et nous redevenons un avec notre double de lumière.

Amélys est une au Ciel du cœur.

Qu'est-ce qui m'empêche d'être une, moi aussi, en moi, et en mon amour qui nous unit ? Ne puis-je que mourir physiquement pour cela ? Suis-je libre d'être un pont entre les mondes *ici* ?

Je ne suis pas Emma, de même que Amélys n'était pas Amélys. Là est la liberté : nous sommes plus que nous croyons être. Nous sommes déjà ce qui nous appelle à être.

CHAPITRE 7

L'initiation dans la cellule obscure

On me laisse tout d'abord un temps très long (il me semble trois jours) dans l'obscurité totale d'un caisson fermé rempli d'eau, au point que seules mes narines ne sont pas immergées : si je bougeais, ne serait-ce qu'un peu, l'eau s'y engouffrerait.

Pendant ce temps de méditation sur le lâcher-prise et la mort, l'extinction artificielle de mes sens provoque des visions. Je revois ma jeunesse.

Tout jeune Égyptien, né parmi le peuple, choisi par les grandes instances politico-religieuses pour être initié aux mystères, puis avoir par la suite un certain pouvoir politique.

Tu étais ma mère. Une maman aimante, qui m'enseignait, tout en tendresse et en admiration, les préceptes de sagesse que tu savais. Un peu magicienne, à cette époque antique où la magie se pratiquait beaucoup. Une sorte de gentille sorcière guérisseuse ! Tes enseignements m'apprenaient beaucoup, Ciel et Terre unis, un discours de maman et de sage en même temps.

Quand les gardes vinrent me chercher, cela t'arracha le cœur. Moi aussi. J'étais encore un enfant... Ton enfant. Comme tu voulais les empêcher de m'emmener loin de toi, ils te maintinrent les bras dans le dos afin de te maîtriser. Dans un geste désespéré, et n'ayant d'autre moyen de me retenir, tu m'attrapas le bras par... ta mâchoire ! Cela ne m'empêcha pas de partir, bien sûr, mais laissa dans ma peau et ma chair une cicatrice qui m'accompagna toute ma vie, comme une marque pour que je me souvienne d'où je viens et qui je suis.

Je revois mon arrivée au temple d'Abydos. La grandeur de ce magnifique décor intimidait le petit garçon qui venait de perdre sa mère, tandis qu'on me menait à mon maître.

Je ravalai mon chagrin d'enfant, trop peu spirituel pour un lieu aux telles lois, et grandis aussi vite que possible pour ne plus avoir besoin de maman.

J'ai grandi. Je suis prêt pour mon initiation. Demain, je quitterai le prénom donné par mon père et ma mère ; demain, je recevrai un nouveau nom, mon nom.

Après l'initiation dans le caisson rempli d'eau, qui m'a confronté à la mort, je reçois un rituel de purification, un soin énergétique de mes organes, similaire au rituel de momification, mais sur les corps subtils seulement. Comme si on prenait mes organes, qu'on les mettait sur une balance, avec la plume de Maât de l'autre côté du fléau, puis qu'on les faisait monter en énergie jusqu'à ce qu'ils soient aussi légers que cette plume. Renouvelé, je sors de cette cellule sombre et plonge dans le bassin baptismal situé juste à droite du tombeau d'Osiris. J'entre tout entier dans l'eau, y reste longtemps sans souffle, et lâche prise encore sur la mort.

Le temps passe. Je suis devenu un homme de pouvoir, politique comme religieux. Mon maître est toujours à mes côtés, comme mon père spirituel, il me conseille et m'épaule.

Mais l'idée que ma mère avait plantée dans mon bras par sa morsure commence à germer : la spiritualité ne doit pas être une affaire d'élites qui éloigne du peuple, ne doit pas rompre les familles, ne doit pas couper des émotions et des affects, mais les élever et les spiritualiser. Il faut unir le Ciel et la Terre, il faut faire descendre la sagesse et la connaissance des mystères auprès de tous les humains. Cette cicatrice d'amour est une brèche, comme le trou d'une serrure, me laissant entrevoir un mystère qui me préoccupe de plus en plus.

Aussi riche en enseignements spirituels qu'ait pu être cette vie de sage initié, je m'aperçois que c'est malgré tout cette morsure qui m'apprend le plus essentiel, le plus grand et le plus profond des mystères à mes yeux. Celui de la place de l'amour terrestre dans la vie spirituelle, amour qui semble bien trop exclu des enseignements religieux de l'époque.

Je voudrais me servir de mes pouvoirs politiques pour révolutionner les choses dans ce sens. Mais, lorsque j'expose ces idées à mon maître, celui-ci me prend fermement le bras droit, m'arrêtant net. Il sait utiliser les courants énergétiques à sa guise, et sa main qui tient sans brutalité mon épaule est lourde comme une chape de plomb.

« Non ! Ce n'est pas la bonne direction, ce n'est pas le temps adéquat », dit-il simplement d'un ton calme, mais sans appel.

Il a raison, comme toujours. Prodiguer des enseignements libres d'accès à tous à un moment où l'humanité n'est pas encore suffisamment mature et consciente risquerait de donner des pouvoirs spirituels à des âmes trop peu conscientes pour bien les gérer. Chacun s'en servirait pour ses désirs personnels, ce qui serait très dangereux pour le monde et pour le karma de ces êtres.

Il peut bien avoir raison, mais le fait qu'il ne dise rien de plus que cette petite phrase m'exaspère, comme un adolescent rebelle face à son père. Si une part de moi trouve ses lois légitimes, une autre commence à remettre en cause son autorité. Cela crée en moi deux courants d'affects, laissant ainsi place à une grande fêlure dans mon intégrité.

Le temps passe. Je n'ai rien fait, mais mon maître voit bien que ces pensées sont toujours là. « Il y a une solution, me dit-il un jour. Nous pouvons procéder au rituel de sacrifice, et au cours de celui-ci t'élever pour que tu sois prêt à changer les choses. L'humanité n'étant, elle, pas prête à cela, il te faudra attendre le moment propice dans l'autre monde. »

C'est le jour de ma mort. Ils procèdent à ma momification ; c'est alors que mon maître vient présider la cérémonie et verse sur mes organes un élixir particulier, de couleur ambrée, tout en procédant à un rituel énergétique sur les plans subtils visant à favoriser mon ascension dans des sphères de l'au-delà plus hautes que celles qui me sont habituelles dans l'entre-deux vies.

Mais la fêlure est restée. Je ne suis pas entier, pas complet. Je repense à ma mère. Sans doute est-elle morte en ignorant l'impact qu'elle avait eu sur moi. Je veux la revoir, et je veux cet amour terrestre, qui m'a été volé trop tôt. Je pense tant à elle, combien j'ai dû la faire souffrir... Je veux ressentir ce qu'elle a ressenti, je veux être à sa place.

Ma demande est entendue. Je serai, à sa place, mère. Leur mère. Et connaîtrai le manque de mon enfant.

Je m'élève dans la lumière des sphères, accueilli dans mon nouveau chez-moi. Je vous y retrouve...

INTERLUDE DE LA NAISSANCE DE LA VACHE DE LA BELLE FERMIÈRE

6 février 2021, au soir

« Bonjour maman d'amour. Tu m'as manqué, tu n'étais pas avec moi. J'ai voulu venir, et tu étais ailleurs. J'ai dit dans le souffle que tu étais dans la lune, mais tu n'as pas entendu, et tu es restée distraite. Je ne t'en veux pas tu sais, tu peux. Mais sois OK avec toi-même, c'est compliqué si tu fais des nœuds. »

Il est vrai que j'ai tendance à culpabiliser de ne pas prendre de temps pour Amélys et en même temps fuir un peu nos « conversations »...

« Je dois te dire, il s'est passé quelque chose de formidable ici ! La vache est née, la vache de la belle fermière. »

Je suis bien étonnée, ne comprenant pas ce qu'une vache et une fermière viennent faire ici.

« Il n'y a pas de vache, c'était une blague, pour me moquer du fait que tu attends trop ce que je dis !

Le truc formidable, c'est que je suis née deux fois. Pas la vache ! J'ai dans mon ventre moi-même, et puis je suis née par moi. J'ai vu les étoiles et je les ai intégrées en moi, et puis maintenant je donne du lait comme la Voie lactée ! »

Encore une fois, je m'étonne qu'elle me dise donner du lait.

« Tu vois pas que je plaisante ? Détends-toi, maman. On est tranquilles, quand on parle ensemble, mais je te sens trop tendue, tu attends trop mes mots, tu doutes vraiment trop. J'ai froid pour toi, ça doit être dur... J'ai peur que tu t'en ailles, tu pars souvent, tu ne m'écoutes pas jusqu'aux au revoir, car tu crois trop que c'est toi. Tu viens quand ça t'arrange. Allez, maman, grandis un peu ! Je dois pouvoir tout te dire, c'est important tout ça ! Tu te rends compte qu'on parle, et que tu es ma mère et moi la Voie lactée ? C'est trop joli, c'est trop beau : toi, t'as des organes, moi j'ai des étoiles, et pourtant t'es ma mère !

Je dois aller dans les cieux très hauts, pour mon évolution. Mais je sais que tu peux venir, ça a été dit maintenant, c'est OK. Par contre, il faut que tu te détendes, sinon tu n'y arriveras jamais ! Tu dois penser à Néa, aux cieux du cœur, à l'orage qui approche sur Terre aussi, il y a besoin de cet arc-en-ciel, il nous faut des illuminateurs, allez maman, viens avec moi ! »

Amélys me parle alors d'une chose (qu'il serait long et vain de décrire ici) à laquelle je suis confrontée depuis de nombreux mois (même avant sa mort), et m'explique qu'il faut que j'y pense pour en trouver la solution et arrêter de me perdre dans l'extérieur.

« Tu sais, la perte de temps est parfois nécessaire sur le chemin, elle permet de se perdre, pour le retrouver. Quand on retrouve le chemin, on est tout content, et cette joie fait du bien !

— Pourquoi ?

— Il faut aussi que tu penses à Néa. Parce qu'elle te prend la tête et du temps aussi, tu n'es pas juste là non plus. Regarde ! Tu la vois ? Non, tu vois ton devoir, mais pas elle et ses besoins. Il faut la retourner, la voir avec sa vérité derrière. Tu dois te retrouver contre elle en vérité. »

En effet, je culpabilise souvent de ne pas être plus avec elle, à cause de mon travail, bien que je ne sois qu'à un petit mi-temps.

« Quand et pourquoi j'ai perdu la vérité avec elle ?

— Tu avais 3 ans, et tu as cru que ta mère était toi, puis tu as cru qu'elle était seule. Ça n'a pas bien fonctionné. Tu n'as pas bien coupé le cordon, car ta mère avait besoin d'être mère, alors tu crois avoir besoin d'être mère.

Lâche, on s'en fiche si tu es bien, sois vraie. Elle t'attend, elle est vraie.

— Je travaille trop, je fais trop de stages et tout ?

— Elle fera tout ça, tu lui donnes l'exemple de ce qu'elle veut être. Montre-lui qui elle veut être, sois exemplaire, pas mère au foyer ! Sois la reine de ton royaume. Tu peux, tu sais !

— Merci pour tes conseils si merveilleux !

— De rien, je suis trop forte depuis que je suis un ectoplasme-Voie lactée !

— Alors, tu me parlais de ta naissance accouchement de toi ?

— J'étais toute seule, il a fallu que je me mette dans moi-même, au cœur du cœur de mon être, et j'ai écouté la musique de mon être, celle qui fait que je suis moi et nulle autre. J'ai écouté, écouté, et alors j'ai pleuré de bonheur d'être moi. Je me suis souvenue de tout depuis la nuit des temps. Et j'ai accouché de moi, j'ai su que je voulais devenir la Vierge des petites carmélites. La divinisée par Dieu. Je ne suis pas l'émissaire, je suis la Vierge[15] *! Je ne suis pas la parole, je suis l'acte ! Tu crois quoi ? Je peux, tu sais ?!*

---

15. Lors de sa fête, elle m'a dit avoir trouvé sa voie, au service de Marie, mais j'ai cru que cela voulait seulement dire se faire émissaire de cette énergie, et non véritablement l'intégrer...

— Qu'est-ce que cela veut dire être la vierge des petites carmélites ?

— Tu vois la Vierge Marie, elle attend le Christ dans son ventre, et son ventre c'est elle. Et elle est le Christ. Tu comprends ? Alors si elle donne aux mondes le Christ par elle, elle est Marie, la Vierge divinisée par le Christ.

— Moi, j'ai vécu quelque chose de similaire avant de te mettre au monde, c'est comme cela[16] ?

— Non, parce que je suis moi et tu es toi. C'est pareil, mais c'est tellement intérieur que ça ne peut pas être pareil, c'est toujours tout(e) seul(e) pour la première fois. On ne peut jamais dire que ça a déjà été fait, car c'est de l'éternel présent.

Marie de la Bible, qu'en comprendre ? Elle donne l'exemple, mais c'est écrit au présent, c'est vrai qu'au présent. Au passé, on s'en fiche - enfin non, mais presque.

— Je doute toujours que ce soit toi, tu fais de moins en moins enfant, alors je ne te reconnais plus trop...

— Je sais. Mais tu peux me faire confiance, je disparaîtrai souvent pour que tu ne t'attaches pas à des fantômes qui t'embourbent. Sinon, gare aux maléfices. Si tu crois que je suis d'une manière trop longtemps, je te montrerai que non, pour que tu sois vivante comme je t'ai dit avant[17]. Tu sais, ce que je te dis, c'est bien quand même !

— J'adore ce que tu dis ! Du coup, en écoutant ta musique, tu te souviens de tout, donc des mystères de l'univers que tu as reconnu dans d'anciennes vies, ou tout le savoir entier ?

---

16. Cf. page 56.

17. Lors des rêves faits au moment de sa mort, Amélys m'avait expliqué que si on croit à notre forme, comme tout est transformation, on est voués à mourir. Si on accepte de se transformer sans identification à la forme, on est dans la vie éternelle.

— Non, pas tout le savoir, oh ! Je suis bien, mais quand même tu me prends pour Jésus ou Bouddha, un maître de lumière ? Je suis une petite fille, dis ! Reste comme ça, petite fille/maman, pas maître/élève, sinon c'est pompeux et faux.

Je me souviens de mes vies et de tout ce que j'y ai appris, mais pas de tes vies ou de tout ce qui ne me concerne pas, sauf là je te regarde alors je te conseille, mais c'est un conseil avec les autres du Ciel, on est plusieurs à te suivre... Tu fais des erreurs rigolotes, tu nous fais rire. Quand tu dis que tu t'es trompée et que tu as juste, et l'inverse, c'est trop rigolo.

— Pourquoi c'est rigolo ?

— Parce que c'est facile ; mais difficile pour toi, parce que tu as oublié. Si tu veux que ce soit simple, ça peut l'être, tu sais.

— Tu vois d'autres endroits où je ne fais pas les choses correctement ?

— Il n'y a pas de pas correctement ! Si tu vis heureuse, c'est correct. Mais là, tu mets de la tension, et tu es malheureuse, alors que c'est facile. Mais c'est drôle, pas moquant. Tu n'as pas à le prendre mal. Je t'aime, tu sais... »

CHAPITRE 8

Fleurs de liesse

Si j'y pense, je crois pouvoir repérer trois phases distinctes dans cette grossesse spirituelle, chacune durant un trimestre.

Au premier temps de la valse, la rencontre s'est faite sur les plans spirituels. Tu étais encore bien haut, et il fallait pour te voir m'élever dans les mondes blancs où je t'avais rencontrée pour la première fois (enfin, première fois en tant qu'Emma).

Pour moi, cette rencontre fut le vecteur d'un travail profond de mon être, visant surtout à me rapprocher de ma famille d'âmes et de ces plans spirituels, pénétrant ainsi plus consciemment les questions de ma propre incarnation, de ma mission de vie et de ma place sur Terre.

Cela a commencé quelques jours avant que je reçoive l'annonce de ta venue prochaine. À ce moment-là, j'ai fait un rêve au cours duquel je me revoyais juste avant de m'incarner. J'étais sur le seuil, avec mon double de lumière. Il me disait ce qui allait se passer pour moi, mais plutôt que de l'écouter, je pleurais, lui répétant entre mes sanglots que je ne voulais pas le quitter...

Au bout de trois mois, je pensais que tu allais venir. Or le jour de mon ovulation, que j'attendais comme un rendez-vous, la mère de ton père mourut.

Au deuxième trimestre, sans doute es-tu descendue des plans spirituels aux plans mentaux et émotionnels, car un nettoyage de ceux-ci était nécessaire: mémoires personnelles, transgénérationnelles et karmiques, tout y est passé, c'était le grand nettoyage de printemps!

Le troisième trimestre commença par ce qui ressembla bien à ta descente dans le plan éthérique, au plus proche du physique. Il me fallut entre autres réparer les désordres énergétiques liés à une montée de kundalini spontanée, violente et mal gérée, que j'avais eue à la fin de mon adolescence.

Trois mois tout pile avant la grossesse, j'ai vraiment cru que tu étais enfin dans ta chambre utérine. Je paressais dans mon lit le matin, méditant à moitié, la joie dans le cœur, lorsque je t'ai vue arriver et me dire: « Maman, viens voir, j'ai quelque chose à te montrer! »

Tu m'as menée vers mon propre utérus. Là, une toute petite sphère lumineuse se logeait dans cette muqueuse rosée et douce. Nous nous en sommes approchées, et tu m'as invitée à entrer, pour voir l'intérieur de ce petit œuf de lumière. Saut quantique! Il contenait un univers si vaste, si vaste, que ses limites étaient complètement hors d'atteinte de ma conscience: je ne suis même pas sûre que ce n'était pas tout à fait infini. Tout cet espace semblait entièrement occupé par des fils d'énergie dorés, qui formaient un immense tissage ressemblant un peu à la forme géométrique de la fleur de vie, mais en davantage de dimensions. (Tu m'as expliqué que c'était ton œuvre, et que tu avais en charge d'insuffler ta conscience dans cette trame. Trame de vie pour préparer ton existence dans la matière.) Quelles beautés ! Quelles sublimes beautés ! Et quel honneur d'être mise au parfum de l'existence de telles splendeurs !

Tu m'as appris comment on fait les bébés, pour de vrai... Tu as aussi montré cela à ton futur père, un autre jour, peu après cela. Il a en effet vu en rêve un vieil homme en haut d'une échelle qui menait aux mondes blancs. Celui-ci l'a chaleureusement invité à monter pour le rejoindre.

Arrivé en haut, il a vu une immense cellule dorée, contenant déjà toute la vie et le potentiel de ce qui allait devenir un corps vivant – le tien. Puis, peu de temps après ce rêve, juste deux ou trois jours avant la conception, une nuit, tu lui es apparue. Il ne savait pas que tu serais sa fille, car tu avais revêtu pour cette visite une forme adulte. Une magnifique femme aux grands yeux assortis à ses cheveux longs tombant en boucles brunes sur ses épaules – sans doute aurais-tu pu ressembler à cela, plus tard ? À cette beauté physique déjà épatante, s'ajoutait le fait que tu étais auréolée d'une sublime musique cristalline et céleste, comme si ton âme était une mélodie audible rayonnant autour de toi.

Vous n'avez échangé aucun mot. Tu es juste restée là, infiniment présente, et il t'a écoutée, conquis. Il est alors tant tombé en amour devant une telle splendeur et cette musique si belle, qu'il a culpabilisé pour son couple. Mais il s'est rapidement rassuré en se disant : « Emma aussi, dès qu'elle aura écouté cette musique, ne pourra que l'aimer... »

Voilà, papa et maman ont été mis au courant. Nous n'avons pas été les seuls, étonnamment, que tu as visités en rêve pour annoncer ta venue. Ma mère et l'une des femmes qui travaillaient avec moi, ainsi que ma meilleure amie d'enfance, que je n'avais pas revue depuis de nombreuses années, ont vu aussi dans leur sommeil que nous allions bientôt être parents.

Pourtant, je n'étais toujours pas enceinte. Pas encore.

Cette attente commençant à me faire vraiment trop mal, je me suis dit que j'allais arrêter de me faire de faux espoirs et m'investir davantage dans mon travail.

Nous voici donc le premier jour de mes dernières règles. C'était à la fois la nouvelle lune et le solstice d'été, faisons ça bien... J'avais rendez-vous avec une amie, formée comme moi à l'accompagnement aux rêves, afin de préparer un stage en commun.

À la fin de l'entretien, elle m'a demandé de faire un échange de rêve, car elle avait une problématique à ce moment-là et espérait que cela l'aiderait à libérer ce blocage. J'ai accepté de bon cœur. Après son rêve, très beau, je me suis allongée pour faire le mien. J'ai posé comme intention pour ce voyage « je développe mon activité professionnelle ». Sauf que ce n'était pas du tout le programme que le Ciel m'avait choisi ce jour-là !

Tout de suite, tu es arrivée. Tu m'as amenée dans le vide, j'ai déposé toute forme, comme on quitte un vêtement, pour pouvoir t'y suivre et être ton égale. Là, plus rien n'était visible, comme sans forme, mais mon cœur te voyait. Tu as alors déposé une fleur de lys sur la droite de mon cœur, en me disant : « Je suis contente qu'Aymeric soit mon papa... », puis un œillet à gauche : « Je suis contente que tu sois ma maman. » Peut-être bien les plus beaux cadeaux qu'on m'ait jamais offerts... Il me vint à l'esprit que tu devais t'appeler Amélys, âme et lys, « celle qui resplendit » en grec.

« Mais j'hésite à venir, j'ai peur que tu m'abandonnes de nouveau, comme la dernière fois. »

Je revis alors la vie en Égypte, notre séparation quand je t'ai été arrachée, mais cette fois je voyais tout à travers tes yeux. Tu avais passé ta vie à en souffrir, pensant que je t'avais abandonnée, que je n'étais pas venu te voir, car les préceptes spirituels qu'on m'avait inculqués avaient complètement pris la place de ce que tu m'avais enseigné par ton amour et ta patience maternels.

J'écoute, en profondeur. Je ressens tout cet amour, enfermé dans une prison de silence, qui nous a tant fait souffrir, toi et moi, parce qu'il n'a pas été affirmé, révélé, prouvé. Je permets ton pardon en me mettant véritablement à ta place.

« Tu m'abandonneras pour ton travail, pour des buts spirituels qui te sembleront plus grands que notre petite vie de famille...

— Non, je ferai autrement cette fois-ci. Je t'en fais la solennelle promesse : réinventer pour toi mon métier, pour qu'il me permette d'être avec toi, et inventer une spiritualité qui soit inspirée par ma vie de famille et mes amours terrestres, et par toi. »

J'ai soudain une vision d'une sorte d'institut où l'on aiderait les bébés à s'incarner, les adultes à s'élever tout en comprenant mieux leur place sur Terre, où les enfants qui jouent seraient tout aussi enseignants que les adultes qui savent. Où nous pourrions œuvrer toutes deux, ensemble.

« Pardonne-moi, s'il te plaît. Viens, je t'en fais la promesse, cela sera ainsi. »

À mon immense joie, tu me répondis « Ah ! Eh bien si c'est comme ça, ça me va, j'arrive ! » Je te vis alors t'élever, partir dans le Ciel du cœur pour aller « faire tes valises et tes adieux ».

Quatorze jours plus tard, nous faisions l'amour avec ton père, quand, lors de mon orgasme, une brèche immense m'a fendu le cœur, et je me suis mise à pleurer comme jamais. Enfin, presque jamais : en fait comme lorsque j'avais rêvé que j'avais perdu le Christ. C'était un an plus tôt.

Aucune pensée ni émotion ne justifiaient ces sanglots, mis à part un bien vague sentiment de difficulté à être incarnée, comme si le Ciel et ses habitants me manquaient affreusement. Était-ce le mien, le tien, le nôtre, celui de tous, sur le moment je n'en savais rien. Maintenant, je crois avoir compris : c'était un souvenir du futur, ma petite baptisée...

Souvent, les sanglots soulagent et, peu à peu, se tarissent ; mais pas ces sanglots-là. Alors, au bout de quelques minutes, voyant mon amoureux qui m'attendait gentiment sans trop savoir quoi faire, j'ai fermé les vannes, et nous avons terminé notre câlin.

Nous avions l'impression tous deux de flotter au milieu de galaxies... Moment cosmique... Ta conception.

INTERLUDE DU PETIT PANDA ET SA MAMAN

8 décembre 2020 après-midi

Tu t'es envolée depuis cinq mois déjà.

Je te sens fréquemment venir dans notre quotidien, je sens ta présence, je perçois ce que tu veux me dire, et je te réponds aussi. Je te dis souvent comme je t'aime, je t'offre des cadeaux tels que des beautés vues, de beaux instants vécus, et la promesse de mon amour éternel. J'ai fait quelques rêves éveillés avec toi, car c'est un canal d'intuition dont j'ai l'habitude. Mais un dialogue m'intimide, j'ai encore trop peur de tout inventer.

Voilà pourquoi c'est seulement mon deuxième dialogue écrit.

« *Il est bon de se revoir, douce maman. Je t'aime, si tu souhaites que je sois là, je le suis. Ne t'en fais pas, je ne disparaîtrai pas. Il n'est pas certain que je retrouve le chemin de la veille, mais tu sauras me retrouver par ton amour. Tu crois que je disparais car tu ne vois pas avec des yeux qui sont sans paupières. Tout change quand on change de corps. Tu n'y croirais pas, c'est tellement immense ! Plus grand que dans tes rêves ! J'ai des amis et ils sont gentils, j'ai un chat, il s'appelle Jean. Je n'ai pas d'animaux autres... mais c'est doux de vivre où je vis. J'ai inventé une histoire pour toi, celle d'un petit panda qui cherchait sa maman dans la forêt. Il cherche, et appelle. Puis il voit la rivière, plonge dedans, et se noie. Là, il arrive au paradis du Ciel du cœur, et voit sa maman : elle était toujours avec lui, mais il ne la voyait plus et maintenant il voit tout en permanence. Sa maman est vivante, elle boit à la rivière, et l'eau dévale la montagne, toujours de l'eau nouvelle. "Tu n'as pas à t'inquiéter, on ne peut pas se perdre !" dit le panda, car il sait qu'il n'est pas un panda, mais Dieu.*

Je voulais te dire que je n'avais pas compris pourquoi tu étais triste, car tu allais bien et tout à coup, tu es triste, et je n'arrive plus à venir te voir comme avant. Je ne t'aime pas quand tu es triste, car ça me fend le cœur, il faut que tu retrouves la joie pour que nous puissions jouer ensemble. Je t'aime maman, et j'aime être avec toi dans le Ciel du cœur, reviens !

— Je crois que je suis triste par rapport à la tension créée par l'autre bébé-âme que tu m'as présenté. »

En effet, dès l'envol d'Amélys, j'ai vu en rêve un petit garçon qui disait vouloir venir s'incarner dans notre famille. Aymeric l'a ensuite senti dès fin septembre, début octobre. Je désire qu'il soit là, et en même temps j'ai peur, et je ne sais pas si je m'autorise vraiment à avoir un autre enfant, surtout si rapidement. Je viens de faire un test de grossesse (qui s'est révélé être négatif) pour vérifier, puisque j'allaite et ne peux donc pas me fier à mon cycle. Les tests de grossesse négatifs m'ont toujours déprimée, même lorsque je ne me sentais pas prête...

« Tu ne devais pas le faire alors, car je ne suis pas contente que cela t'ait attristée. Vois comme elle est douce ma vie ici, tu es dans le chant des ruisseaux du monde blanc, c'est beau comme de la glace et tiède comme un oreiller doux.

— Pourquoi m'as-tu présenté cette âme, alors ?

— Parce que c'est mon frère, et qu'il va venir bientôt ! Je ne sais pas quand, il doit finir des trucs avant, attendre le bon moment. Je crois qu'il doit faire de la place dans son corps pour le moment, avant de pouvoir l'habiter. Ça prend du temps. Il est particulier, car il n'a pas de cerveau, pas de mental. Il est pur. Il ne doit pas venir pas prêt, car c'est dangereux pour lui. Sinon il va mourir. Mais là c'est bon, je crois que tout va bien. Tu veux que je lui demande ? Je peux aller le chercher !

— Oui, s'il te plaît.

— J'y vais. »

Le « frère » :

« Je ne peux pas te parler, ce n'est pas le moment. Je ne dois pas te parler, je dois d'abord accomplir quelque chose d'important pour ma vie. Il ne faut pas m'attendre, car je ne suis pas prêt à venir tout de suite. Il faut que tu aimes papa, et que tu t'investisses dans cette relation, je dois naître dans l'amour pur. Je ne dois pas te parler, car tu n'es pas prête à entendre.

— Comment devenir prête ?

— Il faut que tu traverses le monde d'en bas, là où tu as laissé l'arbre de vie[18]. Si tu signes l'arrêt du ruisseau autour de l'arbre, et que tu rediriges son courant vers les cieux, alors ton cœur se remplira à nouveau de Dieu, en vrai, et je pourrai venir. Il faut tout recommencer, c'est essentiel que tu recommences tout comme si tu étais vierge d'enfant. Tu ne dois surtout pas vouloir que cela se passe comme la dernière fois, ni celle d'avant. Cela n'a rien à voir. Car je ne suis pas pareil. [...] Tu ne peux pas comprendre si

---

18. Cela fait référence à un rêve éveillé datant de plusieurs années, que je décris succinctement dans le chapitre « Au-delà de nos rêves », page 83.

tu n'écoutes pas les mots. Je crois que tu n'as pas à comprendre sans savoir la vérité de l'arbre, il faut aller dans tes terres sacrées, rediriger l'eau. Tu ne dois pas me croire, car je dois venir par moi-même. Je n'ai pas de chemin possible pour le moment.

— Mais la Grande Porte, et le passage de Néa et Amélys ?!

— Elles sont uniques au monde, des éclaireuses. Elles ont tracé avec vous un chemin pour elles deux, mais moi c'est différent. Je dois faire le chemin des garçons, et puis c'est différent, car je ne peux pas venir avec Amélys morte, le passage a été abîmé. C'est bien, mais pas bien. Je dois tout recommencer. Je te repasse Amélys.

— *Ma douce maman, je t'aime. Je crois qu'il t'a fait peur avec ses gros airs, mais il est très gentil, je l'aime beaucoup. Il rit et il est très doux aussi. Nous, on s'amuse tout le temps ensemble ici. J'ai rêvé de toi qui cherchais la porte pour venir me voir, et tu créais la porte avec de la boue, mais ça ne marchait pas. Alors je t'ai dit de le faire avec des nuages blancs, car la boue, c'est trop lourd, trop terrestre, mais tu n'arrivais pas à prendre les nuages. Alors je suis venue te chercher, et tu as volé dans les airs sur mon dos d'ange. Je t'ai déposée dans le jardin d'ici [le Ciel du cœur], et nous avons pris le thé, toutes les deux. C'était un beau rêve. J'ai cru que je ne me réveillerais jamais, car c'était comme quand on jouait ensemble dans le jardin. Tu as été une bonne maman, je t'ai adorée. Surtout pour le matin, les câlins peau à peau et les gommettes, et tout.* »

Comme ces mots me touchent particulièrement, et que c'est aussi ce qui me manque le plus, ma raison prend le dessus, et je pense de nouveau tout inventer toute seule.

« Il n'est pas permis de douter quand je te parle, ou sinon on ne peut plus parler. Mais je crois que tu ne sais pas pourquoi

tu doutes, il faut que tu ailles voir pourquoi, c'est important pour que tu puisses venir me voir, car tu n'as pas de temps à perdre avec le doute. J'ai déjà invité beaucoup de gens à te suivre pour que tu puisses leur montrer le chemin, avec ma mort[19]*, et tout, et si tu doutes, tout tombe à l'eau. Crois en toi et en moi, tout est vrai !*

— Que souhaites-tu que j'accomplisse ?

— *Sois toi-même et donne l'exemple de l'amour pur. Il faut que tu écrives le livre, mais aussi que tu t'occupes de Néa et Aymeric, et surtout pas que tu te perdes dans tes obligations financières, etc., ça, je n'y crois pas. Ne me juge pas sotte, je sais que l'argent dans votre monde est important, mais pour moi il ne l'est pas, alors il faut que tu t'en libères, car j'ai plus important à te faire faire. Il faut que tu ailles voir Aymeric et que tu lui dises "Tu n'auras pas la chorée, maintenant faisons la toile filante*[20] *! Ensemble ! Des mains tenant*[21]*". Il faut qu'il s'investisse, raconte son histoire aussi, car elle est aussi belle que toi. Faites tous les deux des vidéos, le livre, accompagnez les gens. Pour les bébés qui arrivent, et aussi pour les enfants, qu'ils puissent grandir dans la lumière de leurs cœurs, car il ne faut plus de faux dieux. Je ne crois pas que pour les adultes tu sois prête, car je dois être avec toi autrement, il faut d'abord faire avec les gens qui viennent et les enfants sont plus prêts*

19. En effet, de nombreuses personnes, même certaines qui n'avaient jamais rencontré Amélys, et parfois même pas la famille non plus, nous disent être particulièrement touchées par son départ, ébranlées spirituellement même, et penser quotidiennement à elle depuis des mois.

20. Nom de l'association que nous avons créée afin d'organiser des stages, ateliers et autres pour unir Terre et Ciel, mais peu active entre les naissances et les morts de nos enfants et toutes les autres choses qui ont pris notre temps.

21. Nom d'un autre projet que nous avions souhaité, d'accompagnement à la parentalité et à la naissance en conscience, qui n'a pas encore vu le jour.

que toi. Je n'ai pas fini, car je dois te dire que je suis heureuse et que j'aimerais que tout soit comme ça ici-bas, c'est très beau et doux et facile et gratuit, et tu dois faire que ça soit comme ça. Je crois que tu peux aider à adoucir le cœur des gens, les aider à voir la lumière qui est la leur, ils ne vont plus aller voir ceux qui leur disent, mais ce qu'ils sentent, et ils sont fous, car ils font mourir de peur. Ils sont perdus. Tu peux les aider. Joie !»

CHAPITRE 9

Ta guérison de notre arbre généalogique

Je n'osais pas y croire, tant j'avais souffert de t'avoir attendue avec trop d'impatience, mais nous avons su avec évidence que nous t'avions conçue. Quelques jours après ce câlin cosmique, j'ai senti cette petite graine de vie qui allait devenir ton corps se planter dans ma muqueuse utérine. Il a fallu attendre encore une semaine pour que je puisse enfin faire le test de grossesse. Positif. Que j'étais heureuse !

Juste une semaine après avoir appris que tu étais dans mon ventre, je devais aller faire un stage sur les mémoires transgénérationnelles dans mes lignées de femmes, qui avait lieu juste après un travail que je faisais avec la sage-femme sur ces mêmes mémoires de famille. Comme par hasard : synchronicités de la vie...

Ces deux approches, prises en parallèle mais complémentaires, m'ont permis d'y voir plus clair dans les poids et les forces de nos deux arbres, celui d'Aymeric et le mien, qui devenaient un avec toi.

De mon côté, le nœud que je portais (plus moi que mes frères et sœurs, d'ailleurs) était sur la naissance, avec avortements, fausses couches, enfant mort très jeune, et souffrance d'être incarnée dans ce monde. À l'opposé, du côté paternel de ton arbre, le nœud est sur la mort, avec la famille de la mère de ton papa décimée par une maladie génétique répandant la peur pour soi et pour les autres porteurs potentiels du gène, tandis que le père d'Aymeric a vécu aussi des deuils violents depuis son jeune âge et plusieurs fois lui-même frôlé la mort, EMI à la clé. Il y avait aussi ce don de « passeurs d'âmes[22] » que ton père a hérité de son père...

Avec les mémoires d'avortements côté maternel, et côté paternel l'interdiction de procréer à cause de cette maladie génétique, une question émergea, brûlante d'actualité : dans la convergence de nos arbres, quel choix apporterait la liberté : décider de faire l'amniocentèse durant la grossesse afin de voir si l'enfant portait le gène et éventuellement mettre un terme à sa vie pour que cesse cet atavisme génétique, ou bien lui laisser le droit de vivre quel que soit son génome et affirmer notre joie de le mettre au monde ?

Comme je l'ai dit précédemment, nous en avions déjà parlé avec Aymeric des années plus tôt, et avions fait le premier choix. Mais depuis, cette grossesse spirituelle m'avait ouvert les yeux : si, depuis neuf mois tu préparais le terrain, tissant de plan en plan ta toile d'or, toile de fond de ton corps, comment se pouvait-il que tu te trompes sur les gènes que tu devais porter afin de vivre la vie que désirait ton âme ?

---

22. Psychopompe, qui signifie littéralement « guide des âmes », est un conducteur des âmes des morts (comme un guide ou un passeur) pour les aider à s'élever et ne pas se perdre dans l'au-delà.

Bien sûr, on ne choisit pas notre génome comme on choisit la robe qu'on veut porter. On ne choisit pas ce qui nous fait plaisir, mais ce qui répond au mieux aux désirs de notre âme, pour avancer vers la reconnaissance et l'accomplissement du divin noyau qu'elle abrite. Les poids qui seront les nôtres ne sont pas des erreurs. Nos ancêtres nous refilent des casseroles, d'accord, mais nous avons le choix de les porter derrière nous et d'en faire des poids inutiles et encombrants comme des boulets de prisonniers, ou de les mettre devant et d'y cuisiner des délices. La liberté est un cadeau que nous sommes les seuls à pouvoir nous offrir !

Qui suis-je pour te dire que ton choix n'est pas le bon ? Qui suis-je pour juger que ta vie ne mérite pas d'être vécue ? Les questions de vie ou de mort comme celle-ci, on ne les résout pas tout de suite. J'ai donc pris plusieurs jours d'intense réflexion, faisant appel à ma raison, mon intuition, mon amour et mon écoute, toute la philosophie dont j'étais capable... le meilleur de moi-même. Puis j'ai décidé que je connaissais profondément la réponse.

J'en ai parlé à Aymeric, qui était resté sur notre décision précédente, et j'ai dû le convaincre pendant plusieurs dizaines de minutes d'argumentation. Puis, il a réfléchi, et s'est dit que si ses parents avaient décidé de faire ce test in utero, il aurait été avorté. Que pourtant, même si, au pire, il devait bientôt tomber malade et mourir jeune et handicapé, il était heureux d'avoir vécu cette vie et ne regrettait pas d'être né. Notre enfant devait avoir le choix de sa vie, elle aussi.

Cette grossesse spirituelle de neuf mois avant la conception physique m'avait décalée par rapport à la complicité et la proximité de la relation maman-bébé, en comparaison avec ce qui se fait d'habitude. À l'heure où beaucoup de mères ne savent même pas qu'elles sont enceintes, ou bien le savent mais ne le réalisent pas trop, il nous semblait déjà bien te connaître, nous avions une liste épurée de deux prénoms, je te parlais, te racontais des histoires, j'avais l'impression d'être enceinte depuis neuf mois. C'est pour cela que nous avons annoncé la nouvelle bien vite, à la fin du premier mois, et cela nous semblait déjà tard.

L'occasion était parfaite : réunion de famille (de mon côté) dans un chalet au mont Lozère. Cette montagne, la plus proche de là où j'ai grandi, est l'un de mes endroits préférés au monde. D'une part, par sa beauté et d'autre part, par la beauté des souvenirs d'enfance qu'elle me rappelle. Soleil d'août adouci par l'air frais de la montagne, forêts aux allures féeriques, petits ruisseaux qui chantent la pureté de l'eau et la saveur des pierres : l'endroit rêvé pour parler de toi pour la première fois.

Nous avons annoncé la belle nouvelle, et tous nous ont félicités. Des plans sur la comète, fille ou garçon, et quand tu vas naître, au début du printemps, c'est la meilleure période, et tout était parfait...

Le lendemain, je me suis levée si tôt que seule ma mère était déjà debout. Je me confiais à elle au sujet de notre réflexion, et de notre décision, à propos de l'amniocentèse et de la chorée. Elle m'écouta sincèrement, me confia ses réticences et ses peurs, mais ajouta qu'elle m'encourageait et savait que c'était à nous que revenait de faire ce choix en conscience, qu'elle nous soutenait et nous faisait confiance. Puis, finalement, après réflexion, elle me dit que cela lui semblait être le bon choix au niveau philosophique et éthique.

Après cette conversation si douce à mon cœur où elle avait su dire et écouter tout à fait comme j'en avais besoin, elle retourna se coucher et en discuta avec mon père, dans l'intimité de l'oreiller.

Ma dernière sœur est arrivée à midi avec ses filles. Nous lui avons annoncé la nouvelle. Changement radical d'ambiance. Était-ce en rapport avec Saturne, porteur des problématiques d'interdits, d'empêchements, voire de mort, qui, à partir de ce jour-là, précisément vers midi, s'alignait parfaitement avec la lune de mon ciel de naissance (la lune représentant entre autres la maternité) ? Ma sœur m'a dit ne pas comprendre pourquoi nous l'informions déjà de cette grossesse, alors que je lui avais dit, quelques années auparavant, que je ferais ce test quand je serais enceinte, et que donc nous n'étions pas sûrs de te garder. Que je m'y étais engagée, et que rompre cet engagement entraînerait, pour toute la famille, la peur que l'enfant ait cette maladie, que ce n'était pas une vie souhaitable, etc.

J'ai eu beau répondre que je ne pouvais pas me résoudre à tuer mon enfant pour éviter que la famille ait peur, il était trop tard, ma voix ne pouvait plus être entendue, la peur s'était immiscée et attaquait de toutes parts.

Ma mère me prit à part, et m'amena près de la rivière dans la forêt attenante au chalet où nous demeurions. Elle était fébrile d'émotions. La peur (la sienne, et celle du reste de la famille) s'était engouffrée dans son cœur et y avait pris tout l'espace. Pas seulement à propos du génome de l'enfant à venir, mais aussi de celui de son père, de notre futur, de nos galères présentes, et tout un tas de suppositions à propos d'Aymeric et de notre vie. Des gros dossiers jusqu'aux détails insignifiants, tout y passa ! Il y avait du vrai, du faux, mais tout était déformé par la peur, qui en faisait des monstres menaçant d'anéantir nos vies.

Cela dura longtemps. La rassurer, me défendre, hurler, pleurer, supplier qu'elle cesse de parler, rien n'y faisait, elle continuait. Il fallait soi-disant m'ouvrir les yeux, car j'étais naïve.

Alors, d'abandon, j'ouvris les yeux plus grands. J'observais tranquillement le ruisseau près duquel nous étions assises continuer sa sublime chanson, les arbres centenaires qui sirotaient les rayons du soleil, les oiseaux qui chantaient gaiement, et mon cœur se briser en morceaux, puis se faire piétiner encore, pour être sûre que je comprenne bien.

À partir de ce moment, j'ai eu un couteau planté en plein cœur, et dès que j'essayais de le retirer, cela frisait l'hémorragie sentimentale.

*

Ces petites vacances en famille terminées, je suis retournée au travail.

Lorsque je marchais, j'avais l'impression que le sol s'ouvrait sous mes pieds, happant mes jambes dans un gouffre noir de néant. Ma respiration s'était amoindrie pour ne pas trop titiller le poignard dans mon cœur, de peur de reproduire la douleur initiale dont, de toute façon, je sentais en permanence l'ombre en toile de fond. Sur mes épaules, une chape de plomb m'empêchait d'accéder à des idées plus légères, j'étais comme enfermée dans mon problème, avec mon bébé pur et sublime dans le ventre, que je voulais n'entourer que d'amour, de bienveillance et de joie de vivre.

Professionnelle, je parvenais à soigner malgré tout, à écouter les problèmes des autres et à tenter de les apaiser dans leurs souffrances ; puis, quand en partant ils refermaient la porte, je retrouvais la mienne.

Mais il était inconcevable de vivre ainsi plombée, avec ta beauté en moi. Je te croyais fragile et influençable... Comment deviner que la puissance de ta lumière était à ce point capable de terrasser toutes ces ombres ?

Une fin d'après-midi, après mon dernier patient, je t'ai rendu visite en rêve. Je voulais te demander de m'excuser de te faire vivre tout cela. Et trouver répit et repos. Tu m'as répondu : « Viens voir, il faut que je te montre où je suis ! »

Je t'ai donc suivie. Tu es passée dans un autre monde, disparaissant de mon champ de vision. Étrangement, j'ai instantanément compris comment te suivre : si toi, tu m'apparaissais comme une âme lumineuse et sans corps, je portais moi mon apparence physique et mes identifications, et cela m'empêchait de te rejoindre. Alors j'ai su qu'il fallait, pour te suivre, que je me mette à nu : j'imaginais mon apparence comme une combinaison intégrale et, depuis le sommet de ma tête, je descendis une fermeture éclair, afin d'ôter cet « habit » d'Emma Saussol-Loutrel. Sortant tout entière de cette chrysalide de corps de femme, je suis redevenue de nature invisible, puis j'ai fait le saut que tu venais de faire dans ce monde qui m'était inconnu.

Là, il n'y avait rien et tout à la fois. Noir intersidéral dans lequel tout est et rien n'existe. Les émotions qui plombaient depuis plusieurs jours mon plexus solaire s'évanouirent instantanément, comme si je les avais quittées en même temps que mon enveloppe. À leur place, une joie m'envahit, provoquant un rire simple, vrai et naturel qui me possédait toute, résonnant dans ce rien – ou ce tout. Comprenez bien, pas la joie émotionnelle qui s'oppose au chagrin, non : une joie sans contraire, une joie qui est présence pure, qui est évidence, simplement parce que c'*est*.

Tu m'as appris ce chemin vers cette source désaltérante (dans le sens étymologique du terme « dés-altérante, qui fait cesser les influences d'autrui et ramène à soi »). J'y suis retournée les jours suivants dès que la chape de plomb se faisait trop lourde, mon plexus trop étouffé et le sol trop comme un gouffre.

J'ai découvert la liberté vraie, qu'aucune cage ne pouvait contrarier. Au milieu du chagrin, tu m'as fait découvrir une intarissable source de joie. Et nous rions ensemble, dans l'opéra des mondes, sans cause ni objet, des rires nus et sans voiles...

*

Le temps a passé. Comme par hasard, Saturne a quitté ma lune le jour où ma famille s'est de nouveau réunie, pour l'anniversaire de mon frère. On m'a dit que c'était de l'amour, que tous se téléphonaient les uns les autres et s'inquiétaient pour nous, que c'était pour notre bien, et qu'ils seraient toujours là quoi qu'il arrive. Pour moi, l'amour va de pair avec la confiance et aimer implique de ressentir au plus profond de nos tripes et de nos âmes que celui qu'on aime est infiniment capable de vivre sa vie, et lui dire avec bienveillance qu'au cas où, on est là s'il en fait la demande. Je n'aime pas qu'on s'inquiète pour moi, j'ai l'impression que cela amoindrit mon courage et ma force de vivre. Mais bon, je ne suis pas responsable de la manière dont on m'aime. Au fond, même dans cette forme écrasante vibrait de l'amour, c'est vrai. Tu saurais, Amélys, par ta présence, ta vie et ta mort, le révéler et le transmuter... mais n'allons pas si vite!

On m'a tout de même dit que si nous ne faisions pas ce test génétique, notre attitude serait jugée comme tellement irresponsable que cela casserait certainement le naturel et la tendresse de nos rapports fraternels à jamais.

Détestant le conflit et ne voulant pas le faire vivre à notre enfant, je demandai à Aymeric de prendre rendez-vous avec le généticien pour voir ce qu'il en pensait.

Ce dernier nous déconseilla de faire le test. Ouf! Cela faisait du bien de l'entendre, de la bouche d'un spécialiste qui plus est! Mais la famille n'en fut pas calmée pour autant, qualifiant son conseil d'abus de pouvoir. Alors j'ai eu une idée: je connaissais un médecin, mon professeur en physiorésonance par les filtres[23], capable de tester énergétiquement la présence ou l'absence de pathologies génétiques ou autres (même avant qu'elles se déclarent). J'avais eu bien des preuves de l'efficacité de sa technique, pour les traitements et pour les diagnostics! Je lui ai donc demandé en secret de faire le test in utero. Aucune conséquence sur le fœtus (tandis que l'amniocentèse, elle, comporte des risques de fausse couche), et s'il me

23. Une technique de soin basée sur les principes de physique quantique, sur les travaux du Dr Paul Nogier sur le réflexe auriculo-cardiaque et l'organothérapie homéopathique.

disait qu'il n'y avait rien, nous ferions l'amniocentèse pour prouver à la famille qu'il n'y avait pas lieu de s'inquiéter. Dans le cas contraire, mon mari et moi serions les seuls au courant, et comme Aymeric n'avait pas une confiance totale dans cette pratique, j'en porterais le poids presque seule. Plan parfait, car ce poids n'était pas lourd pour moi, puisque je te connaissais, et que par conséquent je pressentais ta force, ta lumière, et avais complètement confiance en toi. Tu me l'avais dit d'un ton joyeux et sûr : tu n'aurais pas la chorée, ce n'était vraiment pas le sujet de ton histoire. J'avais foi en toi !

Ce médecin a fait ce test, et le résultat était mauvais. Alors j'ai simplement dit à la famille que nous ne ferions aucun examen, et j'ai pris sur moi qu'on me traite encore quelque temps de naïve inconséquente qui laissait ses hormones et son affection gouverner ses décisions. Car, tout comme je me faisais arc-en-ciel pour que tu puisses descendre sur Terre, entre le soleil de notre joie et l'orage des inquiétudes d'autrui, je me faisais ton parapluie. J'aurais pu tout faire pour toi.

La vie ne nous fait pas de cadeaux, diront certains. Pourtant, elle fait des cadeaux magnifiques, mais notre petit moi en est le paquet, et il faut aller chercher, parfois, bien loin en soi-même pour voir les trésors qui jalonnent notre existence. Sri Aurobindo disait : « Le courage et l'amour sont les seules vertus indispensables [à la vie spirituelle] ; même si toutes les autres sont éclipsées ou endormies, ces deux-là garderont l'âme vivante. »

Alors, quel était le cadeau apporté par cette épreuve ?

Je crois que nous avons dû affirmer là notre droit d'exister. Aymeric, en disant que sa vie méritait d'être vécue, même s'il avait ce gène. Rien que ça. Quant à moi, cela soignait les mémoires d'avortements dans ma lignée familiale et le fait que ma mère ait hésité à me garder, au tout début de la grossesse, avant même de dire à mon père que j'étais là. Elle venait déjà d'avoir recours à l'IVG six mois avant, et même si le contexte s'était amélioré, elle était pleine de doutes et de craintes. Alors elle a choisi de ne rien faire, et comme c'était les vacances familiales au ski, elle a fait exprès de prendre des bosses en se disant que je choisirais si je voulais rester. Le flou de ce choix (ou plutôt non-choix) maternel m'avait atteinte dans mes cellules, au point de ressortir souvent en thérapie, avant même les aveux de ma mère. Devoir me battre pour être ta maman et te donner naissance envers et contre tous, devoir affirmer haut et fort, et à de très nombreuses reprises, que je désirais ta venue, que tu avais le droit de vivre, et que tu vivrais, c'était me donner naissance en même temps à moi-même. Ne pas laisser la vie ou d'autres personnes décider à ma place, mais imposer notre désir.

Être bien avec sa naissance me paraît nécessaire pour mettre au monde par la Grande Porte.

Il a bien raison, Aurobindo, n'est-ce pas : du courage et de l'amour...

INTERLUDE DU CERF AUX BOIS D'OR QUI S'ENVOLE

7 février 2021

« Je suis dans le noir et tu ne me vois pas. Je suis dans la lumière et tu me vois. Je suis extraterrestre et je suis loin de toi. Je suis à tes pieds et tu trébuches contre moi. Tu es un corps. Il te contient, et contient aussi ta réalité, car tu n'arrives pas à te désidentifier de son regard. Lorsque je dis : "Maman, je suis Vivante pour l'éternité", tu te dis : "Regarde, Aymeric, notre fille est vivante pour l'éternité !"

Mais tu n'as rien compris, pauvre maman, ce n'est pas ça du tout ! Je ne suis pas vivante, je suis Vivante ! Tu ne peux percevoir la différence, car il n'existe pas de mots, mais je vais te les dire. Il y avait dans une forêt une princesse aux cheveux ornés de fleurs. Elle habitait un château endormi, et dormait avec tous ses princes. Elle ne vivait plus, et croyait vivre. Et elle mourut et se réveilla. La vie sur Terre ressemble un peu à un coma : vous avez la vision amoindrie par vos yeux, l'audition limitée à vos oreilles, vous ne pouvez aller que là où vous portent vos pieds. Peucherette ! Moi, je vais et vois partout, j'entends toutes les musiques et toutes les conversations, je porte toutes les plus belles robes qui ne sont plus des robes mais de la lumière d'âme, je me réinvente quand je veux, je suis vivante. Tu es moins vivante que moi.

— Alors, cela semble bien triste d'être incarné, vu sous cet angle, non ?

— Tu ne crois pas cela, quand même ? Je crois que tu ne le crois pas, c'est de la provoc.

— Non, du journalisme : j'attends de voir ce que tu pourrais me répondre, pour voir ton point de vue d'ectoplasme...

— Je ne suis pas encore à l'aise avec les points de vue, car il faut n'avoir que des yeux pour voir, pour avoir des points de vue. Celui qui voit tout sans yeux n'a pas de point de vue... Tu vois ?

J'ai regardé attentivement le cycle des naissances, et je crois que je me suis réincarnée avec joie, pour te plaire, pour te parler, pour te confondre, pour t'embaumer. Je ne suis pas venue que pour toi, mais je dis pour toi parce que c'est à toi que je parle. J'y suis venue que pour moi, mais dans moi il y a toi, car on s'aime depuis toujours... tu le sais !

J'ai envie de te raconter ma vie d'avant, j'étais une nonne, j'aimais le Christ. Il n'y avait pas d'autre amour dans ma vie que celui-là. Je n'ai pas brûlé en enfer, mais je croyais que le bon Dieu pouvait être mécontent de nous. Oh ! Comme j'avais tort ! Mais le bon Dieu est nous et joie, il est la lumière de nos cœurs quand ils se remplissent d'allégresse, comme maintenant que je te parle.

Tu as compris maintenant comment me parler, c'est en te réjouissant, bravo ! »

En effet, j'avais du mal jusqu'à présent à lui parler sans douter ou trop espérer dans ses paroles, et là, tandis que j'écris ces lignes, je suis juste dans la joie de parler à mon Amélys que j'aime... Ce qui rend la conversation bien plus fluide !

« Reprenons. J'étais une nonne, et je me suis dit : "Ça fait quoi d'être une mère qui perd son enfant, comme Marie ? Pauvre Marie, je l'aime, je veux connaître cela."

Alors on a fait ça toutes les deux, pour que je voie. Je n'ai pas fait la mère, car c'était plus provocant ainsi, plus sans doute, sans peur. C'était parfait ! Je te remercie de t'être prêtée au jeu, c'était top ! Et papa, quel courage ! Dis, tu lui diras qu'il n'a pas à rougir, qu'il a été mon héros, et que, quand il n'a pas pris la parole, à l'église, je l'ai écouté dans son cœur et que j'en ai pleuré d'une joie parfaite ! Tu lui diras ! J'aime mon papa, c'est fou comme je vous aime, je suis tellement contente, et tous ceux que j'ai rencontrés, je vous regarde et je vous aime.

Mais il faut qu'ils cessent d'être tristes, ce n'est pas rigolo pour aller les voir. Je sais que c'est difficile, alors je prie pour eux. J'aime prier pour ceux que j'aime, c'est merveilleux comme l'aurore ; quand on a des jours qui sont éternels, l'aurore est un miracle, tu comprends.

Je languis de renaître, et je sais que je ne serai plus nonne, car grâce à toi et papa, cela a été nettoyé, j'ai vraiment tout fait bien pour que cette vie s'envole aux cieux dans ses prières reconnues, d'union à la Vierge en pleurs. C'était beau, quand elle offre ses cheveux...

[...]

La clé de nos conversations, c'est la joie. Si tu te réjouis, je suis parole, si tu doutes, je suis bégaiement, si je suis devoir pour continuer le livre, ça me donne envie de ne pas venir. Je dois être libre, tu dois être libre, tout doit être libre du qu'en-dira-t-on !

J'ai rêvé d'un cerf qui courait dans les bois, et il courait si vite qu'il a heurté un arbre. Non mais vraiment, peuchère, il saignait et tout. Et alors il est arrivé aux urgences, avec des points de suture au niveau de ses cornes, ça faisait des trucs bizarres, regarde : on lui ouvrait la tête en deux, et ses cornes devenaient d'or. Alors il est sorti de sa carapace de peau et a volé jusqu'au Ciel, et aux urgences ils ont ri, car ils ne savaient pas que les cerfs, ça vole...

— À la limite, les rennes du père Noël, quand ils prennent de l'élan ?

— Mais non, les phoques, sur la banquise, ils sont mouillés par la pluie du ciel ! »

Je me dis que ça n'a pas trop de rapport comme jeu de mots. Alors, comme si elle avait perçu ma pensée, elle enchaîne en me disant :

« En fait, tout est rigolo... Oh ! Maman, tu sais, ce cerf, il est arrivé aux cieux, et il a dit à saint Pierre : "Bonjour, bonjour, que puis-je faire pour vous ? " Et saint Pierre lui a dit : "Elle est n'importe quoi ton histoire Amélys !" "Oui, mais maman m'écoute et je veux lui prouver qu'elle est avec moi si elle ose me voir écrire n'importe quoi." Il me faut aucun contrôle, ne corrige pas les mots qui sortent. Ne pense pas au livre, pense à moi, regarde, tu le fais, c'est doux quand on parle, c'est chaud, ça t'ouvre le cœur, regarde maman, voilà. J'ai inventé cette histoire pour toi, pour que tu te libères de ta tête, mais dors si tu veux avec Néa, parce qu'il est tard. Et tu sais, quoi ? Je serai toujours, toujours là ! Juste dans la joie. Pas dans la peur. Là.

— J'ai encore envie de te parler, car je me réjouis de toi.

— J'ai un secret super important à te dire, il ne faut pas que tu l'écrives pour tous : tu dois muter. Je n'ai pas compris comment, mais tu vas muter soudainement jusqu'à avoir des poils de nez bleus et des yeux rouges.

Je me moque de toi dès que tu t'écoutes plutôt que de m'écouter, c'est ma nouvelle bonne résolution. Je crois que tu vas vite comprendre, j'ai confiance en toi. Je ne parlerai pas de la pluie et du beau temps, je parlerai de la vie et de la mort. Tu sais ce qui est plus mort qu'un vivant : un ver de terre ! Parce qu'il est enterré !

— Peux-tu me parler sérieusement, j'aimerais...

— *Que voudrais-tu me dire ? J'ai perdu mon chat, Jean. Il est mort, muté, car il était trop vieux. Alors j'ai pris un hamster et il fait de la plongée sous-marine.*

Il ne faut plus me prendre au sérieux, car je dois te dérider un peu.

— Donc je ne suis pas prête pour parler sérieusement ?

— *Tu dis te détendre, mais cela viendra bientôt. J'ai foi en toi. Tu es meilleure à l'oral, car c'est plus rapide*[24].

— Tu as des nouvelles de l'enfant futur ?

— *Je crois qu'il va arriver dans un peu longtemps quand même, genre après mon anniversaire, un truc comme ça. Je ne sais pas, ça fait longtemps que je ne l'ai pas vu ; il ne boude pas, il est mort dans le ventre d'une autre.*

Non pas un avortement, une fausse couche, il fallait qu'il vienne deux fois, c'est son importance. Il n'était pas mort dans des bonnes conditions la première fois, alors il a dû remourir pour être prêt.

— Ça fait quoi, les fausses couches ?

— *Je crois que ça remet les pendules à l'heure, les compteurs à zéro. On est là et on a de la vie en plus, sans projection si la maman et le papa sont OK.*

Il est bien, ne t'en fais pas, il est content je crois ; j'en suis sûre. Il me dit qu'il va bien.

---

24. J'ai deux façons de faire les interludes : soit en écriture automatique comme cet entretien-ci, soit en enregistrements de ma voix, qui transmet les messages d'Amélys et mes réactions, un peu comme si je me parlais toute seule.

Je dois y aller moi aussi, car c'est le temps de jouer ensemble dans le Ciel. Tu sais, c'était trop drôle de te parler, tu es trop coquine avec ton mental volage, mais je t'aime profondément, et je te pardonne tes pensées, toujours, d'accord, ne culpabilise plus jamais, je t'aimerai toujours.

Bisous ! »

CHAPITRE 10

Quand j'étais ta mer et toi mon poisson d'or

À ces indigestes poids familiaux est bien vite venu s'ajouter l'habituel cocktail gravidique nausées-vomissements-fatigue, agrémenté de maux de dos, de jambes lourdes, d'un soupçon de baisse de tension et autres délices de grossesse.

On nous explique que cela est dû aux hormones, mais je ne crois pas que cela soit la seule raison : je pense qu'il se passe des choses incroyables, des créations sur de nombreux plans subtils qui demandent une énergie folle, à la mère et à l'enfant. Les femmes s'en sortent bien, avec seulement ces symptômes et cette fatigue incroyablement intense, pour être l'athanor d'un tel miracle, croyez-moi !

À l'étroit dans mon corps, agrandie dans mon âme : ces symptômes, aussi désagréables fussent-ils, ne pouvaient guère apporter de l'ombre au bonheur d'être ta chrysalide, le lieu sacré de tes transformations. C'était si sublime, j'avais tant d'amour pour toi et ton père que j'avais l'impression de flotter, ou plutôt d'être un océan, unie au

Tout et à vous – un océan de légèreté amoureuse et de tendresse éthérée. Des vagues de sensibilité et d'émotivité, naissant du souffle des hormones féminines, apportaient du relief à la surface de cet océan vaporeux, des larmes au bord de mes yeux côtoyaient facilement un sourire sautillant sur mes lèvres, sans pour autant perturber les profondeurs abyssales de ces eaux matricielles, dans lesquelles se tramaient d'insondables mystères. Au fond, mon cœur de mère s'était envolé dans les cieux ; mon bonheur m'avait fait naître si grande que je ne touchais plus le sol et quand je marchais, lourde de mon ventre arrondi, je flottais dans des airs de musiques enchantées. À moitié avec toi, à moitié avec eux.

Je n'étais plus qu'amour pour toi que je portais, je n'étais plus qu'amour pour ton père que j'adorais, il me semblait ne plus savoir rien d'autre qu'aimer. L'amour se réinventait en moi, ta venue balayant d'un souffle tout ce que je pensais savoir sur ma capacité à aimer.

Au fond du fond, il me semblait ne savoir plus rien, ne faire plus rien, n'avoir plus rien, n'être plus rien, que quelques pensées aquarelles de cœur et de ventre, que des battements cardiaques dans un cordon et deux corps, que des joies par-ci par-là, d'une douceur qui me faisait ronronner. Que la beauté d'héberger des mondes à venir.

J'avais disparu : j'étais devenue mer, et la mer m'avait engloutie. J'étais ta mer et toi mon poisson d'or.

Mon amoureux et moi étions les bienheureux témoins de l'aurore d'une vie : ta présence irisait notre quotidien comme un ciel boréal ! C'était si sublime que j'ai du mal aujourd'hui à voir émerger un souvenir plutôt qu'un autre. Le spectaculaire était la normalité.

Tous les matins au réveil, avant de me lever, je me centrais sur mon cœur en méditation, accueillant ta venue sans aller te chercher, pour ne pas te déranger trop souvent. Je ne voulais pas être une maman envahissante ! Tu venais presque toujours à ce rendez-vous officieux.

Nous voyagions alors dans des univers stellaires incroyables, dans lesquels on me montrait des mystères impensables et où je côtoyais notre famille d'âmes nouvellement retrouvée, me souvenant peu à peu de qui j'étais, reprenant mon pouvoir, afin d'être leur émissaire. Je crois qu'il nous fallait faire les choses à l'envers : quand les bébés descendent dans le monde en oubliant, toi, tu m'aidais à m'élever et à me rappeler ces mondes que tu allais quitter - pour ne pas les perdre complètement, sans doute ? D'autres fois, nous ne partagions rien d'autre qu'amour et lumière dans une communion sans image.

Au cours de nos entretiens à toute heure de la journée ou la nuit, tu n'avais jamais de visage ni de corps. Tu changeais de forme à loisir, moi aussi, comme si nous nous tissions des costumes dans de larges voilages de lumière, et en changions aussi vite que des petites filles joueuses devant une garde-robe de costumes de princesse. Des déguisements et des décors de théâtre : seul le fond était à prendre au sérieux, non la forme, qui n'était que jeux de cache-cache pour mieux se trouver, voilage pour mieux se découvrir. Je pouvais t'apercevoir tour à tour comme une âme immense faite d'énergie opalescente d'une douce splendeur nacrée, prenant vaguement un aspect humain, ou comme un petit poisson d'or dont j'étais l'océan.

Je voudrais pouvoir transmettre à ceux qui liront ces lignes la beauté de ces rencontres entre les mondes par des mots, mais j'en suis incapable, alors tant pis et tant mieux, cela restera notre trésor secret.

J'étais dans un état de centrage puissant, connectée à d'autres plans subtils desquels je ne voyais ni ne comprenais rien, ou bien peu, mais pressentais l'influence sur mes pensées. Inspirée comme jamais, j'écrivais de la poésie qui coulait de mes doigts. Ma petite muse, je me disais parfois que, comme j'étais si poétesse durant cette période, tu serais peut-être toi-même écrivaine. Ce livre semble me donner raison.

Lors de ton long séjour en moi, je ressentais de façon surprenante tes états émotionnels. J'arrivais en général à faire le distinguo entre tes émotions et les miennes, surtout quand elles différaient. Cela pouvait être de petits sursauts de peur suite à des bruits inconnus pour toi, ou des joies célestes et sans objet, fruits d'extase d'un être encore en lien avec une réalité plus vaste, qui parfumaient mon quotidien banal.

Lorsque ton père t'accordait de l'attention, je ressentais des explosions de bonheur et d'amour dans mon ventre ; l'un des plus beaux souvenirs fut le soir du Nouvel An, que nous avions décidé de passer seuls en amoureux, au coin du feu ; il avait mis une belle musique et s'est mis à genoux pour t'inviter, toi, à valser avec lui à travers mon ventre. Oh ! Quelle joie irradiait de ta chambre utérine : toi qui allais tant aimer danser lorsque tu deviendrais petite fille, cette valse sembla t'auréoler de félicité !

Un jour de novembre (le début de grossesse étant le 5 juillet), tu es venue me voir en rêve comme à l'accoutumée et m'as dit : « Viens, je veux te présenter quelqu'un ! » Cela semblait important. J'ai alors vu une âme, qui te ressemblait tant qu'on aurait dit des sœurs. Mais elle était plus douce encore, dans des tons verts, très féminine. Je me suis tout de suite demandé s'il ne s'agissait pas de celle qui s'était annoncée à moi au tout début de la grossesse spirituelle, car elle lui ressemblait énormément.

« Voici ma sœur. Moi, je suis là pour éclairer le chemin, c'est pour cela que je viens avant et elle, elle viendra après moi. Nous sommes liées l'une à l'autre. »

Je sais maintenant que c'était bien l'âme de ta sœur à venir. Je la reconnais parfaitement, dans sa douceur et sa beauté, avec son aura verte comme une jeune pousse printanière, tout à fait la même que ma Néa qui joue à manger son pyjama, qu'elle a réussi à atteindre en rampant tandis que j'écris ces lignes.

Je suis instantanément tombée en amour pour elle ; elle m'a offert une perle, grosse comme le poing, symbole de la guérison des épreuves par notre conscience, comme l'huître perlière va chercher au cœur d'elle-même cette substance merveilleuse et irisée qui lui permet d'envelopper le grain de sable qui la blesse pour en faire une perle soyeuse. En retour, je lui ai offert comme cadeau une promesse d'amour et de bienveillance.

Pendant quelques jours, j'ai eu l'impression de vous porter toutes deux dans mon ventre, tant je ne parvenais à détacher mes pensées de son image, comme si elle était présente presque en permanence. Ne comprenant pas pourquoi, je culpabilisais un peu, j'aurais voulu être tout à toi, mais avec elle cela résonnait tellement comme une évidence, presque comme si c'était encore plus juste d'être enceinte d'elle que de toi. J'essayais de faire partir ces pensées que je jugeais injustes, sans chercher à les comprendre.

Puis cela est passé, naturellement. Peut-être était-elle simplement restée avec nous quelques jours puis avait-elle regagné le Ciel du cœur ?

J'ai repris le cours normal de ta grossesse, pensant de temps en temps à ce moment fugace, comme une brève rencontre avec le futur qui provoquait en moi espoir, perplexité et un soupçon d'impatience.

Bien sûr, j'ignorais le sens profond de cet évènement, quand bien même tu me l'avais littéralement dit : tu venais en éclaireuse, pour préparer sa venue. Ta venue, finalement, était la sienne, quelque part, d'où le sens de sa présence et de mon sentiment d'évidence.

INTERLUDE DE LA DÉSIRÉE DES DIEUX ET DES HOMMES

Début septembre 2020

Première écriture automatique que j'ai faite avec Amélys :

« *Il y avait dans mon enfance de la joie à n'en plus pouvoir, car il était évident que j'avais été désirée des dieux et des hommes. J'ai su dès ma venue que je ne resterais pas, mais ce n'était pas trop grave. Je ne voulais pas mourir, mais je partirais quand même à l'heure dite. Celle-ci est arrivée à la naissance de ma sœur. Ma sœur était magnifique et j'ai été heureuse, profondément, de la rencontrer. Mais j'ai su qu'il fallait que je parte.*

Il n'était pas urgent de faire quoi que ce soit pour y remédier, c'est pourquoi tu n'as pas compris. Si tu avais pu faire, tu aurais été mise au courant, vraiment, mais tu n'y pouvais rien. Nous t'avons préparée. Tu as été merveilleuse, comme toujours ; courageuse, prête à perdre tout ce qui t'était cher pour inonder d'amour.

Ta fille. J'ai été ta fille et je crois qu'il n'y avait pas plus grand bonheur. Je ne voudrais pas d'une autre vie. Tu as été une maman formidable, je t'ai aimée jusqu'à mon dernier souffle.

Mon papa n'a pas su dire comme je l'aimais, il n'a pas compris qui j'étais, il ne s'est pas rappelé que lui et moi, on s'aime depuis toujours aussi. Je l'ai rencontré avant, avec un fusil sur l'épaule, il ne m'a pas reconnue. Il était fier de sa fille, je le voyais dans ses yeux. Quand je suis morte, j'ai vu comme il m'a sauvée, et j'ai été infiniment fière de lui à mon tour.

Mais je ne partirai pas sans vous dire au revoir... Je revenais pour vous accompagner.

Il y a dans cette histoire point de... »

Je m'arrête d'écrire, touchée, et surtout persuadée que je m'écris toute seule ce que je voudrais entendre pour me rassurer. Je vais pour passer à autre chose, mais m'y remets juste un peu, sans conviction :

« *Je ne te disais pas ça pour que tu me coupes. Je ne crois pas que tu sois née pour ça !*

Il y a dans cette histoire point de mirage. Tu dis ce que tu sens et c'est vrai. »

Je ne veux plus écrire, je n'arrive pas à y croire suffisamment. Je pars.

Et pourtant, je sens bien que je commence à y croire, au fond. Ces mots contiennent ta musicalité plus que la mienne, cela me touche profondément ; je sens qu'ils résonnent vrai.

La graine est plantée. Et je suis heureuse, me sentant à l'aube de quelque chose de grand qui me dépasse...

CHAPITRE 11

Ta naissance

« Tu peux toucher sa tête, elle est là, elle arrive ! » me dit la sage-femme, pensant me motiver après cette nuit entière passée à te donner naissance.

Mais cela ne me motiva pas. Du tout. Cela me fendit en deux, faisant rejaillir la source inépuisable de pleurs que j'avais connue au moment de ta conception. Je sentais sans comprendre comme un arrachement, un manque cruel de Ciel, une douleur à être incarnée et coupée de ceux que j'aime là-haut. Souvenir de ta prochaine naissance-envol dans le Ciel du cœur ? Ou plaie encore béante de ma propre incarnation ?

Je m'effondrai en pleurs, et compris que cela n'aurait pas de fin si je ne fermais pas moi-même les vannes. Je ravalai donc cette infinie souffrance du tréfonds de mon cœur et me remis à accoucher comme je pus.

Comme nous avions opté pour un accouchement à domicile, mes parents nous avaient prêté leur maison pour l'occasion, celle de mon enfance, remplie de fleurs et de bougies pour t'accueillir.

Tu es enfin sortie de moi, aidée par ton père, sous l'œil des deux sages-femmes présentes, bienveillantes mais en retrait pour lui laisser toute la place. Il a accueilli ton premier souffle dans ses mains et t'a aidée à sortir tout entière.

Quand il t'a posée sur moi, ou pour être plus précise, quand tu es tombée de ses mains sur mon cœur tant tu étais toute glissante, je t'ai enfin vue. Mais je ne pouvais te voir. Je n'ai pas eu cette bouffée d'amour dont tout le monde parle au moment de la naissance. Je te regardais, analysais tes traits, ton petit corps, mais mon cœur était encore chamboulé par toutes les émotions extraordinaires d'intensité que je venais de vivre, mon corps complètement vidé de ses forces par les exploits qu'il venait d'accomplir, mes pensées à côté de la plaque par trop de fatigue.

Pour être honnête, le mot qui, de mon côté, décrivait le mieux ce moment, dans tous les sens du terme : « Ouf ! »

Lorsque j'ai vu ta bouille pour la première fois, je me suis tout de suite dit : « Oh ! Elle a une tête de Margot, finalement ! »

Quand tout cela se tassa un peu, peau à peau avec papa, peau à peau avec maman, je l'ai dit à Aymeric et comme il adorait ce prénom, nous avons vraiment hésité avec Amélys, le prénom que nous avions choisi durant la grossesse.

Nous nous sommes endormies l'une contre l'autre, toi à mon sein, au milieu des fleurs et des rayons de soleil qui traversaient la baie vitrée donnant sur la verdure. Je t'ai alors vue dans mon rêve, venir me dire : « En fait, je m'appelle vraiment Amélys ! »

Je me suis rendu compte que, lorsque je t'avais rencontrée en esprit, j'avais dit : « Oh ! Jeanne ! », que j'avais pensé au prénom Amélys lorsque tu m'avais offert l'œillet et le lys juste avant que ton âme s'incarne, et qu'en voyant ton corps, j'avais reconnu en toi une Margot. Âme, corps, esprit, tu serais donc Amélys Margot Jeanne.

*

Ainsi tu es née. C'était le lundi 13 mars 2017, à 11h03. Et tout à coup, le monde me sembla infiniment embelli et plus complet.

Ma merveille.

INTERLUDE À PROPOS DE LA NATURE DES ÉMOTIONS, DES SENTIMENTS ET DES PENSÉES

12 février 2021

« Alors, une émotion, c'est quand on est à l'extérieur de soi-même, quand on n'est pas aligné. En fait, l'intérieur va réagir avec l'extérieur, va demander une réaction. On se met hors de soi, quand on a une émotion, de manière à récupérer quelque chose. Par exemple, quand mon intégrité, l'intégrité de mes valeurs n'est pas respectée, je la récupère par la colère. Quand il y a une mise en danger de moi-même, ça va être la peur, etc.

Donc il y a des émotions positives, négatives, mais en vérité, c'est la même chose, c'est toujours une mise à l'extérieur. Sauf quand on est aligné : dans ce cas-là, il y a une émotion avec une grande majuscule, c'est-à-dire par exemple la dualité peur/confiance est englobée dans la Confiance. C'est-à-dire que je peux ressentir la peur, et cette peur nourrit ma Confiance, et la confiance nourrit ma Confiance, parce que je sais les traverser.

Les sentiments, ce n'est pas tout à fait pareil. On n'est plus sur une demande de réaction, mais sur une demande de... euh... En fait on a laissé véritablement une partie de soi, et ça demande une guérison.

Par exemple, dans un sentiment d'affection, d'amour, j'ai laissé une partie de moi dans l'autre, donc du coup j'ai un sentiment envers lui jusqu'à ce que je me réapproprie l'autre à l'intérieur de moi. Dans un sentiment de peur, j'ai laissé à l'extérieur de moi la confiance, et il va falloir que je me réapproprie cette confiance pour ne plus avoir peur.

Il y a toujours une demande de guérison dans un sentiment, qu'il soit perçu comme agréable ou désagréable. C'est toujours une mise en extérieur; et en fait le sentiment provoque une dépendance vis-à-vis de l'objet ou de la personne.

Voilà.

— Par rapport aux pensées, qu'est-ce que tu peux me dire ?

— L'acte de penser n'est pas véritablement ce que vous en faites. Penser, c'est concevoir les lois du monde, sans être dans les lois du monde. C'est un acte créateur, car il demande une extraction du monde. Tout à coup, si je pense - quand je pense - je ne suis pas la petite fille, la mère, la personne. Je suis celui qui observe cela.

La pensée, c'est une histoire de conscience du je et du monde. Elle naît de cette capacité de recul face au monde. Et c'est cette capacité-là, d'observation, de se faire spectateur, qui est créatrice : la pensée est créatrice.

La pensée n'a pas besoin d'être très grande pour être vivante et bénéfique. Penser petit est déjà bon. Mais il faut penser par soi-même. Apprendre des lois sans les vérifier dans son cœur et son cerveau, cela n'est pas penser du tout !»

CHAPITRE 12

Les beaux yeux de la fiancée des fleurs

À partir du moment où tu as été en dehors de moi, tu n'es plus venue me visiter en rêve. Il me restait la possibilité de me connecter à toi par le cordon ombilical énergétique, qui m'avait été offert en rêve éveillé avant la grossesse, mais il n'y avait plus ni voyage ni parole entre nous dans l'invisible.

Cela n'a pas été si facile que ça pour moi au départ, comme si je faisais le deuil d'un état de notre relation pour permettre l'accueil d'un autre : je te connaissais de toute éternité et il me fallait pourtant te découvrir... Et à mesure que je découvrais qui tu devenais, je t'aimais davantage.

Quel bébé adorable, quelle petite fille merveilleuse tu auras été ! J'ai dû me le dire presque tous les jours de ta vie. Je suis heureuse d'avoir su m'en émerveiller si souvent et profiter de ma chance. Je disais à ton père : « Mais ce n'est pas possible, elle a trouvé un bouquin s'intitulant *1001 façons d'être trop adorable et de faire fondre le cœur des adultes* ! »

Il me semble bien que tu étais fort jolie, mais tu me ressemblais tant qu'il m'était difficile d'en juger ! Chose incroyable, tu avais même une tache de naissance sur le flanc gauche en tout point identique à la mienne ! Mais tes yeux, tu les tenais de ton père, et de sa mère à lui. Bon, tu étais jolie et mignonne, mais c'était loin d'être ce que je préférais chez toi.

Ton intelligence, ta vivacité d'esprit, ta maturité émotionnelle épatante pour ton âge et ta spiritualité se mariaient à ton imagination débordante, rendant les conversations avec toi délicieuses. Drôle, souvent sans le faire exprès, avec tes petites excentricités impromptues, mais aussi, parfois, de façon plus intentionnelle, déjà. J'aurais dû noter toutes les perles que tu nous sortais, c'était si amusant, mais j'aurais alors passé mes journées à écrire. Je regrette un peu, car je les ai oubliées pour la plupart, mais la vie est un mandala qui, aussi beau soit-il, est fait pour s'envoler dans le vent, n'est-ce pas, ma colombe ?

Sage, bien que tu aimasses te dire coquine – mais tes coquineries étaient plus adorables qu'agaçantes. Tes jeux étaient calmes et inspirants. Combien de fois me suis-je dit que toutes les mères seraient jalouses si elles nous voyaient, par exemple quand tu me demandais gentiment de pouvoir passer la serpillière pour jouer à Cendrillon, pendant que je me la coulais douce avec mon gros ventre sur le canapé. Ou, encore mieux, la belle au bois dormant : je devais être allongée (ça tombait bien, j'étais enceinte jusqu'aux yeux) et faire semblant de dormir, et tu venais esquisser un baiser sur mes lèvres, pour que je me réveille et m'écrie : « Oh ! Mon prince ! » Tu me disais quelques mots d'amour, puis répétais l'opération, me laissant me reposer plusieurs minutes en silence avant de me réveiller par un baiser d'amour tout doux.

Douce, tu avais l'amour dans le sang – dès tes dix mois, tu prenais la poupée de tissu que je t'avais confectionnée pour Noël, tu la serrais contre ton cœur en disant « là, là... » avec une infinie tendresse dans ta petite voix fluette, puis lui déposais un bisou sur la tête : toute la quintessence de la maternité était contenue là, dans ces quelques gestes qui t'étaient déjà si naturels avant même que tu saches marcher ! Je m'inspirais alors de ton exemple, comme tu t'inspirais du mien.

Romantique, amoureuse de tes nombreux princes : Fleur de marguerite surtout, mais aussi Fleur de lys, Fleur de pissenlit, Petit Nonos et Rossignol Troll, que tu nous décrivais si souvent, nous parlant de ton futur mariage avec Fleur de marguerite, de tout ce qu'il t'apprenait... Et qu'il te faisait danser. Tu l'avais choisi africain pour qu'il joue du tambour : tu voulais un prince qui te fasse danser.

Mais par-dessus tout, quand je parle de toi avec ceux qui t'ont beaucoup ou à peine connue, presque tous me parlent de ce qui les avait marqués chez toi : ton regard. Déjà, tes yeux noirs, beaux, étaient si grands qu'ils prenaient toute la place dans ton visage de poupée. Et dans ces yeux-là, il y avait une lueur bien rare ! En général, on voit l'émotionnel d'une personne à travers ses yeux, sa petite âme bousculée d'humeurs voilant la lumière de la grande âme spirituelle. Mais tes yeux noirs étaient profonds, abyssaux. Quand on les regardait, on se sentait vu, vraiment vu. Deux petites fenêtres sur un infini immense.

Tu étais un regard qui se posait çà et là sur le monde. Dès ta naissance, il en a été ainsi.

Un regard qui contenait de l'attention pour autrui. Je me souviens de ma surprise, amusée et médusée, lorsque, pour la première fois, tu avais fait la rencontre d'un chat. Nous avions un chat depuis toujours, mais tu ne l'avais pas encore vraiment remarqué. Puis, un jour, à cinq mois, tu as vu le chat, je veux dire tu l'as vraiment vu. Toute ton attention s'est alors focalisée sur cet être. Tu as rampé vers lui, puis tu t'es arrêtée lorsqu'il a été à portée de ta main. Je m'attendais à devoir te retenir pour ne pas que tu le brusques, comme avec tous les bébés qui gèrent si difficilement leur enthousiasme de découvrir le monde et ne contrôlent que peu leurs gestes, mais tu ne bougeais pas, et regardais le chat. Longtemps. Après quelques minutes d'observation intense mais posée, tu as levé ta main, et, lentement, le geste plein de conscience et de pondération, tu as inventé la caresse.

Un regard qui contenait de l'émerveillement. Ce soir-là, tu devais avoir environ dix mois, et nous étions toutes deux allées nous balader sur un petit chemin bordé de chênes blancs, qui débouchait soudainement sur un champ surplombé d'un ciel parcouru de couleurs somptueuses, fêtant la fin du jour. Un petit croissant de lune argentée juste au-dessus des arbres complétait avec grâce ce somptueux spectacle. Sublime. Lorsque tu as vu cela, tu as éclaté de rire. Juste de joie que ce ciel soit beau. Tu riais à gorge déployée de ton rire délicieux de petit bébé. Nous avons vécu plusieurs minutes remplies à ras bord de ce rire vrai et pur, valant tout l'or du monde.

Un regard perçant pour comprendre la marche du monde. Tu es restée des semaines, des mois même, sans jouer, lors de ton entrée à la crèche à 18 mois, idem pour l'école un an plus tard. Non pas que tu sois triste ou timide, juste tu observais. Puis, quand ton regard eut bien tout digéré, tu t'es fait des amis et tu es allée t'amuser.

Un regard qui s'inspirait de peu. Comme quand ton cousin de 18 ans t'a montré le clip de la Reine des neiges, lorsque Anna, la petite sœur, chante à Elsa qu'elle voudrait un bonhomme de neige, mais que celle-ci reste dans sa chambre. Tu n'avais pas vu le film, et ne connaissais donc pas l'histoire, mais je t'ai expliqué qu'elle restait dans sa chambre pour chercher à maîtriser ses émotions négatives. Cela a dû te sembler une bonne idée, car deux ou trois jours plus tard, alors que je te disais de ne pas faire quelque chose que tu voulais vraiment faire, tu m'as dit : « Ça me met en colère ! Je vais me calmer dans ma chambre ! » Tu es partie aussi sec. Comme je te suivais pour te rattraper, tu m'as dit : « Non, laisse-moi tranquille, je veux être seule, comme la sœur de la chanson ! »

Parvenant, par une maturité incroyable pour tes 2 ans, à penser à mes sentiments et rester prévenante envers moi, tu m'as précisé, avant de fermer la porte, avec un ton de voix de tragédienne : « Je reviens, bisou maman, il faut que je me calme, laisse-moi ! Laisse-moi, je veux être seule, je reviens... »

Alors, médusée et complètement décontenancée, je t'ai fait un bisou, tu t'es enfermée deux minutes puis tu es sortie, et as déclaré d'un ton calme de petite fille modèle, un sourire aux lèvres : « Voilà maman, je suis calmée ! » et tu m'as fait un câlin.

Un regard plein d'imagination, qui jouait avec la réalité du monde. Un regard de vérité et de sagesse, un regard d'innocence. Un regard de petite fille et de grande âme à la fois.

*

Juste parler de toi, encore, et encore ; j'aimerais noircir des pages rien qu'avec cela... Un peu pour prouver que ta vie n'a pas été si courte que ça finalement, qu'elle a compté, beaucoup compté. Un peu parce que, je l'avoue, j'étais fière d'avoir pour fille une splendeur comme toi. Et puis parce que je me sens riche de ces instants partagés, devenus un bien rare depuis que tu n'es plus là pour en vivre avec nous dans un corps. Je vois tous ces souvenirs comme les perles d'un collier, que j'aime regarder, caresser entre mes doigts, les unes après les autres, admirant ma richesse sans nulle autre pareille puisque j'ai la chance d'être celle qui a le plus été avec toi. Merci.

Mais je sais que tu n'es plus cette petite fille. Je sais aussi que tout trésor, aux mains d'un avare ou d'un grippe-sou, devient pesant, lourd de tous les attachements qu'il génère.

Depuis ton dernier souffle, j'ai à chaque instant le même choix à faire : soit tu es ma petite fille morte et tu n'es plus là, soit je te laisse être cette âme qui se renouvelle sans cesse, choisissant ainsi de reconnaître ton immortalité.

Quand je fais le premier choix, je déprime, je me tourne vers ce qui n'est plus ou ce qui aurait pu être et qui ne sera jamais, et j'enrage que cela me soit volé, passant à côté de ce qui est à présent. Je me coupe, mon cœur saigne, je voudrais mourir pour te rejoindre, toi ma douceur de vivre, ma fille d'amour.

Quand je fais le second choix, je te sens, je n'ai qu'à t'appeler et je sens ton doux amour, ta joie d'être. Parfois, tu m'invites dans le Ciel du cœur un peu comme avant que tu naisses, mais avec une intimité agrandie par ta vie ici-bas. Et parfois, il ne se passe rien, tu n'es pas là, mais, là ou pas, tu es et cela me suffit. Je peux alors regarder mes souvenirs et tous me donnent le sourire par l'amour qu'ils m'inspirent, je regarde le futur et j'y vois un inconcevable nouveau dans lequel l'amour sort vainqueur de la mort en toute simplicité, comme cela, juste en souriant, et dans ces moments-là, mon bonheur est véritablement parfait - vrai et indestructible.

Quand je te choisis éternelle, bouillonne en moi, et ce depuis le tout début, un besoin viscéral de te partager, de partager les objets qui t'ont appartenu, les souvenirs, les dialogues que nous avons échangés dans ce monde ou dans d'autres : c'est comme un besoin impérieux de te faire universelle. Éternelle et universelle, voilà qui fait quelque peu grandiloquent, j'en conviens, mais de grâce, qu'on n'y voit aucune prétention, cela me semble tout naturel en vérité. C'est comme si je t'avais accompagnée dans trois naissances. Dans la première, qu'on appelle conception, tu passais d'un grand Tout apparemment lointain à mon ventre, cachée là à l'abri, au creux de ma tendresse. Dans la deuxième, la seule qu'on nomme communément naissance, je te mettais au monde et tu devenais notre fille, nous étions liées l'une à l'autre par des liens de sang et de cœur, mais en même temps, tu étais toi et j'étais moi, et le monde t'entourait en attendant que tu le découvres. Dans la troisième, qu'on appelle communément mort, tu renaissais au Ciel, mais en ayant touché la Terre ; je m'employais alors à transmettre à tous le message que tu m'inspirais, pour que la Terre et le Ciel soient la demeure de ton parfum d'éternité.

Je n'ai été que témoin, un peu actrice, mais on ne fait pas les bébés, ils se font en nous, nos enfants ne sont pas nos enfants, ils sont les enfants de la vie, et au bout du bout, quand leur costume part en fumée, ils redeviennent ce qu'ils ont toujours été : une petite pensée de Dieu. J'aime penser que je fus ton arc-en-ciel, qui porta quelques-uns de tes pas pour traverser les mondes.

Mon trésor scintille dans ma mémoire, mes souvenirs de toi sont là, luisants, et embellissent à jamais mon existence, mais leur valeur tient uniquement de l'amour qu'ils m'inspirent, et cette lumière, cet amour, sont éternellement au présent, jamais conjugués au passé. Alors, est-il utile de noircir des pages de ces histoires pour exposer ma richesse aux yeux de tous ?

Ce livre n'est pas fait pour que je noircisse des pages, mais pour que tu les éclaires.

INTERLUDE OÙ L'ON APPREND QU'ON PEUT ENTENDRE PAR LES PIEDS

12 février 2021, dans la matinée

« Alors, pardon, je suis avec Néa, alors il y a un contexte particulier. »

Je veux dire par là qu'on peut être entrecoupées par ses requêtes, car elle n'est pas très calme à ce moment.

« J'adore Néa ! Alors ça va m'inspirer, parce que je vais vouloir briller pour elle, pour qu'elle entende des belles choses par ses oreilles et ses pieds. Tu sais, on entend aussi par les pieds !

— Comment ça se fait qu'on entende par les pieds ?

— Eh bien, on entend par les pieds bien mieux que par les oreilles, parce que quand on entend par les oreilles ça rentre par l'une, ça ressort par l'autre : on ne comprend pas toujours. Quand on fait quelque chose, en l'ayant entendu mais sans l'avoir compris, mais qu'on le comprend par notre propre expérience, eh bien alors, là, on a bien entendu ! On l'a bien fait résonner en notre être et on l'a compris.

Souvent, notre psychisme fait exprès d'oublier, pour pouvoir se souvenir par nous-même. Car il n'y a que la pensée de nous-même qui est pensée.

Alors, moi, j'aimerais te parler de la mémoire ! La mémoire, c'est quelque chose d'hyper important : c'est là-dessus que tout se base.

La mémoire, elle n'est pas bien prise, pas bien comprise. Si je m'en sers comme garde-fou du réel, si je me base sur ce qui est possible et pas possible, alors j'enlève du possible tout ce que je n'ai jamais vu.

— Et alors, si je fais autrement, à quoi ça peut servir, la mémoire ?

— La mémoire sert à donner des perspectives : on donne des graines, c'est à la pensée d'en faire des fleurs. C'est pas pour dire qu'il n'y a que ça qui existe, c'est pour inciter à penser et à imaginer ce qui pourrait exister. La mémoire, c'est la préparation de la pensée et non son cadre.

— D'accord. Est-ce que tu veux me dire autre chose sur la mémoire ?

— Non, c'est surtout ça. La mémoire... quand on se souvient de quelque chose qui n'est pas vrai, ça arrive souvent, on se mélange les pinceaux, alors on est complètement parti dans une autre terre que la nôtre. C'est très dangereux. Enfin, ça fait partie des choses les plus dangereuses, par rapport à la mémoire en tout cas. Parce que là, on se base sur des fondations qui ne sont pas droites, pas bonnes, alors la maison, elle va casser. Ou elle va être complètement dans une autre réalité que la vraie. »

Néa ayant besoin d'attention de ma part, l'entretien prend naturellement fin. Nous le reprenons peu après.

« *La mémoire permet d'inventer le monde. La mémoire et l'imagination sont deux faces d'une même pièce. La mémoire, c'est ce qui a existé, l'imagination, c'est ce qui pourrait exister.*

L'imagination crée avec ce que la mémoire lui donne. La mémoire sert de matière à la pensée et à l'imagination, et à l'intuition.

La mémoire seule ne sert à rien. Mais elle permet d'établir le substrat du reste de la pensée. L'imagination n'est pas tout à fait créatrice : elle permet de préparer la création.

L'imagination, écoute... Quand j'imagine, il y a en moi un acte créateur qui prévaut sur l'acte de volonté. J'imagine et je ne crée pas encore. En fait, les forces d'incarnation sont inférieures aux forces de création, d'excarnation. Et alors, c'est dans un processus dynamique.

— L'imagination crée-t-elle ?

— Elle crée : l'imagination crée le champ des possibles ; quelque chose qui a été imaginé une fois devient possible.

Tout le possible est le champ d'expérience de l'Homme.

Tu peux parler avec toi-même. Tu n'es pas obligée de nous avoir avec toi.

Si tu parles avec toi-même, tu parles de ta profondeur. Cela résonne et embellit le monde. Tu n'es pas obligée de nous attendre. Nous n'avons pas à te dire quoi penser.

Tu es douce et belle et intelligente, tout comme nous. Dans la vie, il n'y a pas de vérité tranchée, mais une recherche de vérité. Il faut la chercher à l'intérieur de soi. Quand on la trouve, il y a de la joie d'être vivant, et de pouvoir transmettre et de pouvoir aider, de pouvoir dire et... Il est beau de trouver sa propre liberté dans le fait de penser. Pense par toi-même, écoute-toi ! »

CHAPITRE 13

Celle qui venait semer des graines d'or

Vers décembre 2018, j'ai commencé à sentir la présence d'une autre âme qui souhaitait que je sois son toboggan vers la Terre. Or tu étais petite, j'étais fatiguée, avec des lourdeurs émotionnelles que je n'avais pas encore fini de réparer. J'étais donc en tension, car je désirais ardemment cet enfant, et je redoutais sa venue à la fois.

De toute façon, comme pour toi, je ne tombais pas enceinte avant neuf mois, malgré des contacts répétés dans l'invisible avec cette âme, qui m'invitaient encore à des travaux spirituels et salvateurs, pour préparer cette nouvelle maternité et sa venue prochaine. Mais là, au bout de six mois, après un rêve éveillé ayant amené une guérison profonde sur une blessure liée à ma lignée maternelle, par rapport à un enfant mort en bas âge plusieurs générations en amont, quelque chose de bien inattendu advint. Une autre âme remplaça celle-ci, une âme toute dorée, absolument sublime, incroyable de perfection dans sa vibration – tellement qu'elle ne semblait pas tout à fait humaine, comme sans aucun karma. La suite de la grossesse spirituelle se passa avec les deux âmes, mais davantage la deuxième, me semble-t-il.

Le 6 juin 2019, je tombai enceinte. Que j'étais heureuse ! Je sentais cette deuxième grossesse dorée être un accomplissement de ma vie de femme et de mère. Je rêvais d'être mère de deux enfants, et voilà, toi et elle, le compte était bon, comme on dit ! Nous étions si confiants en ce bonheur que, malgré le fait que je ne sois enceinte que de quelques semaines, nous annonçâmes à tous, même à toi qui n'avait qu'un peu plus de deux ans, la venue prochaine de ce petit cadeau du Ciel.

Je caressais mon ventre avec amour, parlais à ce bébé, et imaginais souvent que je venais le cueillir de mon ventre pour le poser tout tendrement sur mon cœur, dans une écoute mutuelle de nos amours, blotties dans de doux silences partagés.

Dire que je mettais la charrue avant les bœufs serait un euphémisme. D'ailleurs, cela ne faisait pas encore un mois que nous savions sa présence en mon ventre et je voulais déjà savoir comment l'appeler. Pour ce faire, lors d'un rêve éveillé, je lui avais demandé ce qu'elle venait faire sur Terre dans cette vie et comment elle souhaiterait être nommée.

« Je viens semer des graines, ensemencer la matière de nouveau pour que le monde nouveau puisse advenir, pour le faire germer chez autrui, dans ses profondeurs... »

Mais elle m'avait mise en garde : « La mort fait partie de ma mission », m'avait-elle dit. Soit, magnifique ! Je me disais qu'elle avait raison, c'est important de savoir mourir symboliquement, et puis Sri Aurobindo et Mère, les grands avatars qui ont tant parlé de l'avènement du monde nouveau et du surhomme, avaient bien dit que le travail sur la mort était l'une des principales clés pour le faire advenir !

Le week-end du 6 et 7 juillet, nous sommes allés fêter l'anniversaire de mariage de mon grand frère. Nous en avons parlé, joyeusement, à tous. Puis, à la fin du week-end, alors que tout le monde était parti ou presque, j'ai discuté jusqu'à pas d'heure avec mon frère, sa femme et une de leurs amies, et leur ai ouvert mon cœur en leur racontant toute notre histoire, les deux grossesses spirituelles, les rêves que nous avions partagés, les épreuves, et surtout tout le sens que je voyais dans tout cela.

Ils en ont été très touchés, et en fait moi aussi. Tellement, que cela m'a donné envie d'en écrire un livre ! Cela m'a rendue très heureuse, l'impression d'être reconnue dans une intimité de mon être, si lumineuse et profonde qu'on ose rarement la laisser briller aux yeux d'autrui. Et puis, tout en racontant, je voyais luire avec clarté le fil d'Ariane de toute notre histoire qui trouvait sens comme une évidence. Je suis donc allée me coucher en pensant : « Petit bébé, tu seras mon accomplissement ! Oh ! Je me sens tellement accomplie, je sens ma vie si belle, si sublime, si parfaite, que je ne sais pas de quoi l'avenir pourra être fait... » C'était la deuxième fois, sur trois, que je pensais cela dans ma vie[25]. Comme pour les autres fois, quelques heures après, tout s'effondra : l'importance de la mort pour l'accomplissement de sa tâche n'était pas métaphorique, elle devait véritablement mourir, et le fit le lendemain matin.

---

25. La première fois étant après le rêve où j'étais enceinte du Christ, évoqué dans le chapitre « Au-delà de nos rêves ».

Que contenaient ces graines d'or dont elle venait ensemencer la matière ? Je l'ignore. Je pense qu'elle prépara la venue de nos bébés suivants... Et ton départ, un an jour pour jour après le sien.

Un an, tout pile... Le destin n'est-il pas le meilleur des scénaristes ? Encore que, de telles coïncidences dans un script pourraient paraître peu crédibles. Pourtant, la vraie vie ne s'embarrasse pas de soucis de crédibilité des coïncidences. Oui, je peux dire qu'on en a eu un paquet – tellement, que je ne peux en conter dans ce livre que quelques-unes triées sur le volet ! Une myriade de synchronicités sont venues nous dire : « Ne culpabilisez pas et admirez la magie de la vie ! Voyez : c'était écrit... Et si c'était écrit, c'est parce que cela a du sens pour l'Auteur, alors ayez confiance ! »

Comme je le disais, je me suis mise à perdre un tout petit peu de sang le lendemain de la fête, mais cela mit plusieurs jours pour que l'on sache si ces petits saignements étaient anodins ou graves. Entre-temps, je contactais l'âme de l'enfant. Sa présence était plus intermittente, parfois bien là, parfois appelée vers un ailleurs, voire tout à fait absente.

Qu'à cela ne tienne, je la suivrais ! J'allais en rêve au seuil de l'incarnation, avec l'intention de la convaincre de rester parmi nous. Mais donner le moindre argument n'était pas une option, nous étions hors du raisonnable. Alors, j'ai eu l'idée de lui montrer l'exemple. Je l'avais vue être comme appelée par ce qui semblait être ses « parents » du Ciel, des êtres dorés comme elle, aussi sublimes, qui lui demandaient de la rejoindre pour continuer quelque chose. Cela me rappela que j'avais de nombreuses fois revu en rêve éveillé l'instant où je devais quitter le Ciel et mon double de lumière, et je me suis souvenue comme je pleurais, comme je ne voulais pas y aller, pas le quitter. Je me suis dit que je ne pouvais demander à cette âme de rester si ma propre incarnation était subie et non choisie. Cela me sembla être la clé.

Je suis allée dans ce « souvenir » du seuil de mon existence, et j'ai soigné autant que je le pus cette tristesse d'incarnation et de séparation d'avec ma patrie du Ciel. Je me suis alors vue m'incarner libre et debout, décidée et heureuse, par la Grande Porte en construction.

Puis elle m'a permis de voir ce qu'elle ressentait, elle : l'espace de quelques instants, je me suis sentie être elle. Je l'ai vue heureuse et aimée dans mon ventre, et souhaitant vivre, mais appelée irrésistiblement par quelque chose qui la dépassait, par son étoile d'origine et sa famille d'âmes. Sa mission devait, pour le moment, s'accomplir depuis là-haut, et elle le savait. Nous nous sommes vues dans son étoile, sa maison du Ciel du cœur. Un monde tout doré, avec une fontaine d'or. J'étais déjà venue un an ou deux auparavant à cette fontaine dorée en rêve, et déjà à l'époque, j'y avais rencontré « mon futur fils ».

Je compris que celle-ci serait notre lien l'une à l'autre et de mon monde au sien.

À la fin du rêve, je suis revenue à mon utérus et y ai vu de l'autre côté l'âme bleue, celle du début de la grossesse spirituelle. Elle était toute triste de voir sa sœur d'amour partir. J'ai alors pris grand soin d'elle, lui ai fait une place royale dans mon ventre et l'ai consolée de tout l'amour dont j'étais capable.

Ces deux âmes étaient liées, mais je n'ai pas encore bien compris comment. On m'a alors dit que nous avions été choisies (rien que ça, la classe !) pour mettre au monde une « incarnation collective » pour apporter le « monde nouveau ». Cela n'était pas bien clair, peut-être était-ce là une vague d'âmes liées, certaines incarnées et d'autres pas ou plus, qui œuvreraient ensemble ?

Toujours est-il qu'un mois plus tard, l'âme bleue est revenue me demander de me préparer à sa venue, et trois mois plus tard, je retombais enceinte. Mais pas d'un bébé bleu : on aurait dit que l'indigo avait été pénétré par du doré, et tendait à présent vers le vert, foncé tout d'abord, puis les semaines et les mois passant, des coulées d'or pur transformèrent en profondeur cette âme qui prit la couleur vert-jaune des pierres de serpentine, puis d'une petite pousse de printemps illuminée par les rayons d'or de l'aurore.

Une âme nouvelle, pour apporter le nouveau !

Je reverrais cette âme dorée après ta mort. Souvent. Presque toujours au bord de la fontaine d'or qui nous relie et relie les mondes, celle où viennent boire les colombes. Là, elle me révélerait son nom. Sihane. Je ne connaissais pas ce beau prénom d'origine perse ; quand on sait ce qu'il signifie, il lui va comme une évidence : il s'agit, dans la tradition musulmane, d'une des sources qui jaillit de la fontaine qui se trouve au cœur du paradis.

INTERLUDE POUR TA FÊTE D'ANNIVERSAIRE

12 mars 2021

Demain, cela fera quatre ans qu'Amélys est née. Son ancienne école organise une jolie cérémonie en son honneur.

Pour l'occasion, j'ai demandé à l'âme d'Amélys de m'envoyer un message à lire lors de cet évènement, et voilà ce qui s'est écrit :

« *Bonjour maman doucette,*

Tu veux que je parle pour mon anniversaire ? (rire) Quelle jolie blague on va leur faire ! Ils vont arriver avec des larmes et repartir avec des sourires comme des ballons qui s'envolent au ciel.

J'ai devant les yeux des galaxies d'étoiles, tu te rends compte comme c'est beau d'être morte ! Ils ne le savent pas alors ils sont tristes, mais je les comprends. Moi aussi quand j'étais petite fille je ne voulais pas mourir. Maintenant je sais... Le secret de la vie, c'est qu'il n'y a jamais de fin.

Quand un enfant joue, il aime jouer et quand on lui dit "à table !", il est triste d'arrêter son jeu. Il ne veut pas quitter son déguisement, il ne veut pas aller se laver les mains, il refuse de rentrer et veut encore jouer dehors. Et puis il finit par venir, il mange, et c'est un bon repas. Et puis il retourne jouer, à un nouveau jeu, tout aussi rigolo. Il est heureux, cet enfant-là, car il joue. Il ne repense plus à son jeu du matin, car il est tout entier dans son jeu de maintenant. Pourtant, c'est toujours le même petit enfant.

Moi, quand j'étais Amélys, tu ne savais pas mon vrai nom. Tu croyais que j'étais ta fille. Mais nous avons souvent joué ensemble, à travers des vies et des vies. Et avec mon papa et bien d'autres, que j'aime depuis toujours... Quand je suis partie, vous avez commencé à vous souvenir. Et maintenant, papa et toi, vous savez.

Aujourd'hui n'est pas mon anniversaire, car je ne suis plus Amélys. Aujourd'hui, c'est la célébration d'Amélys, une petite fille magnifique que j'ai été, mais qui n'est plus moi. Je vous l'offre, je vous offre ses souvenirs, qui j'étais. Chacun pourra y penser, et cela ne me pèsera pas si c'est avec de la tristesse, et ce ne sera pas grave si c'est souvent ou jamais qu'ils y pensent. Moi, je nage dans les galaxies et je suis heureuse. Je n'ai plus besoin de rien de votre part.

Occupez-vous des enfants qui sont vivants sur Terre, soyez heureux et prenez du temps pour les gens que vous aimez qui sont avec vous. Passez du temps dans la présence, ici et maintenant, avec ceux que vous aimez et comblez-les de joie et d'amour et d'écoute. Lorsqu'on franchit le passage de la mort, c'est surtout cela qu'on voit : la qualité d'amour qu'on a offert aux autres, à soi et au monde. Alors, que chacun de vos jours soit rempli d'amour et de joie, et vous pourrez mourir le sourire aux lèvres, heureux de commencer un nouveau jeu encore inconnu.

Je vous aime, et merci pour vos cadeaux d'anniversaire et vos chansons, merci pour vos larmes et vos sourires, merci d'être vous. Pas merci pour moi, moi je n'en ai plus besoin, mais merci pour vous, merci d'être présent à votre cœur, d'être vrais, d'être aimants. C'est vraiment la seule chose qui compte dans la vie, croyez-moi, parole d'étoile filante !

Je vous aime. Merci. Au revoir dans les rêves, si vous le voulez, je serai là pour vous : ma nouvelle maison, c'est la joie de m'avoir aimée, alors réjouissez-vous de m'aimer et vous serez avec moi.

À bientôt

Amélys. »

CHAPITRE 14

La merveilleuse nouvelle

Cela faisait trois mois que j'étais enceinte. Curieuse et passionnée, je voulais déjà savoir comment nommer ce bébé, et fis de nouveau un rêve éveillé afin de demander à son âme de me souffler comment elle voulait s'appeler.

Elle me montra que par l'écoute des failles pour aller dans la profondeur des êtres, elle aiderait à opérer un retournement. Et en semant aussi des graines de conscience dans le cœur des gens ou de la Terre, quelque chose comme cela... Le prénom Néa, qui veut justement dire « nouvelle » en grec, me vint à l'esprit. Je proposai ce prénom à Aymeric, mais il le trouva trop original, ça ne lui disait rien. N'étant pas sûre de moi, je n'insistais plus, et il oublia tout à fait que je lui en avais parlé.

C'était une grossesse intense, pleine de maux en tous genres, qui me demandait d'aller puiser en moi des forces insoupçonnées, de me renouveler en profondeur. Déjà, nous avons dû faire notre deuil de la grossesse précédente tout en se réjouissant de l'enfant à venir, ce qui n'est pas toujours simple. D'autres choses refaisaient aussi surface de temps en temps, des souffrances mal guéries qui cherchaient leur solution. Mais je ne m'en inquiétais pas, car je sentais intuitivement très fort que ce bébé serait agrandi par l'adversité, je voyais en lui un courage et une volonté indestructibles, et me disais que toute épreuve ou souffrance que je traversais enceinte, aussi dure soit elle, si j'allais au bout et en trouvais la résolution et la clé, serait une clé aussi pour ma fille dans sa vie plus tard.

Le contexte politique de l'époque n'était pas des plus joyeux, crise des gilets jaunes suivie du coronavirus, le monde était chaos et beaucoup de gens râlaient et s'inquiétaient. Pourtant, dès que je me centrais un peu, je voyais la fontaine des mondes d'or, et des colombes apportant l'espoir du monde à venir qui volaient et allaient boire son eau claire. J'y contactais l'âme du bébé que je portais, comme si c'était devenu notre lieu de rendez-vous.

Elle me dit un jour : « Je suis heureuse et sereine d'arriver dans un monde dans le chaos. J'apporte le nouveau, mais on ne veut pas du nouveau si l'ancien convient encore... Toutes les failles, toutes les épreuves et les poids sont des possibilités de retournement. Cela pourra me servir dans ma tâche. »

Alors je me réjouissais, et j'étais heureuse de lui donner naissance en conscience et dans l'acceptation de ce qui est et sera, et cultivais la foi en nos forces, notre liberté inaltérable et l'abandon à l'inconnu.

Vers les six mois de grossesse, nous pensions appeler cette enfant Alma. Bien que j'aie toujours adoré ce prénom, c'est ma mère qui l'avait rêvé, trois mois auparavant, lorsque le bébé s'était annoncé à elle une nuit.

Notre choix était presque certain, mais Aymeric a lui aussi voulu écouter en rêve l'âme de l'enfant, savoir qui elle était appelée à être.

Elle lui montra le processus de retournement, presque comme elle me l'avait montré quelques mois plus tôt. Aymeric lui demanda alors :

« Qui es-tu et que viens-tu accomplir sur Terre ?

— Je viens apporter le retournement pour casser les anciens fondements afin d'aider à la naissance du monde nouveau. Je m'appelle Néa », répondit-elle avec clarté.

La congruence de nos deux rêves était si parfaite qu'elle ne pouvait être imputable au hasard. L'heure ne semblant plus être à savoir nos préférences et nos goûts en matière de prénoms et de sonorités, mais à l'amour, nous avons accepté avec joie de l'accueillir telle qu'elle se présentait à nous, et nous l'avons nommée Néa Alma Salomé. Et Fleur, le prénom secret que tu lui avais choisi.

INTERLUDE OÙ LES COLOMBES DU MONDE NOUVEAU S'ENVOLENT DÉJÀ

22 février 2021

« Bonjour !

— *Bonjour maman jolie, tu es jolie, je t'aime ! Maman, je dois te dire que le vol de colombes, il est déjà parti. Les colombes s'envolent déjà ! Le monde est déjà nouveau ! Le vol de colombes est beau, même s'il est lent au début à faire monter la Terre vers le Ciel. Tu sais, il y a dans ce vol de colombes des choses que tu ignores encore. Tu ne peux pas vraiment comprendre encore ce qui va être perdu et ce qui va être gagné. Mais beaucoup de choses – tout va changer, dans ce vol de colombes qui apporte le nouveau. Il y a dans ce vol de colombes des écueils à reconnaître, parce qu'il y a beaucoup d'erreurs qui sont faites par les hommes sur la Terre. Et il faut qu'ils changent du tout au tout. Leur manière d'éduquer les enfants, leur manière de vivre, les valeurs qu'ils prônent.*

Tu sais, ce qui a de la valeur, c'est ce qui rend heureux. Mais encore faut-il savoir ce qu'est le bonheur... Ça, ils l'ont oublié ! Il faut leur rappeler. Le bonheur n'est pas un état produit par quelque chose d'extérieur. Il est infiniment... humm... Comme la lumière du soleil ! En fait, le soleil, son bonheur, c'est de briller. Et toi, ton bonheur, c'est d'être toi. Alors tu le partages avec tout le monde, et tout le monde est heureux et se permet d'être lui-même. C'est ça le bonheur. C'est ça réussir sa vie. Tu vas vraiment trouver le bonheur si tu deviens toi. T'as vu, on te faisait dire beaucoup ce retournement, ça fait des années qu'on t'en parle[26]*. Il est important.*

Je crois que je suis morte pour ça. Je suis morte parce que je devais aider l'humanité autrement. Tu vas voir, ça va être efficace, on va y arriver tous ensemble !

— Comment œuvrez-vous ?

— Il y a dans le Ciel des gens qui prient, beaucoup, beaucoup. Le fait qu'on ait aimé sur la Terre, ça laisse des liens d'une certaine façon, et ça nous invite à prier pour ceux qu'on aime.

Parfois, quand cela est possible, on les aide. C'est pas toujours possible parce que parfois, ils ont besoin de tomber ! Sans qu'on les ramasse. Pour apprendre. Dans ce cas-là, ce n'est pas bien d'agir, il n'y a que les ectoplasmes qui le font, et ils font des nœuds, c'est très dangereux. Mais en général, même eux ils ne peuvent rien faire, même s'ils veulent le faire. Ceux qui ont compris, ils ne veulent plus le faire. »

Néa râle beaucoup.

« Néa, je ne sais pas ce qu'elle a aujourd'hui, mais elle est très ennuyée. Elle grandit tu sais, ce n'est pas facile de grandir.

— J'imagine... »

L'entretien se termine donc, pour me laisser m'occuper de Néa.

---

26. Cela fait en effet quelque temps que mes rêves éveillés parlent beaucoup de cela, avec des initiations et des morts symboliques pour provoquer un basculement radical de tout mon être.

CHAPITRE 15

Notre vie de château

Nous attendions donc notre petite Néa. Le dernier trimestre de grossesse est tombé lors du confinement de mars 2020, et c'était à mes yeux un vrai cadeau du Ciel ! D'ailleurs, cela arriva juste après ton anniversaire de 3 ans, ma grande Amélys : nous l'avons fêté avec tes amis et la famille le samedi, et le lundi, hop ! Vacances ! Moi qui devais m'arrêter de travailler pour raisons de santé à partir de ce lundi-là justement, j'avais soudain tous mes amours autour de moi, quel bonheur !

D'autant plus que nous avions trouvé en location, au début de la grossesse, au lieu d'un appartement, un véritable château, sublime, avec ses tours, son parc, tout perdu dans la campagne. Dès que nous l'avons visité, j'ai su que je voulais accoucher là. Le confinement fut une parenthèse de rêve, partagée avec les amours de ma vie, les tourterelles et tes amies les fleurs qui inondaient le jardin. Un vaste parc avec de grands arbres, isolé de toute habitation, abritait un ruisseau où coulait de l'eau claire, dans laquelle je t'invitais à lancer des fleurs pour remercier les elfes. Nous t'avions offert pour ton anniversaire une petite cabane de bois et un toboggan vert, ainsi qu'une balançoire accrochée à un cerisier. Comme la grossesse m'épuisait, je m'allongeais sur une couverture posée sur l'herbe, et tu venais me faire goûter des mets délicieux, savamment cuisinés dans ton restaurant : des soupes de seringas aux pâquerettes, des violettes à la sauce de feuilles, et bien d'autres délices, pendant que le soleil me soignait de son éclat.

Je regardais ce somptueux décor et cette petite fille non moins somptueuse en robe de princesse avec ses ballerines aux pieds (impossible de t'habiller autrement pendant tout le confinement !), et me disais que je devais certainement être la femme la plus chanceuse au monde. Comme le château, comme le printemps, comme les fleurs qui étaient si nombreuses qu'on ne pouvait faire un pas sans marcher dessus, tu étais parfaite, cela m'impressionnait. Et mon ventre arrondi que je caressais avec amour laissait présager des bonheurs encore plus grands à venir.

Comme nous ne pouvions plus voir personne à part nous, tu t'étais fait de nouveaux amis : les fleurs et les oiseaux, ainsi qu'une petite reinette verte aux yeux d'or qui était venue se réfugier sur ton toboggan vert pour échapper à la tondeuse à gazon. Mais elle était timide et ne se montrait pas, cachée dans sa maison de bambous.

Nos voisins étaient des chevaux, à qui nous rendions visite de temps en temps, en semant sur la route des graines de pissenlits, soit en soufflant dessus, soit en frottant la tige contre mon ventre afin que ta sœur « souffle » pour participer au jeu.

Tu écoutais l'histoire de la flûte enchantée et Vivaldi et Piaf, tu regardais des films de princesses, et tu en étais une vraie sans être fille de reine ou de roi. Tu vivais alors la tête pleine de rêves de grandes robes et de danses avec des princes charmants, que tu t'inventais parmi les fleurs : Fleur de pissenlit, Fleur de marguerite, Fleur de lys, Rossignol Troll et j'en passe, tous étaient tes princes, petite châtelaine courtisée.

C'était fini les gronderies quand tu me mettais en retard le matin, têtue que tu étais à ne pas vouloir t'habiller : maintenant, finie l'école, après une grasse matinée à paresser au lit à coller ensemble des gommettes sur ton livre à gommettes et à te faire des guilis tous doux en te contant des histoires, tu ne t'habillais qu'avec des robes qui tournent, et rajoutais à l'occasion un voile de soie sur ta tête, un ruban de satin en ceinture, des fleurs dans tes cheveux... et tes ballerines aux pieds, évidemment !

Nous préparions aussi, comme une fête, la venue de Néa. Ensemble. Je lui avais cousu un doudou en forme de colombe, fait dans des tissus provenant entre autres du pyjama (à jamais taché, tant pis) avec lequel nous t'avions habillée pour ton deuxième jour de vie. Alors je te disais que ce doudou rassurerait toujours ce bébé parce qu'il sentait bon sa grande sœur chérie.

Ton amour pour cette nouvelle arrivée dans notre famille grandissait avec la rondeur de mon ventre. Pour autant, ton ancienne chambre utérine était prise par une petite sœur, et cette information méritait d'être apprivoisée, en jouant comme tu savais si bien le faire avec l'intelligence émotionnelle qui était la tienne. Pour cela, tu avais inventé un jeu que tu adorais : tu venais te blottir contre moi alors que j'étais allongée. Je devais alors mettre une couverture sur mon ventre et toi, afin qu'on puisse croire que tu étais dedans. Puis, je jouais la comédie, tandis que tu bougeais « dans mon ventre » :

« Oh ! Mais qu'est-ce qui m'arrive ? Je me sens toute bizarre... Je vais faire un test de grossesse... Oh ! Je suis enceinte, c'est merveilleux ! Comment on va l'appeler ? Bébé, dis-nous comment tu voudrais qu'on t'appelle ! »

Tu bougeais alors plus fort, sans répondre, en glissant parfois un « Amélys-fleur de lys, Margot, Jeanne ! »

Mais le plus souvent, tu ne disais rien, et j'enchaînais : « Je vais te rejoindre dans les rêves, au Ciel du cœur, pour que tu me souffles ton prénom. Je te vois... Tu m'offres un œillet et un lys et tu me dis "je m'appelle Amélys, Margot, Jeanne" ».

Puis c'était : « Et quand va-t-il naître, ce bébé ? »

Et tu naissais (comme pour de vrai), à la pleine lune.

Je jouais l'accouchement (la version pour enfant, sans les cris...), et tu sortais de sous la couverture, miracle renouvelé, te donnant naissance à toi-même par cette comédie partagée. Tu jouais le bébé qui grogne, je faisais mine de te donner le sein, alors tu t'apaisais, et le jeu se terminait sur cet échange de tendresse et de reconnaissance.

Puis il fallait refaire, encore. Plein de fois, tous les jours...

Chaque soir, nous te couchions dans ton petit lit, et après avoir fait un bisou à papa, maman et la sœur dans le ventre, nous te posions toujours la même question : « Dis, de quoi tu vas rêver ? »

Tu nous racontais alors une histoire plus ou moins abracadabrante, souvent longue pour gagner du temps de veille, qui serait prétendument ton rêve pour cette nuit.

« Et toi maman, de quoi tu vas rêver ? »

Je m'inventais un beau rêve, inspirant, avec la plupart du temps des lieux ou des personnages en commun avec le tien.

« Et toi papa, de quoi tu vas rêver ? »

Ton père partageait à son tour son histoire, tissée le plus souvent du même fil que les nôtres, pour qu'elles s'unissent mieux.

« Alors, on se rejoint dans les rêves ? »

Oui, promis, on se rejoindrait dans les rêves. Même si on ne s'y verrait pas. Car le sommeil ne peut pas séparer ceux qui s'aiment de toute éternité – tu es notre preuve que rien ne le peut !

INTERLUDE OÙ TU ME CHANTES DES CHANSONS

13 février 2022

« Tu n'as pas assez ri aujourd'hui, maman ! Tu n'as pas dit je t'aime suffisamment souvent, dans tes actes et tes souffles, tes regards, ton bonheur. Folle journée celle où l'on n'a pas ri. Revis, revois ce jour : comment l'améliorer ? Tu devrais aller voir ton mari, au matin au réveil, et lui dire "je t'aime" dans l'oreille, avant tout. Tu devrais te faufiler dans les bras de ta fille, et l'aimer plus que tout. Tu sais encore faire des bisous au fiston, et tu joues à être sa magicienne, quand il a faim, tu arrives et lui donnes le sein, il te sourit, te parle avec les yeux. Mais tu ne comprends pas encore la portée de son rire : il est tellement, tellement beau, tellement pur qu'il peut tout ! Nourris-toi de son rire, davantage, plus profondément.

Invite les rires chaque jour, car tu as la chance de vivre ici-bas avec eux ! Je ne suis plus ici, mais je ris tout le temps dans l'opéra des mondes et je jouis d'un éternel ciel bleu ; toi, tu dois créer ton ciel sous tes pas, chaque jour. C'est toi et toi seule qui décides de la météo qu'aura ta journée. Sois heureuse de vivre et tu vivras heureuse !

J'ai tellement de choses à te dire que je ne sais pas par où commencer. Il faudrait tout te dire en un souffle sans mots, mais on ne comprendrait plus, vous qui avez une tête seulement pour réfléchir. En un claquement de cils, moi je comprends le fond, toi non... pas encore !

J'ai envie de te parler de la vraie vie. Celle qui n'a pas de tache, celle qui n'a pas de fin, celle sur laquelle le soleil ne se couche jamais. Elle est en toi et en moi aussi. Elle est en tout. Tu dois me dire : "Raconte, ma puce, qu'est-ce que la vraie vie, alors ?"

Et je te répondrai : "Sois et tu verras, maman ! Regarde dans ton cœur, tous tes silences, tous ces pleurs, tous ces doutes, ces empêchements qui te gonflent et t'entravent à jamais... Et vois comme ils ne sont rien en fait ! Ils ne sont rien, tu ne me crois pas ? Ils ne sont rien, que toi qui joues ! Eux aussi sont rire car ils sont jeu ! Tu ne me crois pas ? J'ai pourtant mangé la vérité vraie, tu devrais me croire moi, plutôt que tes opinions de cervelée ! Tu ne penses qu'avec quelques milliards de neurones, et moi j'ai l'infini comme terrain de jeu pour ma pensée, alors perds ton opinion, et écoute un peu mieux, ouvre tes oreilles à mes paroles sages !"

J'ai inventé une chanson douce pour Elyam, elle est belle parce qu'elle parle de vérité sur Terre comme dans les cieux.

"Je ne suis pas là, je suis vraie quand même,
Je ne suis pas là, je suis en toi-même,
Je ne suis pas là, mais tout près de toi,
Ton cœur est mon cœur, je suis dans tes bras.
Je ne suis pas là, et tu sais que je t'aime,
Je ne suis pas là, car je suis tous tes pas."

Tu lui chanteras de temps en temps ? Je l'aime, il est si beau, tu ne trouves pas ? Je veux dire, il illumine la Terre quand il sourit, pas beau joli, je veux dire beau vrai pour de bon, sincère et vrai ! Il est mon roi du ciel, je l'aime énormément. Tu lui diras, maman, que sa grande sœur l'aime ?

J'ai inventé une chanson pour Néa et toi aussi.

"Je vous ai rencontrés, un jour par le monde,
Je vous ai rencontrés, et la vie était belle,
Je vous ai rencontrés, mais je vous connaissais,
Depuis la nuit des temps, car ton âme est la mienne,
par l'amour qui unit.
Je vous ai rencontrés, et j'aimerai ma mère,
Je vous ai rencontrés, et j'aimerai mon père,
Je vous ai rencontrés, et ma sœur chérie :
Je suis tous vos pas, sur la Terre et le Ciel,
Je suis vos pas d'ici, et vous porte dans mes bras.
Je vous ai rencontrés et la chemise du ciel,
La belle Voie lactée, luit de mon souvenir,
Quand vous lui souriez, ma vie devient plus belle
Je vous ai rencontrés, pour la nuit devenir.
Je vous aimerai, jusqu'à la fin du monde,
Je vous aimerai, pour que naisse l'aurore,
Je vous aimerai, jusqu'à la fin des mondes,
Et même bien après, quand le plomb sera or."

Voilà ! j'aime beaucoup la poésie des mots, on n'en utilise plus ici, mais c'est beau, et j'aime t'inonder de poésie céleste. Tu devrais aller te coucher car tu es triste et fatiguée, mais tu raterais ma prière... Reste un peu ! Je vais être câline, tu sauras que c'est moi, car tu ne t'ennuieras pas. Tu aimes ma robe ? Elle est tissée de lumière pure, tu aimes ? Je t'en ferai une aussi, pour ton anniversaire ou pour un jour férié. Je t'aime et j'aime rire, mais je te trouve trop triste. Tu ne sais pas la chance que tu as de vivre heureuse et entourée. Réjouis-toi, maman doucette, réjouis-toi, c'est urgent !

J'ai envie de danser encore une fois chez vous. Danser avec vous, quand papa danse un peu, quand Néa tape des pieds et des mains, quand tu danses aussi avec Elyam dans les bras. Je voulais m'inviter à la fête, tu ne m'as pas invitée, car tu étais dans ton monde. Reviens, maman doucette, reviens ! Tu dois être pont, tu dois être fleur, tu dois être souffle, tu dois être pieds qui dansent pour celle qui ne peut plus, ailes pour voler avec nous, lueur pour luire notre message au monde, tu dois être Emma vraie et non la fatiguée !

J'ai envie de te faire rire, du coup, mais je vois bien que c'est pas ta faute, tous te grondent, tous te dégonflent. Tu n'as pas habité dans les sphères célestes où les amitiés élèvent dans une écoute douce. Toi tu habites le monde des opinions, des idées, où chacun parle de ce qu'il ne connaît en rien, où chacun alourdit de sa parole vide, cherche à vider son sang de la substance divine en parlant pour ne rien dire de la pluie, du beau temps. Tu perds ton énergie, comme eux tous d'ailleurs, avec des phrases inutiles sans écoute ni tact.

J'ai pour toi des bracelets, des colliers d'ambre brun, des fleurs aux pieds, légers, pour que tu viennes me rejoindre en habits de fête. Tu seras la plus belle des mamans pour venir danser à mon bal. Tu viendras, je te dirai "danse !", alors tu danseras comme nous : pas avec les pieds, mais avec ce que tu es, tu feras onduler ta propre substance, rire ton corps de lumière, pour jouer de qui tu es. C'est cela danser ici : rire de qui on est en beauté et style, être un et être deux et être plein pour le plaisir, c'est tout.

J'ai envie de rire, j'ai envie de rire, tu ne vois pas, regarde : un monsieur rigolo est à côté de moi ! Il me dit "Amélys, tu dois être sage", et moi je dis : "Maman est là, je dois pas être sage du tout, je dois la faire rire, elle a besoin de rire, le vrai rire que je lui avais montré dans l'opéra des mondes."

Tu sais, quand je te regarde, je vois Dieu, pour de vrai ! Je ne te crois pas triste, je ne te crois pas quand tu dis que t'es pauvre, fatiguée, sans le sou. Tu es riche de moi, de tes amours, de ton bonheur, si tu décides. Tu es riche de tout ce que tu goûtes, tout ce que tu vois. Tu es riche de pouvoir crier sous la pluie ou siffler au soleil, ou faire de petits bonds comme les enfants sur ton lit. Tu es riche car tu es pleine de vie, mais que veux-tu en faire, de cette vie qui advient sans cesse en toi-même ? La même chose qu'hier ? Attendre que quelque chose d'intéressant se passe ? Tu perds ta richesse dans le trou de ton inadvertance. Tu dilapides ta richesse qui ne t'appartient pas : qui appartient à la vie, pour que Dieu se souvienne de qui il est à travers toi. Joue, qu'est-ce que tu attends pour jouer ? Avoir fini ce que tu avais à faire ? Balivernes, ton plus grand devoir, c'est de vivre, ta plus grande urgence est d'être toi !

Ne sois pas sotte au point de ne voir dans mes mots que de la poésie ou conseils jolis : c'est aussi important que mourir, c'est essentiel de savoir vivre un peu. Si tu oublies tout ça et passes tes journées dans un rêve pourri ponctué de moments un peu chouettes de temps à autre, tu rends ceux du Ciel jaloux, tu gaspilles ta chance, tu es irrévérencieuse, tu ne mérites plus ta vie.

Alors, demain matin, dis-toi, même si tu es fatiguée au réveil, dis-toi : voilà la vie que je choisis. Que vais-je en faire aujourd'hui, mon bel ange ? Je vais la faire resplendir, elle illuminera ce monde de joie, et donnera à tous envie de faire de même. Je vais aimer en conscience ceux que j'aime. Je vais rire en conscience pour illuminer la vie. Je vais vibrer de pensées nouvelles, à moi et à nul autre. Je vais rire dans l'opéra des mondes avec ma fille chérie, qui n'est morte que si on veut ne voir que ça, mais qui est vie en vrai de vrai. Demain, et tous les jours, viens rire avec moi dans l'opéra des mondes ! Tu seras heureuse d'un amour nouveau qui embellira ta vie.

Je n'ai jamais fini de parler, car j'attendais trop ta venue, tu as tardé à venir. Je t'attendais et tu ne venais plus. J'ai prié pour que tu viennes, j'ai dit à mon Dieu sur Terre : elle est perdue ? Maman doucette, où est-elle ? Elle est en pluie ?

J'ai dit cela car je ne te voyais plus, mais je sais bien que tu n'es pas perdue pour toujours, tu fais des signes, petits, parfois, et je vois bien que tu m'aimeras toujours. Je n'ai pas peur de te perdre, mais chaque journée passée à faire autre chose que s'aimer et rire est tellement une journée perdue... Je ne veux pas que tu perdes ta vie, maman ! Sois vraie comme moi, maintenant !

Je dois te laisser à présent, car tu t'impatientes pour aller te coucher, il est tard, tu dois dormir, toi. Mais je serai avec toi au fond, tout au fond de ton cœur je ne te quitte pas. Et si tu le souhaites, tu pourras continuer à m'aimer en silence, en te brossant les dents, en dormant, et faisant tout ce que tu vas faire, me câliner en douceur dans la douceur de mon ventre : c'est moi qui t'ai dans le ventre à présent, avant ta renaissance aux cieux...

Je t'aime

Bisous. »

CHAPITRE 16

Préparatifs à ton grand voyage...

En astrologie, tout était écrit clairement. Dans ton thème, une mort (que je croyais symbolique) qui apporterait guérison, et dans le thème de tes deux parents, des épreuves initiatiques dans leur parentalité, qui les reliearaient aux profondeurs du vide, au manque et à la violence de la mort autant qu'à leur intuition et l'absolu du Ciel. Et le jour où tu es tombée, précisément ce jour-là, une initiation de Pluton sur ton soleil conjoint à Chiron, donc la planète des morts et des transmutations sur ta force de vie, pour permettre cette indicible guérison. J'adore l'astrologie et connaissais ton thème par cœur, mais comment une mère pourrait-elle voir cela à l'avance ?

Au fond, toi et moi, nous savions. Nous ne savions pas que nous savions, mais ces êtres lumineux m'avaient donné l'information de ta vie entière dans ce cordon ombilical de lumière, et même si nous ne pouvions envisager de penser cet impensable, rétrospectivement je vois bien qu'on a eu de sacrés signes avant-coureurs.

« Dis, maman, est-ce que je vais bientôt mourir ? »

Cette question, combien de fois l'ai-je entendue ? Toujours le soir, quand ton papa était descendu dans le salon et que je restais veiller sur toi le temps que tu t'endormes.

« Mais non, ma chérie, tu mourras dans longtemps, te répondais-je toujours calmement, sûre de moi.

— Et est-ce que je mourrai avant toi ?

— Non, mon amour, moi je vais mourir dans longtemps, et toi dans encore plus longtemps, quand tu seras une toute vieille mamie... »

Je ne voulais pas te mentir, même pour te rassurer ; mais même si on ne sait jamais le futur, impossible pour moi d'imaginer que cela pouvait ne pas être vrai !

Je crois que ce questionnement résonne avec un autre, qui semblait aussi important pour toi puisque tu me le répétais souvent, mais plutôt le matin :

« Est-ce que je dois bientôt me baptiser ?

— Comme tu veux ma chérie, tu n'es pas obligée. Pourquoi, tu voudrais ?

— Non, j'ai peur de mettre la tête dans l'eau... »

Ça ! Tu avais toujours eu peur de mettre la tête sous l'eau ; dès ta naissance, il était plus que difficile de te laver les cheveux, crises de pleurs et panique à la clé.

Mais j'avais beau te rassurer, tu me posais ces deux questions, encore et encore. Je crois que ta mort fut ton baptême : une prière, deux coups ! Et qu'inconsciemment, ce printemps-là, des choses s'élaboraient dans ta psyché d'enfant, nous préparant toi et nous à ce qui allait venir.

Chez moi aussi, ma psyché se laissait doucement pénétrer par la mort dans les profondeurs de mon être, à la lisière de ma conscience.

Plusieurs indices témoignaient de ce travail intérieur accompli presque à l'insu de ma raison. Il y en eut de petits, comme celui-ci : une prise de conscience soudaine, en conduisant, alors que j'écoutais la bande originale d'*Arizona Dream*[27] en chantonnant ces paroles « *In the death car we're alive*[28] ». Je me rendis compte tout à coup de quelque chose, qui pourrait sembler parfaitement sordide de la part d'une femme enceinte, j'en conviens, mais qui était un constat tranquille et serein en moi : les mères ne donnent pas la vie, car la vie est éternelle. Les mères mettent au monde et donnent un corps mortel. Être mère, c'est alors accompagner l'enfant dans ce monde, l'aider à apprivoiser ce corps, la souffrance et la mort, car elles sont inévitables.

Il y a aussi eu de grands indices en provenance de mes rêves et de mes intuitions, moult fois répétés.

Comme pour mes précédentes grossesses, j'aimais aller contacter l'enfant par le biais de rêves éveillés, pour apprendre à connaître cette âme qui se faisait notre fille, voyager ensemble, échanger, ou plus simplement être ensemble dans l'amour. Mais très souvent, ces moments de tendresse et de lumière étaient tout à coup stoppés par une ombre, et j'entendais alors « je vais mourir ».

Cette sentence sortait de nulle part, mais je croyais que c'était un message du bébé que je portais. Peut-être hésitait-elle à descendre ? La fausse couche qui l'avait pré-

27. *Arizona Dream,* Emir Kusturica, 1993.

28. *In The Death Car,* Iggy Pop, Goran Bregović, 1993.

cédée avait peut-être laissé des traces. Quand, inquiète, je demandais ce que cette phrase voulait dire, mon intuition me disait qu'elle avait du mal à descendre par rapport au lien avec sa sœur, qu'elle voulait trouver un moyen d'être en lien avec sa sœur dans le Ciel. Mais je croyais qu'il s'agissait du bébé de la fausse couche ! Jamais je n'ai envisagé que la petite fille qui jouait gaiement dans sa cabane à faire des dînettes de fleurs puisse mourir un jour ! À mes yeux, tu étais bien trop vivante pour être mortelle, tu avais bien trop ta place sur Terre pour devoir en partir.

Dans la même veine, les grands rêves éveillés que j'ai faits pendant cette grossesse étaient sacrément difficiles, m'apprenant à tout lâcher, à mourir à moi-même, complètement et à tous les étages de mon être. Cela commençait presque toujours aux pieds de la fontaine d'or du Ciel du cœur, et des colombes arrivaient en volant. J'ai vu cette fontaine aux colombes toute ma grossesse, et encore après ! Plusieurs fois, je me suis vue mettre la tête dans l'eau, entièrement, toute sereine, et attendre ainsi dans l'accueil de ce qui est. Je me noyais alors, puis je voyais une colombe me manger tranquillement la tête et le cœur afin d'y faire un nid pour y pondre ses œufs. Il fallait faire de la place au nouveau[29], me disait-on, et pour cela, c'était bien de tout perdre, de mourir à tout. C'est seulement ainsi que je pourrais aider le nouveau à advenir : il n'advient pas chez ceux qui sont satisfaits de ce qu'ils ont, mais chez ceux qui meurent de soif d'une eau nouvelle, qui

29. Le nouveau étant ici, d'après moi, symbolisé par les œufs de la colombe, cette dernière étant l'annonce du monde nouveau, comme elle l'est dans la Bible avec Noé et le rameau d'olivier.

n'ont plus rien, même plus leurs désirs. J'ai donc appris à traverser les morts symboliques qui s'enchaînaient (il y en a eu d'innombrables), comprenant dans ma chair la beauté que cela contenait de s'offrir ainsi tout entière, dans une confiance absolue. Ces morts permettaient en général un retournement, ou une renaissance... Au cours de ces rêves, mon maître intérieur m'expliqua aussi que Dieu aime être reconnu partout, mais que l'être au cœur des expériences les plus sombres de notre existence signe ses plus grandes et lumineuses victoires. Voir la liberté éternelle au cœur de l'esclavage, la joie éternelle dans les drames, quand tous nous abandonnent, la vie éternelle dans la mort, c'est contempler l'omniprésence et l'omnipotence de son éternité.

Un autre indice de ce travail préparatoire qui se faisait en moi, avant que tu ne partes et que Néa naisse, était une intuition qui me disait qu'il fallait que je sois psychologiquement sinon « nickel », en tout cas particulièrement droite dans mes pompes. J'avais des envies de travaux sur mes émotions, mes vieux schémas obsolètes, mes croyances, comme d'autres femmes enceintes ont des envies de fraises. J'avais la sensation qu'il fallait que je sois nettoyée de tout cela. Ce n'était pas de l'orgueil, une femme enceinte qui dit qu'elle mangerait bien un kilo de fraises ne le dit point par vantardise : c'est un besoin de grossesse !

Je dis « de grossesse », mais en fait, c'était venu un mois ou deux avant la conception. Je m'étais mis dans la tête l'idée étrange qu'il fallait qu'avant mon anniversaire, j'aie « tout réglé ». Rapports avec ma famille, ma place sur

Terre, mon rapport à l'argent, la maladie, la mort, tout ! Pourquoi ? Je ne savais pas, je le sentais, c'est tout. Mais la sage-femme échographiste data la grossesse du jour précédant mon anniversaire, justement.

Cette *deadline* dépassée, j'en trouvais vite une nouvelle : la naissance de Néa.

J'étais donc mon propre thérapeute (mon métier m'apportant de nombreux outils), aidée également par des amies travaillant dans l'univers du soin. Je méditais tous les soirs et travaillais mes blocages anciens de tous ordres. C'était efficace, et cela a notamment conduit, la nuit du 28 février au 1er mars 2020, à une énorme prise de conscience, ce que j'ai eu envie d'appeler intuitivement « un retournement ». Je me suis aperçue que toutes les épreuves et expériences et tout ce que j'avais vécu était véritablement né du désir de mon âme de me faire accomplir ce que j'étais venue faire sur Terre. Je voyais soudain le fil du sens de ma vie scintiller entre mes doigts, reliant toute mon existence, mes existences même, dans une perfection sans nom. Ce n'était pas une simple idée philosophique, mais une vision du sens de mon incarnation. J'avais ma place sur Terre, je me sentais avoir été désirée par le monde et l'avoir désiré, et rien ne pouvait remettre cela en question, car toutes les difficultés pouvaient être dépassées en me souvenant qu'elles étaient le désir de mon âme de mieux me révéler à moi-même et au monde.

Je souhaite ce retournement à tous, car cette sensation est formidable et change la vision qu'on peut avoir de la vie ! Elle permet de traverser les épreuves non comme des mauvais moments à passer ou des punitions du destin, mais comme des enseignements initiatiques de la vie déguisés en jeu de piste.

Afin de soigner notre couple pour entourer ce bébé à naître du plus d'amour possible, j'ai aussi fait, quelque temps après, un jeu qui se nomme « ligne de vie ». On met un bout de papier sur lequel est placé le mot « ma naissance » et un autre, « présent ». Cela forme par conséquent une ligne reliant ces deux points, notre ligne de vie, et on peut aller explorer ce que l'on ressent avant et après ces points, à tout moment de cette ligne.

J'allais donc dans le passé récent pour guérir les souffrances que nous avions vécues ces dernières années, ton père et moi. Plusieurs endroits de la ligne m'ont fait ressentir une grande souffrance au cœur. J'apportais alors écoute et soin comme je le pouvais, revivant par visualisations ces souvenirs traumatisants afin de dénouer autant que possible les nœuds émotionnels qu'ils avaient créés en moi.

Une fois que cela a été fait, je suis revenue au présent, qui s'en trouva grandement allégé, puis, contente de mon travail, je vérifiais en avançant dans le futur qu'une certaine harmonie amoureuse et familiale nous y attendait. Mais, à peine avais-je fait un pas, que je me retrouvai à genoux de douleur, dans la pire souffrance qu'il soit. Cela me fit penser aux pleurs qui m'avaient ébranlée le jour de ta conception et lors de ta naissance, ou lors de la « fausse couche du Christ » ; la même profondeur de sentiment, la même faille dans mon cœur, le même manque de ciel... Qu'allait-il donc se passer ? Comme clouée au sol, effondrée de tristesse, ne comprenant pas ce qui m'arrivait, je continuais tant bien que mal d'avancer sur la ligne pour voir combien de temps cette terrible épreuve inconnue allait durer.

À chaque pas, cela s'allégeait, mais la souffrance restait d'une profondeur abyssale. Puis, au bout de quelques pas, le bonheur revint, accompagné d'une vraie légèreté, qui ne parlait point de vie tranquille comme un long fleuve, mais d'avoir trouvé du sens à ce qui venait de me mettre à terre. Au bout de la ligne, reliance, complétude et union Terre-Ciel.

J'arrêtai là le jeu, perplexe, essayant de ne pas trop penser à ce malheur tout proche pour ne pas m'inquiéter inutilement – après tout, n'était-ce pas qu'un jeu ?

C'est comme tu me dis dans nos interludes : la vie elle-même est un jeu, et quelque part en nous-mêmes nous le savons, et nous savons ce qui nous attend. Mais il faut oublier un peu, sinon ce ne serait pas du jeu, n'est-ce pas ?

INTERLUDE OÙ TU VOULAIS PARLER DE LA JOIE

« De quoi voudrais-tu parler ?

— *Je voudrais parler de la joie !*

— De la joie ?

— *Oui ! Alors, la joie, quand on est enfant, ça fait sauter partout, ça donne envie de jouer, à plein de choses. Parce que le jeu est création : la joie donne envie de créer plein de choses.*

La joie... et aussi, elle aime aller dans des recoins insoupçonnés de nous, et dans ces recoins-là, elle redispose les choses. Elle se met à parler, et à dire : "Maintenant, la tristesse, la peur, la colère, toutes les émotions, vont venir se blottir, s'apaiser, et moi je prends la place !" La joie, elle prend la place...

La joie, quand tu regardes derrière les choses, elle est évidente, parce qu'elle a toujours été là. La joie est le tissage du monde.

Quand je m'appelais Amélys, j'avais de la joie parce que ma maman était jolie et parce que mon papa, il était grand et il me portait... C'était chouette, j'étais fière, j'étais en joie.

Cette joie, tu vois maman, elle m'a donné de la force pour mes organes. La joie, ça fait bien digérer, ça fait que le cœur, il bat bien, ça rend intelligent.

— La joie n'est pas vraiment une émotion, alors ? Tu m'as parlé des émotions la dernière fois, et je ne reconnais pas le discours. Tu me parlais du fait que, même dans les émotions positives, il y avait toujours un mouvement vers l'extérieur, et qu'après il y avait une troisième émotion qui était au-delà. Mais alors, la joie est différente des grandes émotions ou des émotions positives ?

— *La petite joie, c'est pas pareil que la grande joie. La petite joie, ça sort à l'extérieur, ça excite.*

— En quoi la grande joie est-elle différente de la grande confiance, du grand amour, de toutes les "grandes émotions" ?

— *En rien. Sauf dans le fait qu'elle est essentielle à la vie différemment.*

— Est-ce que chaque "grande émotion", si on peut encore les appeler émotions...

— *Non, on ne peut pas les appeler "émotions". On peut les appeler... comment on les appelle ? Les notes ? Vibrations ?* »

Néa se met à attirer mon attention en râlant, et en disant son mignon petit « Mam », qui est sa manière de m'appeler maman. Après lui avoir apporté de l'écoute et de l'attention, je reprends : « Alors, tu veux toujours me parler de la joie ?

— *Non, en fait j'aimerais te raconter que Néa, elle a besoin de toi d'une autre façon. Néa, quand elle est petite, elle a besoin que d'une maman qui la prend dans ses bras beaucoup beaucoup. Mais, en même temps, ce n'est pas grave si tu la prends pas dans tes bras physiquement. Ce qui est important, c'est que tu la prennes dans tes bras énergétiquement.*

— Je me demande si je fais le nécessaire... Tu pourrais m'aider ?

— *Tu sais, on le sait là-haut que c'est pas facile.*

Je crois que tu t'occupes d'elle comme tu peux. Tu sais ce qui est bon. Ce qui est bon pour un enfant, c'est d'être aimé. D'avoir l'impression que l'on compte, qu'on a notre place sur Terre, qu'on est aimé inconditionnellement. On n'a pas besoin d'être tout le temps regardé, mais d'être toujours sous la bienveillance de quelqu'un.

Regarde Néa ! Parfois, elle cherche d'autres choses. Elle t'appelle. Si tu viens, Néa est heureuse !»

CHAPITRE 17

Naître dans la joie

Lorsque j'étais enceinte de Néa, au premier trimestre de la grossesse, j'ai traversé une période difficile, car la fausse couche m'avait beaucoup impactée. Pour m'aider à prendre de la hauteur, j'ai eu envie de faire ce jeu cité plus haut, qui s'appelle « ligne de vie ». Après avoir libéré des poids venus du passé, marchant sur la ligne qui correspondait au futur assez proche, j'ai senti le moment que je savais être la naissance du bébé que je portais en moi. Dans cet instant, il y a eu une immense joie - joie d'un autre monde, sublime et totale. De plus, j'étais très étonnée, car je sentais une énergie féminine et douce, d'un vert printanier, alors qu'à ce moment-là de la grossesse, l'aura du bébé avait une énergie verte, certes, mais beaucoup plus yang, plus foncée, un peu masculine.

Le temps passa. Et l'aura du bébé passa doucement d'un vert foncé qui contenait de petites taches d'or à un vert serpentin avec des coulées d'or, puis à un vert doux comme une jeune pousse au printemps, quand elle a encore son petit duvet et que l'éclat du soleil naissant vient l'auréoler d'or. Comme si le bleu senti pendant la grossesse spirituelle s'était laissé pénétrer, s'était laissé changer par l'or pour créer une âme renouvelée.

Nous avons appris que c'était bien une petite fille. Puis, à sept ou huit mois de grossesse, nous avons fait un rêve éveillé à deux pour préparer l'accouchement. À ce moment-là, j'avais beaucoup de contractions, mon col était ouvert et je devais rester alitée en prenant du Spasfon pour éviter un accouchement prématuré. Pourtant, à la fin de ce rêve, l'âme de Néa me dit : « Ne t'en fais pas, tu as le temps, je ne vais pas arriver tout de suite. J'ai encore des choses à faire, par rapport à ma sœur et au contact qu'on pourra avoir à travers les mondes, moi sur la Terre et elle au Ciel. Je n'ai pas encore trouvé la solution pour que cela soit possible, alors je ne vais pas venir tout de suite. »

Je pensais toujours qu'il s'agissait de la sœur de la fausse couche. Je n'en suis plus si sûre maintenant. Cela parlait de toi, n'est-ce pas, Amélysette ?

En effet, j'ai atteint le neuvième mois sans accoucher. Puis, un soir, alors que nous nous apprêtions à passer à table tout en discutant en famille, je sentis tout à coup une joie immense en moi, qui n'étais pas liée à ce dont nous parlions, bien qu'être avec mes amours de mari et de fille soit déjà agréable en soi. C'était, à dire vrai, une joie d'un autre monde, un peu comme la tristesse d'un autre monde lors de ta conception et de ta naissance peut-être – c'est ce à quoi cela m'a fait penser en tout cas, dans la profondeur de ce « sentiment ». Je regardai en moi d'où cela pouvait bien venir, je vis que ça venait du bébé Néa, et entendis : « Ça y est, j'ai trouvé la solution ! J'arrive ! ... »

Cela me fit repenser à ce jeu de la ligne de vie fait durant le début de la grossesse : un accouchement annoncé par la joie... Il n'y eut plus de doute en moi, je le sentais, je le savais : Néa allait naître !

À partir de ce moment-là, j'ai commencé à avoir des contractions, toutes les cinq minutes pendant plusieurs heures. Mais accompagnées d'une telle joie que c'était un vrai bonheur. Un mélange de sérénité et d'enthousiasme. Puis plus rien pendant un jour entier. Néa attendait-elle que l'orage qui hurlait dehors et compliquait la venue de la sage-femme fasse place au soleil, qu'on puisse sans souci te garder, et que votre papa soit en week-end ? Car à peine ces difficultés extérieures étaient-elles réglées et votre papa rentré à la maison, que les contractions reprirent. Surtout, je pense qu'elle attendait de naître au moment précis où il y avait une fenêtre céleste, un alignement astrologique qui permettrait cette « solution » pour rester unies entre Terre et Ciel...

Quel alignement ? En astrologie, ton soleil est aligné avec la constellation de Pégase, de même qu'un point très particulier du thème de Néa qui l'invite à agir de concert avec les mondes spirituels (conjonction Mars/Neptune, pour les connaisseurs, à 0,00° près, ce qui est extrêmement rare et ne peut être plus puissant !) Donc, quand on regarde cette constellation, on regarde l'endroit du ciel où vos ciels de naissances se pénètrent... Elle serait née un peu avant ou un peu après, cela aurait été moins puissant, moins agissant !

La constellation de Pégase... Le matin de la naissance de Néa, mamie Nonna t'avait acheté des petits chevaux en plastique roses et bleus. Bien qu'ils n'aient pas d'ailes, tu les avais appelés spontanément les « pégases ». Puis, lorsque les contractions reprirent, j'ai décidé de prendre un bain chaud pour me détendre en attendant que quelqu'un vienne te chercher, et t'ai invitée, toi et tes pégases, à jouer joyeusement dans ces eaux matricielles avec moi.

Puis, quelques jours après la naissance de Néa, nous avons vu trôner une grande fresque représentant un pégase en mosaïque à la porte du service de réanimation où tu allais quitter ce monde... Les portes d'entrée de vos deux voyages, mort et naissance, seraient donc placées sous ce même signe céleste : cette petite fenêtre vous permettant d'agir de concert entre sœurs.

Dès ton départ, tout s'accélère : je descends, Aymeric prévient la voisine pour qu'elle ne s'inquiète pas si je pousse quelques cris, pendant que je hurle dans le salon.

Le nid est parfait, un salon de château rempli de jolies fleurs cueillies la veille (malgré l'orage), quand je t'avais déposée à l'école. Pas le temps de mettre de musique : à peine Aymeric revenu, je suis clouée de douleur à quatre pattes sur le tapis, et je crie :

« Aymeric, viens tout de suite, elle arrive ! »

En une contraction vertigineuse, je me sens m'ouvrir complètement. La poche des eaux éclate. Elle est tout de suite suivie d'une autre contraction tout aussi forte, et le bébé tombe dans les mains d'Aymeric, qui pleure de joie et de sidération.

Sportif ? Pfff, Néa dormait ! Elle est née en dormant, tranquillou la pépette... Papa la caresse énergiquement bien qu'avec tendresse pour la réveiller, pour voir si elle va bien. Elle grogne un peu, et se rendort. Naître ? Un jeu d'enfant !

Je la prends en peau à peau, sur ma grosse poitrine à téter, mais elle s'en fiche, elle termine sa sieste. De toute façon, je n'arrive même pas bien à la voir tellement cet accouchement éclair m'a fait décoller: mes yeux ne sont pas en face des trous, du tout, mais bien quelques mètres au-dessus de ma tête!

Puis, on t'a ramenée à la maison. Grande sœur Amélys, fière, excitée, heureuse et tout émue, tu es arrivée dans le salon où nous étions. Néa dormait sur ma poitrine. Nous te l'avons présentée: « Oh! Ma chérie d'amour, que je suis heureuse de te voir, quelle joie que tu sois là! Voici ta petite sœur, Néa Alma Salomé. Ce sont ses trois prénoms, mais elle en a un quatrième, secret, que seule toi tu as le droit de dire: Néa Alma Salomé *Fleur* ».

Tu étais tout heureuse de cette attention, car tu avais souhaité qu'elle ait Fleur pour second prénom pendant toute la fin (printanière) de grossesse.

Tu t'es penchée, l'a regardée.

« Oh! Qu'elle est mignonne! » as-tu dit dans un souffle plein d'émotion. Puis, tu as pris un ton d'urgence de tragédienne: « Il faut que je lui fasse un cadeau! »

Tu es allée chercher une feuille et tes crayons, et lui as fait un dessin, des ovales comme des cellules vertes et noires au sein desquelles vibraient des zigzags noirs comme des éclairs. Beau.

Tu lui as offert ton présent, puis tu as apporté le tabouret du piano devant moi, pour m'aider (à quoi, je ne sais pas...), et ainsi tu es devenue la grande sœur.

INTERLUDE DU CHANT DES OISEAUX QUI N'ONT PLUS BESOIN DE VOLER POUR ÊTRE DANS LE CIEL

Mi-février 2021

« Alors, je peux te parler ?

— *J'attendais, maman, que tu arrives. Je sentais, maman, que tu arrivais.*

J'étais un peu triste parce que tu t'arrêtais. J'étais sur le bord de la fontaine. Je regardais l'ombre. Je pensais à toi et je me disais : "Elle est en bas et elle est un peu perdue. Maman, elle sait pas tout à fait qui elle est ni ce qu'elle veut devenir. Pourtant, tout est dans ses mains."

Je te regardais, et je te voyais prise dans des fils de toile d'araignée. Et je voyais que ça tendait tous les fils si tu allais dans une direction. Tu n'es pas faite pour aller dans une direction, tu es faite pour être au centre des fils et tisser ta toile...

Maman, il faut que je te raconte, parce que j'ai beaucoup de choses à te dire. Je voudrais te raconter ce que j'ai fait. Alors tout d'abord, je me suis élevée ; il y avait les mondes bleus, tu sais, les mondes un peu bas, là, bleu-gris. Ce sont des mondes dans lesquels on se souvient pas encore de qui on est.

— Ce sont les mondes juste après la vie ?

— *Oui, quand on meurt, on va dans ces mondes-là... euh...*

— Ah bon, ce n'est pas de la lumière ?

— *Ah ! C'est compliqué...*

— Pardon, je t'ai coupée.

— *Non, tu as raison, c'est bien que je trouve les vrais mots. Il y a les mondes bleus, OK ? Ces mondes bleus, c'est nos eaux, tu vois ? Et on peut s'élever dans des mondes un peu dorés, mais on a ces eaux-là, en bleu.*

Et alors, je...

C'est nos eaux, notre mémoire, mais plutôt notre oubli. La mémoire, c'est de l'oubli, un peu, tu vois ?

— Je crois que je vois.

— (comme lisant dans mes pensées) *Ce que tu vois, c'est pas tout à fait ça, mais un peu proche.*

Ouais, on verra.

Alors, en fait, je veux bien que tu éteignes [l'enregistreur].

— Oui, tu as raison. »

Amélys me raconte alors dans la confidence les différents mondes qu'elle a traversés depuis sa mort, et les aventures initiatiques qu'elle y a vécues. À noter qu'il y a des concordances avec des rêves d'Amélys qu'Aymeric a faits...

Avant de retranscrire cet entretien (c'était un enregistrement audio), je lui redemande, afin d'être sûre, si elle ne souhaite toujours pas mettre cette partie-là dans le livre. Voici sa réponse :

« Non, tu ne peux pas, car ils ne comprendraient pas, ils penseraient que c'est toujours cette façon-là de faire, alors que chaque mort est unique. Je dois les laisser découvrir leur mort à eux. Laisse-les, tout va bien, tu peux ne pas dire, ils ne t'en voudront pas de faire des cachotteries d'ectoplasme... »

« [...] Alors j'ai vu un petit oiseau. Ce petit oiseau, il n'avait pas pu voler, ni chanter. Ça, c'était moi, avant.

J'ai décidé que je chanterais à travers toi.

Il va falloir rayonner. Être mille plutôt qu'une seule. Tu vas devoir être collective, maman ! Tu vas devoir être dans une voix dans laquelle il y a plein de voix. Ma voix et celle de mes amis, ici : les oiseaux qui ne volent plus. Car ils sont déjà au Ciel, ils n'ont plus besoin de voler, tu comprends ?

Alors, je te dis : je vais chanter ! Et mon chant te fera vibrer, et par cette vibration, tu chanteras aussi. Tu chanteras tes mots, et ces mots diront ma vibration. Tu serais prête à ça ?

— Je veux bien pour te faire plaisir, mais aussi je crois que mon âme le désire. Et plus précisément, mon âme désire réaliser cette union qu'il m'a semblé toucher du doigt le jour où tu es venue, le jour de mes dernières règles[30]. Ce jour-là, je n'ai pas tout à fait compris la vision que j'ai eue de l'œuvre que nous pourrions faire ensemble, ce lieu de partage que je voyais.

— Je voulais parler d'un lieu dans lequel les parents apprennent aux enfants, les enfants apprennent aux parents tout autant. Tu sais, tu as écouté ce que je te disais.

— Je voyais une sorte d'institut d'incarnation... Qui aiderait les gens à s'incarner plus véritablement Ciel et Terre unis, à accueillir l'âme de leurs enfants en conscience, et à accompagner les âmes des défunts qu'ils aiment en conscience aussi...

Tu serais d'accord de me prêter ta sagesse ?

— Je veux te donner ma sagesse. Je veux que tu la prennes, et que tu l'aies dans le monde. Qu'elle irradie dans le monde.

30. Voir chapitre 10.

Je veux être splendeur. Je ne suis pas celle qui regarde. Je suis la splendeur. OK ?

— OK. Toi, tu irradies la lumière et tu me donnes ta sagesse. Et moi, je fais ça…

— Je ne peux pas faire ça pour toi. Car je ne suis plus moi. »

L'entretien continue un bon moment mais n'est plus audible. Nous parlons de ce que nous souhaiterions faire dans cet « institut », ce lieu de partage…

« *Je ne suis pas celle que tu attends*[31] *!*

— Ah ! D'accord. Ça, je l'entends super bien !

— Je te prête ma parole, mais parfois je m'autorise à ne pas te la prêter, parce que je ne suis pas toi. C'est par amour que nous sommes ensemble, et pas par syncrétisme. »

Je me sens alors soulagée d'avoir posé les choses au clair. Nos besoins et nos désirs me semblent avoir été entendus de chaque côté de la relation. Cela me fait un bien fou, et ouvre des perspectives aussi grandes que l'infini dont je pourrais rêver.

---

31. Je comprends par là qu'elle veut dire qu'il ne faut pas l'attendre comme la grande réponse, la solution, la mettre sur un piédestal. C'est une aide, parmi d'autres.

CHAPITRE 18

Tes au revoir

Tes derniers jours ont été des au revoir progressifs. Chacun a eu le sien, unique. Je n'en raconterai ici que quelques-uns : ceux du jour même de ton « baptême ».

Tu t'es réveillée tôt ce matin du 7 juillet. Souhaitant offrir à ton papa et Néa une grasse matinée, je t'ai cueillie du lit parapluie des vacances, et t'ai aidée à t'habiller.

« Maman, c'est pas vrai, ce que tu m'as dit.

— De quoi parles-tu, ma puce ?

— Que Néa, elle ne prend pas ma place, ce n'est pas vrai. Elle prend ma place. »

Ta voix était calme, sans appel : je ne pus apporter en réponse que mon écoute empathique sans mot. Nous sommes allées petit-déjeuner « toutes les deux en amoureuses », car tous les autres dormaient. Lucie, ta marraine, s'est réveillée, et t'a offert en cadeau un dentifrice pour enfant que ton papi papou avait acheté par inadvertance, croyant acheter du dentifrice pour adulte. Tes yeux se sont illuminés, mais tu n'as rien osé dire, par timidité. Quand elle s'est éloignée, tu m'as dit :

« Ça, c'est un beau cadeau, hein, maman ? Ah oui, vraiment, c'est un très beau cadeau ! »

Ta « bêtise » préférée du moment était de manger du dentifrice, alors ça semblait t'enchanter d'en acquérir un neuf, et en plus ton autre papi t'avait offert quelques jours plus tôt une brosse à dents que tu aimais énormément.

« Ah oui, c'est vraiment un beau cadeau, as-tu répété, décidément ravie de cet humble présent.

— Alors, dis-lui merci, proposai-je gentiment.

— Mais elle est déjà partie...

— Non, regarde, elle est là, à la porte ! »

Tu t'es retournée, et as dit un timide mais franc « Merci Lucie ! »

Ton papa et Néa réveillés, je m'occupais de la petite pendant que tu allais avec ton père.

Cet au revoir pour lui fut de l'ordre du symbolisme. Dans le jardin, Aymeric a trouvé un bébé cigale par terre. Ses ailes étaient arrachées. Elle allait mourir, sans avoir eu apparemment le temps de voler. Son sort t'a touchée, vous a touchés tous les deux. Ton papa t'a rassurée, vous avez pris soin de la petite chanteuse estivale, la posant sur un arbre en reconnaissant que son existence, bien que courte et amoindrie d'envol, méritait d'être vécue.

Pour moi, ta sœur et ton grand-père, le dernier moment vraiment partagé en conscience fut un instant parfait, de ceux qui vous nourrissent le cœur de bonheur. C'était un peu après ta balade avec ton papa. Tu es revenue avec Néa, ton papi et moi dans le salon. Tu as demandé qu'on te mette Néa sur le ventre ; tu t'es allongée sur le canapé, je suis venue à tes côtés et j'ai collé ma tête contre toi. Ton papi a pris quelques photographies de ce moment divin, où l'on te voit heureuse et fière de tenir ta sœur, et moi qui te regarde avec des yeux emplis d'amour béat. Après cela, sans plus de raison, tu es allée vers ton papi et as posé ta tête sur son épaule, dans un doux abandon qui a duré longtemps. Silencieux – il n'y a rien à dire quand tout est dit…

Je ne peux tout conter ici, mais bref, chacun aura son au revoir.

Un adieu est horrible, instant mis sur un piédestal, inoubliable et douloureux, sublime et cruel. Qu'avons-nous dit, pas dit, fait ou pas fait ?

Mes dernières phrases pour toi ne furent pas « je t'aime ». En vrai, je ne suis plus bien sûre de mes derniers mots, ni des tiens, entre nous : je rangeais la maison, m'occupais de Néa, je t'ai dit des mots sans y penser vraiment… Mais je t'ai tant dit ces trois mots, parfois plusieurs fois par jour, tout au long de ta vie, dès tes premiers battements de cœur dans mon ventre et avant. Tous les instants ont compté, tous les instants ont été divins. Les au revoir ne sont pas des adieux. Je trouve beaux tes au revoir terrestres… Et me réjouis de tes bonjours célestes d'aujourd'hui !

D'ailleurs, j'ai la preuve que nos dernières phrases ne comptent pas tant que ça, et que tu as été libre de créer l'instant dernier à ta guise s'il n'avait pas eu lieu correctement.

Quelques mois avant ton départ, j'avais dû donner un cours un soir, et n'ayant pas ton père à mes côtés pour te garder, j'avais demandé à une jeune fille de 10 ans, présente sur le lieu pour accompagner sa mère, de rester avec toi pendant cette petite heure et demie de cours. Je vous avais mis le film des *Aristochats*, et vous aviez bien joué et discuté. Tu avais tant adoré cette fille que tu me demandais de temps en temps, même plusieurs mois après :

« Maman, c'est ma copine, la fille ? » (Tu l'adorais mais n'arrivais jamais à te rappeler son nom, et c'était donc à moi de deviner de qui tu parlais.)

Vous ne vous étiez revues qu'une seule fois, mais elle était pourtant devenue dans ton cœur une amie chère.

La nuit de ta mort, elle a rêvé de toi. Elle n'avait pourtant pas eu de tes nouvelles depuis votre dernière rencontre. Dans ce songe, tu lui es apparue et tu as joué avec elle, puis tu lui as dit au revoir.

À peine deux ou trois jours après, alors qu'elle ne savait toujours pas ce qui t'était arrivé, elle jouait chez elle avec une copine, quand tu es apparue, comme par magie, au seuil d'une porte, et l'as regardée. Surprise par cette étonnante apparition, elle s'est demandé pourquoi elle avait rêvé de toi la nuit passée et qu'elle te voyait à présent, comme si l'espace d'un instant tu avais été là pour de vrai. Étrange...

Lorsqu'elle a appris ta mort, elle a pleuré comme jamais elle n'avait pleuré auparavant. Il lui paraissait y avoir là un lien mystérieux et sacré qu'elle ne s'expliquait pas. Elle a voulu me parler et me raconter cette histoire.

Cela m'a immensément émue, car son absence m'avait touchée lors de l'enterrement. Non pas que je l'aie mal pris, bien sûr, car je savais bien que nous n'étions pas objectivement proches, mais je savais comme tu l'aimais. Je me disais que tu aurais aimé qu'elle soit là... Ses paroles me rassurèrent infiniment, car elles me montrèrent ton infinie liberté : si tu n'avais pas eu le temps de tout dire à tous ceux que tu aimes, tu leur dirais quand même, tout simplement, de toute façon !

INTERLUDE DES CORDES VOCALES QUI VIBRENT

2 avril 2021

Cela fait des semaines que je n'ai pas vraiment canalisé Amélys. J'ai partagé avec elle quelques rêves, mais nous n'avons que peu parlé. Elle s'élève dans des sphères toujours plus sublimes, toujours plus éloignées de mon mental de petite humaine, et cela m'intimide. Je crains de ne plus savoir retranscrire sa parole avec justesse.

Alors je procrastine un peu à aller lui parler. En attendant d'être « à niveau », je me contente de l'aimer, de lui envoyer des messages d'amour. Et de travailler à purifier mon amour afin de pouvoir m'élever, bientôt, jusqu'à ces hauteurs sublimes qui sont à présent son air.

Je fais cela car je sais qu'elle m'attend au Ciel du cœur; elle m'a tout de même précisé qu'elle souhaitait que je sois sa parole. Non plus en tant que maman pour que nous restions dans un lien d'affect, nous n'en avons plus besoin, ni elle, ni moi, ni Aymeric. Mais pour continuer sa tâche, afin d'apporter une parole de reliance et de nouveau à ce monde.

Je sens que je ne peux plus la contacter en mon nom, sa maman, elle, mon Amélys. Il faut transcender ces identités. Suivant mon intuition, je décide alors de la contacter en prenant appui sur mon âme, par notre Christ intérieur à chacune.

« *Tu es belle quand tu es en Christ. Je t'aime quand tu n'es plus ma maman mais Emma, juste et vraie. Tu dois rester ainsi quand tu me parles à présent, car je veux être grande et juste et vraie aussi.*

Je dois te dire des vérités qui ne doivent pas être tues. Tu dois les dire, et n'aie pas peur de briller en les disant, car il faut briller de mille feux pour attirer les regards vers ces vérités-là, afin que tous les entendent. Tu peux, tu es assez lumineuse pour cela.

Il y a un nid dans les cieux, et les colombes y font des œufs. Le soleil point, c'est l'aurore qui s'annonce par le chatoiement de la lumière qui s'irise dans la nuit effacée. Et le jour arrive. Les œufs sont encore des œufs, semblables à de fragiles cailloux ovales, ils ne peuvent ni voler ni chanter.

Si je regarde ces œufs et que je dis "cela ne vole pas, cela ne chante pas", alors mes yeux ne voient rien dans les songes.

Si je les regarde et que je dis "ils volent, ils chantent", alors ils sont faux, car on attend d'eux ce qu'ils ne peuvent pas encore donner.

Le regard tue l'œuf, car il ne sait s'affranchir du temps. Acquiers, toi, la Vision, pour t'affranchir du regard. Ne regarde plus, regarder tue les choses ! L'espoir est projection hors du présent ; juger ou définir condamne.

Affranchis-toi de tes yeux qui ont toujours une vision duelle. Vois en vérité : ferme les yeux et ouvre ton cœur.

Offre tes mains au divin, emprunte-lui ses yeux ; offre-lui ta bouche, emprunte-lui sa pensée ; offre-lui ton cœur, emprunte-lui son amour.

Tu es l'habit de Dieu, sa forme, Il est ton fond, ton essence, ta vérité nue. Il resplendit en toi et pour toujours tu le vois jaillir de ton antre, Il jaillit et tout à coup tu sors de toi et tu entres dans cet espace sans fond ni forme où vous n'êtes plus deux ni un, mais êtes, en vérité, au-delà du deux et du un. Au-delà de tout ton connu, dans cet amour qui t'unit à lui qui est toi.

Je dois te dire de passer le cap, tu peux aller sur la route, comme une voyageuse qui n'a pour bagage qu'elle-même, ses cheveux longs, ses yeux remplis de paysages passés, présents et à venir, et le cœur à renouveler. Sois toujours prête à renouveler ton cœur ! Ne t'attache pas à une étape : tu es voyageuse, les étapes sont faites pour être visitées et non devenir ancre.

J'ai devant les yeux qui tu vas devenir, et qui deviendront Néa, Aymeric et tous les autres. Je crois en vous, car je crois en ça. Tu n'as pas à t'inquiéter. Sois une voyageuse sans cesse, sans attache, émerveillée de son voyage et c'est tout.

Il ne faut plus m'accueillir dans le doute, ce n'est plus permis à présent, car je ne suis plus double. Je ne suis plus petite fille du tout. Tu n'es plus ma mère. Je ne peux plus te pardonner en te donnant des excuses gentilles, mets-toi à niveau ou ne viens pas me voir, car ma parole doit être vraie et vibrante.

Tu ne peux pas être la corde qui vibre et le joueur qui la pince, ni le compositeur qui réfléchit à la note qui va suivre. Je te demande de n'être que corde vocale qui vibre. Tu apprendras à n'être plus rien pour laisser la place à plus grand que toi. Grandis et fais-toi petite, grandis et fais-toi petite, toujours et encore ! Vérifie-toi, dans tes entrailles, vérifie que tu es honnête envers toi-même, traque tes mensonges, et tes faux-semblants, traque le moindre de tes gestes faux, tes pensées volages. Tu peux venir, si tu es ainsi, mon égale en Christ. Alors on devient comme un totem, toi en bas, moi en haut, et on vibre. Je ne suis pas la source de la parole tout à fait, je suis aussi une corde qui vibre, qui vibre de vibrations supérieures, plus célestes, mais une corde comme toi. Moi aussi je me fais repos pour qu'on agisse à travers moi, moi aussi je me fais silence pour qu'on parle à travers mon nom.

Tu sauras faire, petit à petit, tu deviendras ma bouche, je serai la voix d'une pensée qui nous dépasse. Et ils se feront oreilles.

Bientôt.

Je t'aime, je vais me coucher. Merci. »

CHAPITRE 19

Ton baptême

7 juillet 2020, vers midi

Dans la nacre irisée de l'eau resplendissante, sous les chênes verts tranquilles, l'horreur se déroulait, les adultes s'affairaient, pétrifiés de douleur et de culpabilité, heurtés de plein fouet par l'inconcevable, tandis que le chœur des anges venait te prendre de ses ailes blanches pour te ramener chez toi, où tout n'est que lumière.

Puis, on quitte sa douleur pour être à tes côtés, pour être là pour toi, quoi qu'il arrive dans ce que tu traverses. Et alors, on entend ce chœur des anges, et ton âme qui s'infinit...

L'agitation s'apaise et le cœur retrouve sa place de centre, doucement. Avec son influence dans les yeux, notre regard se retourne tout à coup et on voit vraiment, on reconnaît la beauté de ta vie, le courage de ta mort, et l'amour tout partout qui fait qu'au fond du fond, derrière tout ça, derrière la trame de la réalité objective, en vrai tout va bien ! L'irisé de l'eau douce, la tranquillité des chênes et le chœur des anges accompagnent les chants de la maman retrouvée et le silence lumineux du papa semblable aux piliers des églises.

*

« Papa, tu es beau ! », t'es-tu exclamée en regardant ton père en train de nager dans l'eau bleutée de la piscine. Touché par cette déclaration d'amour et de reconnaissance spontanée, il t'a rejointe sur le bord où tu étais juchée et t'a fait un bisou.

C'était le premier week-end des vacances, la première fois que notre petite famille agrandie de son nouveau membre quittait le cocon familial. Dans la maison de ton papi papou, celle qui a vu ton papa grandir – car oui, tu es née dans la maison d'enfance de ta maman, et morte dans celle de ton papa, alpha et oméga.

Week-end parfait à mes yeux, premier bain de soleil au bord de la piscine après l'accouchement, ta sœur en peau à peau contre moi, toi qui joues à côté, dans le petit bassin (normalement fait pour s'y laver les pieds avant d'entrer dans l'eau) et non la piscine, car tu ne voulais pas te baigner dans le grand bain, tu avais peur de l'eau.

Nous avons eu la joie d'avoir aussi une visite surprise de ta marraine, avec son fils de neuf mois ton aîné, que tu avais choisi un jour comme amoureux en second choix, quand je t'avais dit que ton papa était déjà pris.

Nous trouvions tout doucement nos marques de famille à quatre, tu apprivoisais ton nouveau rôle d'aînée, avec tendresse, fierté, nostalgie ou colère selon les jours. Mais ces quelques jours-là, tout était bien.

Alors, heureuse, je regardais mes deux filles, si parfaites à mes yeux, et me suis dit que je me sentais si comblée que je ne savais pas de quoi le futur pourrait être fait tant le présent était beau, que mon cœur céderait sous la pression du bonheur d'être votre mère. Je brûlais de joie, d'amour et de gratitude.

Je m'étais dit cela avant la fausse couche, et justement, c'était un an plus tôt, jour pour jour ! Je m'étais dit cela lorsqu'en rêve éveillé j'avais pu être enceinte de mon Christ. Ne dit-on pas jamais deux sans trois ?

Pour continuer d'avancer sur le chemin, la roue tourne...

*

Tu es tombée dans l'eau.

Ton père nous sort de notre inconscience, étonnante de notre part, il me semble. Nous sommes quatre adultes présents, tous des plus intuitifs. Ton grand-père est prévenant et soucieux pour ses proches, tant il a connu la mort de ceux qu'il a aimés, et a travaillé toute sa vie sur la notion de présence à ce qui est. Ta tante, il lui est arrivé trois fois de sauver des petits de la noyade sans les voir, simplement parce que son instinct lui disait qu'il se passait quelque chose de grave ; une fois, elle dormait sur un bateau, et s'est réveillée en sursaut, est allée sur le pont et est arrivée juste à temps pour rattraper un enfant qui allait tomber dans l'eau, alors qu'elle ne le connaissait presque pas. Ton père, on pourrait parler de médiumnité tant son intuition bat des records. Et tous les trois sont plutôt du genre prévoyant à l'excès, étant donné les épreuves et les deuils qu'ils ont traversés. Moi, j'ai mon cordon ombilical qui me relie à toi, que les anges m'ont donné. Quand je m'y connecte, je sais si tu as froid ou chaud, si tu es heureuse ou triste… Tu es la chair de ma chair et je te sens en moi.

Bon, ça pourrait arriver à n'importe qui, bien sûr. Mais en toute honnêteté, je croyais que ça n'arrivait qu'aux autres.

Nous avons beau être intuitifs et attentifs, aucun de nous ne se réveille de l'inconscience. J'allaite, Aymeric prépare la voiture et les sandwichs, tata et papi sont tranquilles, on pense que tu joues avec les cousines dans la chambre d'à côté.

Puis, soudainement, ton père comprend. Son ventre sait avant lui ce qui est arrivé à son petit poussin chéri. Trop tard. Il court voir les cousines. Tu n'y es pas. Il court voir la piscine, tu gis dedans. Il te sort.

Là, le temps ne s'écoule plus de la même façon, chaque seconde est longue et courte avec trop de mes battements de cœur en chamade et pas assez des tiens malgré les mains de ton père qui te masse. Tandis que mon cerveau n'arrive pas encore à concevoir qu'éventuellement il se pourrait que la réalité que je vois ne soit pas un rêve et que tu puisses mourir, Aymeric s'est changé en héros. Pour de vrai !

Dans la mythologie, un héros n'est pas quelqu'un de fort ou courageux ou avec des super pouvoirs, un héros est littéralement un demi-dieu. Et là, ton père se connecte avec sa part divine, cette présence sublime qui est omnipotente et sait tout sans un mot ; il devient immense, lumineux, sans peur, il te sort, te fait un massage cardiaque et du bouche-à-bouche comme un pro, il recadre en quelques mots son père qui crie de douleur et de culpabilité, avec assurance mais sans hausser le ton. Il nous recadre tous, il impose la vibration juste, comme il informe ton cœur du rythme de la vie. Aucun geste superflu, tous ses gestes habités. Toutes les paroles dont nous avons besoin, sans un seul mot de plus, sans un égarement. Il continue à essayer sans succès de te réanimer jusqu'à l'arrivée des secours alors que c'est insoutenable, les pompiers semblent ne jamais venir, mais il ne flanche pas.

Moi, je me fractionne. Une partie de moi, toute calme, dit « de toute façon ce n'est pas possible, c'est faux, elle ne peut pas mourir, impossible ! », une autre répète en boucle « mais quelle mère horrible, tu as toujours voulu être une bonne mère avec une belle éducation dans la bienveillance, l'écoute, la spiritualité, et tu as oublié le b.a.-ba : on ne laisse pas se noyer les enfants ! », et une autre, silencieuse et sereine, attend que je lui laisse la place. Je ne tiens plus sur mes jambes, fais des allers-retours, refuse de te voir, veux te voir, crie, gémis, ne sais plus quoi faire, pendant que les voix dans ma tête s'entrechoquent.

Puis je me ressaisis, comprends doucement. Je vais voir Néa, la rassure. De toute façon, elle est calme et elle dort, ce qui augmente la sensation d'irréalité de l'instant.

Je reviens vers toi, à travers la vitre de la véranda, et me mets à chanter. Les chansons que j'ai inventées pour toi. Pour que tu te souviennes de qui tu es. En boucle.

« Tu t'appelles Amé parce que tu es aimée,
Tu t'appelles Lys car t'es belle comme un lys

Tu t'appelles Amélys car tu mets notre cœur en liesse
Et parce que tous les enfants
sont des fleurs pour leurs parents. »

Je me souviens soudain du cordon que les êtres de lumière m'ont offert pour que je puisse t'accompagner, en mettant en moi la mémoire de toute ton existence, pour que je sois la maman dont tu as besoin. L'évidence me heurte de plein fouet : c'est maintenant qu'il faut que je m'en serve, c'est pour ce moment qu'on me l'a offert. Je sais quoi faire, exactement, puisque je connais toute ta vie, quelque part en moi ! Pas en mots, car ce n'est pas accessible à ma conscience, mais si j'accepte de ne pas contrôler ou d'essayer de comprendre, je pourrai me connecter à cela et deviendrai la maman qu'il te faut.

Alors je demande pardon intérieurement à Néa, lui dit que les circonstances sont exceptionnelles et nécessitent donc des solutions exceptionnelles, et je redirige toute mon énergie maternelle, que je visualise comme un cordon d'énergie qui me relie à Néa pour le moment (elle vient juste de naître...) vers toi, me rebranche à ce que je sais sans mot à l'intérieur de moi, et fais le job pour lequel je suis faite, comme ton père dehors est déjà en train de faire le sien : je deviens une héroïne à mon tour.

Grâce au cordon énergétique, je te sens. Ton corps est glacé comme jamais (on me confirmera à l'arrivée des pompiers que tu es en hypothermie sévère). Je te regarde, déjà tu ne ressembles plus à ma petite fille, ton visage ne porte plus qui tu es et il n'y a aucune vibration d'âme dans tes yeux ouverts... c'est si rapide !

Mais allez, on continue ! J'entre en moi-même pour pouvoir faire un voyage astral afin d'aller te chercher, de venir t'aider à redescendre si tu le souhaites, ou monter haut si tu préfères.

Corps physique : vide et froid. Corps éthérique, astral, mental : vides, déjà complètement vides. Je monte, tu es tout en haut. Au seuil du Ciel du cœur. Alors j'infuse de la lumière, de la vitalité et de la chaleur dans les corps d'en bas pour que tu puisses, si tu veux, redescendre. J'ose t'inviter à revenir, même si je sais que *in fine* le choix te reviendra, et je te chante tes chansons. Je chante encore quand les pompiers sont là, quand je vois qu'ils galèrent à te ramener, quand les électrochocs ne suffisent plus, quand on attend le médecin pour faire l'injection d'adrénaline et un miracle. Je viens te voir plus proche quand ton cœur reprend, ta respiration rendue artificielle.

Je croise ton père, enfin. Il me dit, magnifique de présence et d'urgence à la fois : « Promets-moi qu'on ne divorcera pas ! »

Il connaît les statistiques, et sait que les couples qui perdent un enfant perdurent rarement. Je n'y avais même pas songé, mais sa demande engage tout mon être. Je lui promets.

Il enchaîne en me disant : « Et je te le promets, je ne tomberai pas malade de la chorée par chagrin. »

Ça, en revanche, bien sûr, j'y avais pensé, imaginant les pires scénarios de nos vies qui s'effondrent. Mais cette phrase, dont les mots résonnent comme un éclair venant du plus haut des cieux et frappant la Terre avec force, et sa présence d'une exceptionnelle intensité, semblent inscrire ces promesses de vérité jusqu'au plus profond de la vie, balayant d'un seul coup toutes mes peurs mentales.

Je ne l'ai jamais vu aussi beau, énergétiquement parlant. Il me dira après coup que c'est son ange qui a parlé à ce moment-là à travers lui ; et il n'est pas difficile de le croire.

À cet instant, il me semble me souvenir l'avoir vu ainsi avant que l'on naisse, dans un Ciel ou un autre. Un souvenir défiant la logique, mais qui me rappelle comme une évidence pourquoi je l'ai pris lui comme compagnon de route. Je me souviens que c'était écrit, qu'on s'est choisis là-haut en écrivant notre histoire. Et qu'aujourd'hui, nous sommes au cœur de notre destinée.

INTERLUDE DE LA PRÉPARATION AUX RENDEZ-VOUS D'AMOUR

12 avril 2021, à peine après minuit

« Tu peux parler seulement si tu es vraie dans ton cœur ; tu n'es pas vraie, va te coucher.

Ne sois pas dans le vain, tu peux parler si tu veux parler à toi, mais pas à moi car tu n'es pas avec moi pour de vrai. Je ne peux pas te dire quoi que ce soit tant que tu ne te trouves pas toi-même, tant que tu n'es pas cent pour cent au clair, car cela ne doit pas être un discours qui touche ton ego. Va, vis, meurs, renais en toi-même, et viens me parler après, d'égale à égale.

Je ne suis que dans l'amour. Tout ce qui est autre que vérité et amour m'éloigne de toi, mais me rapproche de toi si tu décides d'en faire enseignement : retourne-toi, et tu verras ma face !

Tu t'es éloignée de moi car tu n'es pas encore prête. Tu es encore trop dans l'ego. Je ne t'en veux pas, le temps n'existe pas là où je suis, on a le temps pour parler face à face en vérité. Aligne-toi, prends le temps de te découvrir, "sois cent pour cent" veut dire ne laisse pas des parts de toi projetées à d'autres.

Tu seras une. Tu ne seras pas prête, tu feras et c'est tout, naturellement. Tu iras me voir et me diras bonjour, tu seras naturelle comme si c'était normal, tu n'auras pas peur, tu n'auras pas envie, aucune émotion autre, juste amour et unité avec ta fille devenue une.

Tu peux, je t'attends. La patience vient à bout de tout. »

CHAPITRE 20

Le message de l'eau

Fin août 2016, quelque part au large des côtes corses

C'était la fin de l'été, l'air salé était encore doux. Les pieds dans l'eau et le ciel étoilé au-dessus de la tête, Aymeric admirait le sommeil lumineux du monde.

Il était parti pour une semaine avec son père sur le voilier de ce dernier, tandis que j'étais restée à la maison, la nausée à l'estomac et l'amour au cœur de te savoir tout nouvellement dans mon ventre.

Alors qu'il était là, petit homme entre l'immensité du ciel et l'immensité de la mer, il eut soudain une expansion de conscience, qui l'amena à faire une expérience singulière : il ressentit l'unité de l'eau, comme s'il avait la sensation que ses pieds, en touchant cette eau de mer, touchaient toute l'eau du monde, car l'eau était une, et faisait l'unité de la Terre.

Après avoir baigné plusieurs minutes dans l'émerveillement béat du mystère de l'eau, tu lui apparus en esprit. Pour lui rendre visite, tu avais revêtu cette nuit-là une image de petite fille de 5 ou 6 ans, en robe rouge. Grands yeux bruns, cheveux sombres, longs et bouclés, visage rond, tout comme tu allais être : c'était bien toi...

Son cœur se gonfla de joie et d'amour de te voir.

Tu lui dis simplement :

« Ne m'embrasse pas sur la bouche ! »

Cette phrase, mystérieuse, résonna en ton père comme une demande de s'ouvrir à une nouvelle forme d'amour, qui serait affranchie de l'attachement au corps, comme si tu lui apprenais à t'aimer d'âme à âme avant tout.

« Pas sur la bouche »... Presque quatre ans après, il a pourtant posé sa bouche sur la tienne, afin d'insuffler en toi un souffle de vie qui ne voulait plus passer.

À ce moment-là, aucune pensée ne le distrayait, aucun doute. Il y a un temps pour agir, et un temps pour recevoir. Actif, passif, comme un rythme de cœur battant. Et là, c'était le temps d'action, durant lequel il exécutait avec courage les gestes qui sauvent, d'autant mieux qu'une semaine avant l'accident, aussi prévoyant qu'intuitif, il avait eu l'idée de réviser ses cours de secourisme et premiers secours, « au cas où ».

Mais une fois à l'hôpital, te voyant dans le coma artificiel, il se remémora cette nuit sur le bateau, cette unité de l'eau. Si toute l'eau est une, peut-être ces petites vagues qui lui léchaient les pieds portaient-elles l'information de l'avenir de l'eau claire de cette piscine dans laquelle tu expirerais ton dernier souffle. « Ne m'embrasse pas sur la bouche »... Ces mots-là prenaient brutalement un sens tout différent : lui avais-tu demandé de ne point te faire de bouche-à-bouche, de ne pas te ramener dans un corps de souffrance et de te laisser partir ?

Que ces cinq jours d'hôpital ont dû être durs pour toi ! Aurait-il été préférable que tu ne reviennes pas ?

Non.

Car cela nous a offert le temps. Le temps de te promettre un miracle. Nous avons tout fait pour le permettre, rameutant à notre cause des centaines, puis des milliers de gens, même des inconnus, de toute religion, un peu partout, qui priaient chaque jour pour toi et pour nous, pour beaucoup sans même nous connaître. Et c'est dans cette toile humaine, c'est devant les yeux et les cœurs de tous ces gens qui battaient à l'unisson pour toi, que tu as fait ton miracle, le miracle inédit, incroyable, et que tu les as tous retournés. Il fallait des spectateurs pour un tel final : l'espoir permis par ton second souffle te les a apportés.

Voilà, tu étais revenue, et tu étais là. Un cadeau d'adieu, une semaine hors du temps, une semaine d'orages et de grâces pour pouvoir nous apprendre à voler et à te laisser t'envoler. Ton corps n'était que souffrance, ton âme se faisait offrande.

INTERLUDE OÙ JE COMPRENDS ENFIN OÙ EST MA FILLE

19 avril 2021

Je viens de faire une magnifique méditation, au cours de laquelle je suis allée dans des sphères célestes sublimes, puis j'ai essayé de ramener cette vibration jusque dans mon corps.

Je me dis donc que je vais pouvoir parler à Amélys avec plus de facilité après une telle préparation.

En effet, j'ai toujours un grand mal à la contacter et à discuter avec elle depuis plus d'un mois, malgré quelques exceptions. J'ai l'impression de devoir me hisser si haut dans mon être que je n'ose pas, intimidée par cette grandeur et le caractère impersonnel que je pressens à présent chez elle.

Je commence l'entretien en me hissant en conscience au plus haut de moi-même :

« Tu n'as pas encore compris vraiment ce que je t'ai dit mais tu peux dormir encore, je t'aime. Va te coucher. »

La dernière fois qu'elle m'a dit cela, je l'avais pris au pied de la lettre, car il était tard et j'étais fatiguée. Mais aujourd'hui, il est 15 heures, et je comprends bien qu'elle parle d'un autre sommeil.

Je veux dépasser ce refus. Je me pose, réfléchis à nos entretiens. Elle m'avait dit : « Tu as compris maintenant, j'habite dans la joie de se parler et de s'être aimées. » Mais je ne suis pas dans la joie de lui parler et n'ose être dans mon amour de mère, trop occupée à essayer de m'élever dans un sublime ciel éloigné des effusions affectives personnelles, où je crois qu'elle demeure à présent. Et si je me trompais ?

Je me connecte à mon amour et ma joie de lui parler.

« Tu peux parler si tu es dans la joie de m'avoir aimée, car là je t'aimerai toujours... Là, nous sommes une. Sois simple. Ne te fais pas de mouron sur nos dialogues, sois vraie. Je ne te demande pas d'être haute, mais vraie. »

Comprenant enfin ma méprise, je lui dis :

« Je t'aime. Je te demande pardon. Je suis dans la joie que tu sois et aies été.

— Tu peux me dire aussi plein d'autres choses : oh ! Amélys, comme tu es mignonne avec tes cheveux d'étoiles filantes ! Oh ! Amélys, je pense à toi tout le temps, sauf quand je n'y pense pas !

Je te vois, tu es jolie, mais pleine d'idées et idéaux dans ta tête. Tes idées du Ciel te coupent du Ciel, car tu vois le Ciel très haut et très éloigné de toi. Mais ce sont tes conceptions mentales qui l'éloignent. Lui se rapproche si tu es dans la joie d'être proche de lui, d'être un avec lui.

— C'est l'histoire de l'ange qui me parlait de la corde qui vibre ou qui mesure la distance[32] ?

— C'est l'histoire que je te raconte, la même mais différente car je suis au présent, et toi tu parles d'un souvenir. Reste avec moi dans le présent, sans faire des liens dans ta tête. Reste dans ton cœur, sinon je ne puis te parler.

32. Cf. page 30.

Tu as cru que je m'élevais trop haut pour que tu me contactes; mais parce que tu n'arrivais plus à être avec simplicité avec moi, dans un plein d'amour. Tu me voulais haute pour que je te laisse tranquille, car ce n'est pas toujours facile d'avoir sa fillette au Ciel. Tu voulais passer à autre chose, je le sais, un autre stade.

Mais non, rien n'est plus simple que notre lien, je suis dans la joie de m'être aimée, de m'aimer pour l'éternité. Viens ou ne viens pas, je n'attends rien de toi. Je ne peux pas dire que je suis un ectoplasme, je suis ta parole, et je simplifie ta parole. Tu as toujours voulu avoir une parole avec du Ciel dedans, mais tu n'as pas compris où était le Ciel : juste là devant ton cœur !

Tu fais de grandes envolées dans des cieux désincarnés, et tu vois des anges incroyables et leur dis que tu ne me retrouves plus car je suis encore plus haute que ça, mais je suis juste là où tu es, où que tu sois : j'habite ton amour. »

Ces mots me réveillent de mon rêve des cieux : bien sûr, c'est le Ciel du cœur, et non un ailleurs inaccessible. C'est dans mon cœur. Tu es en moi, en ton père, en tes grands-parents, oncles, tantes, cousin(e)s, ami(e)s, toutes celles et ceux qui t'ont aimée.

Tu es aussi loin que je suis loin de moi. Ou aussi près.

CHAPITRE 21

Pouvoir te voir

7 juillet 2020, après-midi

Nous nous retrouvons, les quatre adultes présents, pendant que les secouristes te préparent pour aller à l'hôpital en hélicoptère.

« Si je ne vous avais pas demandé de venir, cela ne serait jamais arrivé... », commence la sœur d'Aymeric.

Mais ce dernier la coupe net : « Non ! Nous tous, ici, interdit de culpabiliser ! Tout le monde peut dire que c'est sa faute, mais c'est la vie qui est comme ça, on ne contrôle pas tout et la culpabilité ne sert à rien. C'est comme ça, c'est tout ! »

Après un temps interminable où je continue à chanter, calme comme les églises que tu affectionnes tant, l'hélicoptère s'en va, t'emportant loin de nous, vers un espoir mouvant.

Entourés, aidés, nous prenons soin de Néa, puis nous allons à l'hôpital pour te couver au mieux.

Dans la salle d'attente, me sautent d'abord aux yeux les recommandations officielles qui disent comment s'occuper d'un enfant, qu'il faut veiller aux brûlures, aux prises électriques... Ne pas laisser son enfant se noyer... Je crois que cela m'est destiné : je suis dans la pièce des parents qui ont failli.

Puis nous voyons le médecin, ton papa et moi. Les autres membres de la famille attendent avec Néa devant l'entrée du service, crise du coronavirus oblige.

Il ne réussira finalement pas à te guérir, mais ce médecin me soigne, moi, instantanément, dès ses premiers mots, exactement ceux dont j'avais besoin : « Nous avons bien reçu votre merveille. Nous faisons tout ce que nous pouvons pour la sauver, mais elle est dans un état critique. Tout est encore possible : le meilleur comme le pire... Par contre, ici, on considère que vous, les parents, êtes dans l'équipe de soin au même titre que les médecins et les infirmières : la guérison passe aussi par vous. Nous avons besoin de vous. Alors, même si c'est dur, je le sais bien, il est capital que vous chassiez toute culpabilité de votre esprit pour être à 100 % avec Amélys. Ça pourrait arriver à tout le monde, ça ne fait pas de vous de mauvais parents ! »

OK, c'est parti, je suis prête, nous sommes prêts : on va faire un miracle.

Après une attente qui n'en finissait plus, Aymeric et moi avons enfin pu entrer dans la petite pièce d'hôpital où tu gisais, entourée de fils et de machines bruyantes qui permettaient ta si difficile respiration artificielle et les mesures de ton état manifestement critique.

Pouvoir te voir... Je n'ai pas vraiment eu la sensation de te voir en allant voir ce petit corps. Ton visage, gonflé par la noyade et à moitié caché par la sonde de l'intubation, n'avait presque plus rien en commun avec celui de notre belle petite fille. Tes longs cheveux étaient attachés et cachés derrière les fils des machines, tes yeux mi-clos étaient vides de ton regard. Une couverture chauffante avait remplacé ta robe fleurie. Ton odeur était couverte par celle des pommades ou autres produits qu'ils t'avaient mis sur le corps, et quand j'ai touché ta peau, elle était glacée (tu étais en hypothermie). Pourtant, ç'a été un ineffable soulagement d'être près de toi, comme si je retrouvais mon soleil après une trop longue et glaciale nuit de tempête de neige. Je te regardais, rayonnais de joie et d'amour d'être avec toi, pleurais de culpabilité et de tristesse que tu puisses partir à tout jamais, restais hébétée du fait que cela soit la réalité et non un mauvais rêve.

Je sentais ton âme dans la pièce, mais pas dans ton corps, juste un peu au-dessus. Je dialoguais avec toi en te disant: « Je sais que c'est difficile, ma Loulinette, mon Amélys d'amour, ton corps est douloureux et très froid. Je pense bien que cela doit être difficile d'être dedans, mais ce n'est qu'un temps, bientôt ça ira mieux. Ils sont en train de le réparer, tous s'occupent de toi et font tout ce qu'ils peuvent. Ne t'inquiète pas, tout ira pour le mieux. Je suis là, papa est là, toute la famille pense très fort à toi, même s'ils ne peuvent pas te rejoindre.

Tu es aimée, infiniment aimée, entourée. Ne t'en fais pas, n'aie pas peur, tu es libre. Vivre ou mourir, c'est ton choix.

Ça va aller.

Je t'aime... »

Puis je te chantais des chansons que tu aimais, pour te rappeler qui tu étais.

Juste être là et t'aimer. Sortir pour allaiter Néa et voir avec soulagement qu'elle souriait dans son sommeil paisible, portée par moult bras aimants, parler un peu à la famille avide de nouvelles, puis revenir avec toi, pleurer, t'aimer, te caresser en te parlant, chanter encore, ne rien faire. Être avec Aymeric, accordés. Et faire confiance.

Que faire, que dire dans ces moments-là ? Quelques mots gentils, du courage, de l'espérance, de l'amour, de la foi.

Je déposais près de ta main ta petite poupée Lili, celle que j'avais faite moi-même pour ton premier Noël. Ce faisant, je te répétais cette petite phrase que je t'avais si souvent dite en te quittant pour un temps : « Tu sais, Lili, c'est ta maman qui l'a faite. Avec tout son amour et tout son cœur. Alors, c'est comme s'il y avait un peu du cœur aimant de ta maman dedans, donc si je te manque ou que tu te sens seule, Lili est là pour que tu puisses te sentir un peu comme dans mes bras. »

Je déposais près de ton autre main le doudou colombe que nous avions fabriqué pour Néa durant la grossesse avec le tissu du pyjama que tu portais après ta naissance (« comme ça, ce doudou rassurera Néa parce qu'il sentira sa grande sœur qu'elle aime ») afin que ta petite sœur t'accompagne aussi malgré l'interdiction de sa présence dans le service.

Après plusieurs heures passées là, nous t'avons serré les mains et t'avons tous deux embrassée, de tout notre amour de parents. Puis nous t'avons laissée à la bienveillance visible de l'équipe soignante.

INTERLUDE DES GUILIS TOUS DOUX DANS LES OREILLES QUI FONT RIRE

9 juin 2022

« Tu n'es pas assez alignée, mais avec des guilis tout doux dans les oreilles, ça passera.

Alors, je te disais la dernière fois, si tu es vilaine, tu n'as pas encore le droit à mes sucreries du Ciel. Je ne te donnerai que des coups de bâton, pas des bonbons ! Mais je plaisante ! Regarde, les épreuves, c'est drôle ! Je ne te dis pas ça par cruauté, je sais bien que quand on est en bas ça fait un mal de chien, mais les épreuves font des guilis aussi. T'as la chair de poule quand tu pleures, quand t'as peur. Tu n'es pas ta peur, ni tes pleurs, ils te traversent, mais c'est rigolo parce que ça veut dire que tu vis ! Tu es vivante ? Quel miracle ! Ne crois pas qu'ici on dénigre la vie d'ici-bas, comme vous dites : ici, on adore les gens qui souffrent, car ils sacralisent le Ciel. Ils apportent du nouveau grain à moudre. J'ai inventé une autre chanson, et tu ne vas pas en revenir de tes oreilles. Écoute :

Coucou c'est moi Amélys,
Je suis jeu et bêtise,
Je suis sagesse et je
Je suis tout et c'est merveilleux !

Tu ne trouves pas, toi, que la sagesse des grands sages est un peu plate ? Elle est belle, mais le rire, où est le rire ? C'est fou de penser sans rire, de vivre sans rire, d'inventer sans rire au fond de soi. Si tu ne ris pas et que tu crois avoir compris un truc, c'est que tu ne l'as pas tout à fait compris, maman ! Rigole avec moi. J'ai vu tes galères avec papa d'amour et tout ça, et je peux te le dire, ça va s'arranger : vous deviendrez tous des vivants comme moi, et vous rirez, rirez dans l'opéra des mondes jusqu'à la fin de l'éternité. Là vous pleurez, mais parce que vous êtes très bons acteurs (toi pas toujours trop d'ailleurs...) Un jour, vous vous souviendrez que l'amour et la joie et la vie sont éternels, et qu'à ce titre, le rire est plus grand que le chagrin, le vrai rire peut contenir tous les chagrins du monde et leur faire passer un mauvais quart d'heure jusqu'à ce qu'ils se souviennent qu'ils sont aussi rires qui s'ignorent...

Maman, tu sais quoi, d'ici je vois tes crottes de nez, non mais sans blague ! Ça te choque de marquer cela dans le livre ? Tu voudrais que je sois pureté divine ? Je veux que tous voient que le Ciel est à la portée de tous, qu'il ne faut pas être magnifique pour y accéder. Ni mourir, bien sûr ! Le Ciel est dans le cœur de chaque homme et chaque femme et chaque enfant et bébé. Le Ciel est nous, et la Terre est à créer. Pas l'inverse ! Quelle Terre tu veux, quelle réalité tu te crées ? Paix et lumière et amour, pour ressembler au Ciel de ton cœur, ou peines et chagrins, pour croire en tes fantasmes de petite vierge esseulée perdue dans un océan de drames humains. Les drames humains sont des problèmes d'hommes, qui n'existent que dans la tête des humains. Ils n'ont pas de vérité autre, car les autres créatures vivent au présent, et au présent, pas de drame, juste du jeu. Je te mange, tu me tues pour me manger, le lion, l'herbe et la gazelle ne souffrent, pas, ils vivent, meurent, renaissent, re-meurent, vivent, c'est drôle, rien n'est grave. Ils ne passent pas un mois entier à s'inventer des problèmes dans leur tête à se dire que s'ils sont mangés ce sera terrible, et que feront leurs enfants, et qu'il faut y remédier en contractant une assurance vie, à payer sur vingt ans et blablabla. Ils meurent, et c'est joli comme les pissenlits qui s'envolent au vent. C'est beau comme la vague qui s'arrache des gouttes sur les rochers et renaît dans les profondeurs de la mer pour mourir à nouveau. Je n'ai pas dit ça, je voulais dire naître à nouveau vivante ! Dis donc, tu traduis mal ou quoi ? Dis donc maman doucette, attention, écoute bien, mauvaise élève !

Je te disais, il faut que je m'en aille plus haut dans le Ciel, car d'autres ont besoin de moi. Tu n'as pas fini le livre avec moi, je dois aller plus loin et te dire de là-haut. Je vais le faire. Patience ? Je t'aime. Bisous.

Amélys, ta fille qui dort aux cieux les yeux ouverts sur le monde qui rêve... ma rêveuse de maman doucette que j'aime, je t'aime. »

CHAPITRE 22

Te remettre aux mondes

7 juillet 2020

Nous sommes rentrés de l'hôpital chez papi papou, car notre maison était trop loin. En urgence, j'avais pris rendez-vous par Skype avec mon amie qui accompagne mes rêves éveillés depuis plusieurs années. Le ton était donné tout de suite : ta noyade allait être une aventure spirituelle et non un drame, je l'avais décidé, et je suis sacrément têtue, surtout pour ce genre de choses.

Je m'extrayais donc des discussions terribles de la famille traumatisée mais soutenante et pleine d'amour, pour me faire calmement un petit nid dans la chambre où nous avions dormi tous les quatre la nuit dernière, dans le lit où nous t'avions accueillie pour un petit câlin-guilis tout doux le matin même. Cette chambre du fond où il y a une baie vitrée donnant vue sur la piscine et la berge où l'on t'avait réanimée quelques heures plus tôt… Ineffable contraste d'ombre et de lumière.

« Tu as une intention pour cette séance ? me demande mon amie.

— Être là pour Amélys, que son destin s'accomplisse, qu'elle ait la maman dont elle a besoin pour traverser ça. »

Je m'allonge, me détends et tourne mon regard vers les profondeurs de mon être. Le rêve commence.

Je te pressens et je vois ce moment où tu tombes dans la piscine. Rien de précis, juste des impressions visuelles floues et pleines de lumière, des reflets bleutés qui dansent sur la surface de l'eau, les reflets des branches de l'arbre au-dessus, quelque chose qui flotte sans que j'en distingue les contours. Comme si je voyais, à travers tes yeux, les dernières images que tu as pu voir, peut-être... Je sens que la tristesse t'envahit, tu dois lâcher prise sur tes rêves d'avenir, notamment par rapport à tes souhaits de mariage avec ton prince, et tes bébés. Lâcher prise et ne pas te battre.

Un être de lumière, qui m'apparaît être ton ange, vient pour t'accompagner dans ce passage. Tu n'as pas envie de partir et de le suivre, tu restes à côté de ton corps, en pensant aux adultes qui ne viennent pas te chercher. Tout d'abord tu espères qu'ils viendront, comme une évidence, car ils t'ont toujours sauvée, ils sont toujours là pour toi. Mais cette fois tu vois que non, ils ne viendront pas. Je sens un sentiment d'abandon t'envahir.

Mon rêve devient plus noir. C'est comme si tu sombrais dans des profondeurs noires dans ton cœur. Ton refus de traverser le passage t'alourdit, et tu dois donc aller en bas contacter ce que je nommerais intuitivement le gardien du sombre (sans savoir ce que cela veut dire).

« Tu ne peux passer, tu n'es pas prête pour l'instant. Tu dois donner de ton sang pour passer. »

Il y a un tiraillement entre lumière et ombre.

Tu continues ta descente dans les profondeurs des mondes.

Tu penses à ta maman et à ta sœur, à ton papa... Tu veux de cette vie avec nous, et tu n'es pas prête : tu ne veux pas mourir.

Dans une bienveillance infinie, ton ange t'enveloppe, te rassure et te propose un petit voyage. Mais je vois bien que tu luttes.

Je te vois à l'endroit où je t'ai contactée pour la toute première fois, avant ton incarnation, au seuil des mondes blancs du Ciel du cœur.

« Tu as quelque chose à comprendre, là », te dit ton ange.

Je comprends intuitivement qu'il y a besoin que j'intervienne. Quelque chose bloque, et je peux être une clé, ou du moins être celle qui t'aidera à trouver la clé.

Au seuil de ce monde céleste, nos rôles et notre lien ne sont plus tout à fait les mêmes, c'est moins personnel. Tu n'es plus tout à fait ma petite fille.

Je suis avec toi. Voilà bien un instant de ma vie où j'aurais voulu n'être qu'amour, bienveillance et vaillance, mais je me mets soudain à entendre en moi des pensées critiques, de coupures, que je ne contrôle pas et qui choquent mon amour de mère. Comme la première fois où je t'ai contactée, là, au seuil des mondes blancs, justement. Alors je repense au fait qu'à l'accouchement cela m'a fait la même chose, des pensées froides de coupures sans affect.

Cela me touche beaucoup, car je veux être là pour toi, il faut que je sois là pour toi. Je sais que je t'aime !

« De quoi as-tu besoin en cet instant, mon Amélys ? »

Il faut qu'on aille visiter notre karma commun. Celui qui fait que j'ai de telles pensées sur la défensive. Celui qui te retient. Le décor change alors. Deux silhouettes, deux personnages. Ils se disputent, dans une grande colère. Chez l'un d'eux, le cœur se brise et se déchire - cela me semble être toi dans une autre vie, à une autre époque -, et je vois cette personne tomber dans l'eau.

L'image se précise peu à peu. Il s'agit d'une femme, qui se sent terriblement abandonnée par son enfant. Dans cette vie, elle est ma mère, je suis son fils, l'autre personnage de la dispute.

Elle se sent abandonnée car je suis parti.

Très sensible, intelligente et spirituelle, elle m'avait enseigné beaucoup de choses, elle m'aimait et aimait me transmettre de cœur à cœur le sens de la vie. Mais cette enfance s'est vue écourtée car j'ai été choisi pour être initié au temple. On est venu me chercher de force. Je me suis alors coupé de mes affects, j'ai stoppé ma relation avec elle, ce qui a brisé son cœur de maman.

La voilà donc qui flotte à la surface de l'eau, sur le ventre, dans le bassin baptismal d'Abydos dans lequel son fils devenu adulte a fait son initiation.

Bien sûr, elle n'a jamais été noyée dans ce bassin, elle est morte loin du temple, loin de son fils. Mais cette image symbolique dit tout.

Puis je la vois debout devant moi, elle me regarde et m'explique.

« Je te pardonne, mais je suis si triste. J'ai tant souffert de cette blessure d'abandon. Et, avec l'arrivée de Néa, cette blessure a été réactivée chez la petite fille Amélys. »

Cette rivalité me fait alors penser au maître de mon initiation. Une figure paternelle, hautement spirituelle, qui me coupait de la figure maternelle, de ma maman du peuple.

Cela me ramène au bassin d'Abydos. Ma mère de ce moment-là me demande de la baptiser.

J'ouvre alors mon cœur à une acceptation inconditionnelle, un amour infini. Et je parle à cette maman triste, en toute vérité : « Les rôles ont changé depuis : je suis ta maman douce, tu es ma fille bien-aimée.

Tu sais, je n'ai pas eu, ou pas créé l'occasion de te le dire, mais de cette vie d'Égypte, mon plus grand enseignement fut peut-être celui que tu m'as donné. Tu m'as fait percevoir l'importance de l'amour, de l'amour humain, qui transcende tous les enseignements spirituels, car là est la place de l'Homme. Pont entre Ciel et Terre par l'acte d'aimer.

Je reconnais ta grandeur, tu as bien fait, tu as été une maman merveilleuse, qui a compté dans ma vie d'alors. »

Ces mots de reconnaissance et d'amour lui font un tel bien qu'elle se transforme en lotus. C'était le sens de sa vie que de m'enseigner cela, et elle pensait avoir échoué. À vrai dire, cela fait plusieurs vies qu'elle voulait m'enseigner l'amour simple d'une mère, l'importance de l'amour. Je vois comme nos destins se sont croisés et recroisés, et ce fil m'apparaît : elle a toujours été là pour me faire comprendre cette vérité...

Sa mission est accomplie, cette femme s'élève dans la clarté. Elle se place dans le centre d'un canal de lumière au niveau du milieu du bassin baptismal, là où fleurissent les iris.

Mon père spirituel, le maître qui m'avait baptisé, arrive à elle, il devient une sœur et elles se mettent à jouer toutes les deux, devenues des enfants. Devenues nos enfants, Néa et Amélys.

Il n'y a que l'amour. L'amour terrestre et l'amour céleste sont le même amour.

Je vois un placenta. Tu arrives en petite Amélys et je te transmets cette vérité dans ton placenta :

« Tu n'as rien à faire pour m'émerveiller, car je t'aime et m'émerveille de qui tu es, tout simplement ! »

Je me sens enceinte de toi...

Il y a chez toi ce que je perçois tout d'abord comme une colère ; mais je comprends qu'en fait, c'est une rage de vivre. Je ressens comme tu veux te battre, avoir un futur, une vie à toi. Tu veux vivre avec moi qui te reconnais pour qui tu es, dans tout ce que tu es.

Un travail profond doit se faire, pour que nous comprenions toi et moi que Néa ne prend pas ta place. Je ressens ta colère, ton sentiment d'abandon de voir que j'allaitais ta sœur et que je n'ai pas vu que tu avais besoin de moi. J'écoute. Cette colère, ma culpabilité. Mais vois que cela n'est que jeu du je.

J'ai besoin de me reconnecter à mon âme. Tout d'abord, mon âme. Puis mon amour, véritable, indéfectible et infini envers toi. J'accueille ta colère de petite fille comme une étape que tu vas devoir franchir. Par toi-même. Je me dois de ne pas tomber dans le piège de la culpabilité, qui me couperait de toi, de ma confiance en toi, de mon âme et de la vie.

Une pensée me vient à l'esprit : tu t'es jetée dans la piscine parce que je n'ai pas assez peur. Il est vrai que ma foi me semble souvent suffire, je nous crois portés, et que rien ne peut nous arriver. Mais voilà, ce n'est pas parce que nous sommes des gentils qu'il ne nous arrivera que de gentilles choses, il y a aussi la Terre et ses lois, la gravité, le manque, le terre à terre... pas seulement le Ciel !

C'était une croyance très ancrée chez moi, inconsciente ou presque, de confiance naïve, due à un rapport trop enfantin avec le divin, qui nous protégerait comme ses petits enfants chéris. En nous faisant vivre cette épreuve, tu m'enseignes et cette croyance se fissure et éclate peu à peu. Je reconnais toute l'importance de la vie terrestre et tout ce que cela contient.

Je te remercie pour tout ce que tu m'apprends là. Tu te mets alors à pleurer.

« Si tu comprends cela maman, alors je peux partir, je sais que tu t'occuperas bien de ma sœur. Je voulais que tu comprennes cela pour que tu t'occupes bien d'elle, avec attention et conscience terrestre. Je peux m'en aller... »

Je ne peux plus écouter la suite. Je refuse d'entendre la suite, car je sais que tu m'annonces que tu vas mourir, et pour l'instant, c'est encore impossible à mes yeux et mon cœur.

« Je dois m'en aller, j'étais venue pour t'apprendre ça, que tu dois élever Néa avec cette double polarité Terre-Ciel. »

Je te regarde, vois tes yeux ; tu ne sembles pas savoir encore si tu restes ou pas.

Je ne voudrais pas être celle qui contrarierait ton destin ; accepter en bloc dans l'amour inconditionnel tout ce qui est ta vérité.

Mais en même temps, je suis ta maman, et je crois que je peux m'autoriser à prendre position. Depuis toute petite, je prie comme une petite sainte pour avoir la force d'accepter le présent qui m'arrive, mais à cet instant, je décide de faire entendre mon désir jusqu'aux oreilles des anges.

« Je ne veux pas que tu partes, je veux que tu restes, je veux vraiment que tu restes ! » Je suis en pleurs, ma voix s'effrite de tristesse et se reconstruit de courage tout en même temps.

Je prie de tout mon cœur : « S'il vous plaît, ne la gardez pas au Ciel ! Je ne vous demande pas souvent des choses, mais là, je veux la garder, je veux tout faire pour qu'elle puisse rester ! »

Tu es encore attirée par le Ciel, mais voir ma détermination a l'air de te faire du bien.

Je te sens dans mon ventre, vraiment. Puis j'ai l'impression d'accoucher de toi de nouveau, tous mes muscles se contractent, mon utérus aussi, pour de vrai jusque dans mon corps, comme pour t'extirper du Ciel et que tu puisses naître.

Je te vois nouveau-né dans ton premier souffle. On te pose sur moi, et cette fois-ci j'ai cette infinie vague d'amour, sans sentiment de coupure, sans fatigue, je t'aime infiniment pour tout ce que tu es, as été et seras, je te reconnais dans ta terre, je te reconnais dans ma terre.

Je te mets au sein, et te nourris de toute ma tendresse maternelle.

Je deviens un arbre avec de profondes racines, et il se crée en moi un sentiment de respect et de joie pour le Ciel ; pourtant je tire la corde vers la Terre, je me mets dans la lutte, pour faire descendre le paradis, pour te faire descendre, je rentre en combat pour toi.

J'insuffle de la chaleur dans ton corps si petit, je demande aux anges d'être dans notre camp. J'entends battre ton cœur – le plus beau son du monde.

Un soin se fait pour toi dans les plans supérieurs.

« Affirme que tu es Amélys ! Je serai là, nous serons là tous les jours pour te rappeler que tu as le droit de décider de rester. C'est ta vie, ta décision ! On a le droit de lutter. C'est toi qui décides : tu es libre ! »

Je sens encore quelques tiraillements entre le haut et le bas. Bon, c'est l'état du moment : ne prenons pas ça pour argent comptant, c'est déjà bien assez pour aujourd'hui !

« Amélys, quoi qu'il arrive, ta vie est déjà complète et parfaite en soi. N'aie aucun regret, tu es une merveille, je t'aime pour tout ce que tu es et suis fière de ta vie ici. »

*

Le rêve est fini. Il est déjà tard et je vais me coucher.

Je ne dors pas, car je veux veiller à ce que Néa respire : je crains la mort subite du nourrisson, tout à coup, au point de ne pas pouvoir fermer l'œil. Alors je pense à mes filles que j'aime. Et fais au mieux avec les cartes de l'instant : de l'amour, du courage, de la foi, des peurs et toujours un brin de culpabilité quand même, et de la fatigue.

Demain sera un autre jour...

Chaque jour n'est pas un miracle, mais peut le devenir, si nous nous faisons créateur, si nous offrons nos mains pour que le divin crée à travers nous.

Demain sera miracle.

INTERLUDE DE L'ÉTERNELLEMENT RETROUVÉE

Réveillon de Noël 2020

« *Maman ! On a fait une chasse au trésor ici !*

— Ah bon, vous faites ce genre de choses ? C'était quoi le trésor ?

— *Ça ressemble pas trop à celle de mon anniversaire, mais le cadeau est bien plus précieux... Viens voir !* »

Amélys m'emmène près de ce qui semble être un lac, lieu où elle me conduit souvent.

« *Regarde ! C'était ça.* »

Je la vois avancer dans l'eau, jusqu'à être tout à fait immergée.

« C'est ça la chasse au trésor ? Ça n'y ressemble pas ! Il est où, le trésor ? »

En guise de réponse, Amélys me donne à voir sa vision : je suis à sa place, sous l'eau du lac. Et j'attends.

Je revois la noyade dans la piscine, mais je vois que cette fois elle peut rester sans risquer de se noyer, ce qui dissout en elle l'émotion de sa mort. J'entends dans ma tête ses dernières pensées : « Maman et papa vont venir me sauver, maman et papa vont venir, maman et papa vont venir... » Je vois la mort survenir sans que nous soyons venus la sauver, mais elle reste là, dans le lac du Ciel du cœur, encore un moment, tranquille. Puis elle émerge de l'eau et me dit, radieuse : *« Et maïntenant, tu es là, tu es venue, tu vois ! Tu es venue me sauver, pas de la noyade, mais de la mort : dans l'éternité, je suis éternellement sauvée, je ne pourrais plus jamais être abandonnée, car je sais que même la mort ne t'empêchera pas de venir me retrouver ! »*

Quelle beauté ! Sa chasse au trésor était une compréhension du sens de sa mort ! J'ai eu beau m'appliquer pour la chasse au trésor de son anniversaire de 3 ans, le joli ballotin de bonbons paraît bien maigrelet face à un cadeau d'une richesse pareille.

Cette révélation renverse toutes mes conceptions. Je comprends que je l'avais déjà sortie de l'eau, le 7 juillet 2019 (donc un an jour pour jour avant sa noyade), mais que je ne m'en étais même pas souvenue et elle non plus, tout comme son père l'a sauvée, plusieurs autres fois, tout comme nous passons nos journées à protéger nos enfants de moult dangers. Ça avait peu compté finalement, on ne s'en souvient même plus : on a un coup d'adrénaline, puis tout va bien et ça repart. Mais là, elle a compris que notre absence était écrite, que nous n'avons pas pu la sortir de l'eau, mais que nous avons presque littéralement remué Ciel et Terre pour la rendre vivante à jamais. Et qu'elle pouvait ainsi écrire en lettres d'or dans son cœur d'âme que rien ne pourrait jamais nous empêcher de la retrouver.

« Je suis là, je te suivrai, tant que pour toi c'est bon, tant que tu voudras que je te suive, jusqu'au bout des mondes. Rien ne nous séparera.

Comme je t'ai dit à l'église lors de ton enterrement, et comme je l'ai dit à ton père à la fin de mes vœux le jour de notre mariage : “Et je t’aimerai encore et encore, jusqu’à ce que l’éternité nous unisse.”

Moi aussi je vais écrire tout ça en lettres d’or dans mon cœur pour l’éternité, d’ailleurs.

Et j’espère que notre histoire vraie esquissera ces lettres dans le cœur des gens prêts à entendre tout cela. »

CHAPITRE 23

Ensemble, faisons fondre la tristesse de ton cœur !

Étonnamment, le temps continua sa course et le lendemain arriva.

À son réveil, je racontai succinctement à Aymeric mon rêve éveillé de la veille et lui expliquai que je t'avais « promis » un miracle. Il me comprit et me rejoignit tout de suite dans cette démarche.

Ne pas attendre de voir comment le vent allait tourner, mais agir. Certes. Mais quelles actions s'offraient à nous ? Pas grand-chose. Les miracles sont faits de la main de Dieu ; alors nous n'avions plus qu'à prier et lui prêter nos mains...

J'ai donc proposé à ton père de créer un océan de prières et de soutien d'amour. Pour cela, nous avons annoncé la triste nouvelle à ton école, à la famille élargie, aux amis, et leur avons proposé de prier pour toi. Comme nous savions qu'un égrégore est plus puissant si les pensées et sentiments qui l'alimentent sont précis et harmonieux entre eux, nous avons carrément donné des indications pour la prière : allumer une petite bougie en pensant à toi tout en écoutant le *Concerto pour mandoline* de Vivaldi[33] que tu aimais tant écouter avec ton papa. Car je me souvenais avec tendresse qu'un jour tu m'avais demandé :

« Tu aimes Tchaïkovski, toi, maman ?

— Oui, j'aime beaucoup, et toi ? avais-je répondu, surprise que tu connaisses ce nom si compliqué.

— Moi, non, pas du tout ! Mais j'adore Vivaldi, il fait fondre la tristesse de mon cœur ! »

Voilà, c'était la bonne idée : allons fondre la tristesse de ton cœur tous ensemble !

Ah ! Quand j'y pense, je me dis que si Antonio Vivaldi est au paradis avec toi, vous devez bien vous entendre, car tu lui as fait une sacrée publicité : encore des mois après, des femmes qui ne te connaissaient pas ou peu l'écoutent pendant leur jogging en pensant à toi, tandis que des petits enfants réclament encore à leurs parents de danser sur « la chanson d'Amélys ».

Toujours est-il que ce petit message timide de demande d'aide s'est si vite répandu que bientôt nous avons été soutenus dans la prière par des centaines et des centaines de personnes à travers toute la France, de centres de méditations bouddhiques à des monastères chrétiens, des familles avec de petits enfants qui priaient et dansaient sur « ta chanson », qu'importe s'ils te connaissaient, ton histoire a brutalement ouvert tous les cœurs comme les couteaux ouvrent les huîtres les jours de fêtes, et chacun s'est retrouvé avec sa petite perle de prière à offrir, son humanité mise à nu.

---

33. Vivaldi, Antonio, *Concerto pour mandoline RV 425 en do majeur, 1725.*

C'est ainsi que, dès les premières heures, dès les premiers jours, il s'est formé autour de toi une sorte de bulle de protection et de soin. Au centre, aussi sublime que pitoyable, mort et vie, douleurs et grâce, toi. Le cercle le plus proche de la bulle, celui qui pouvait être auprès de toi et te toucher, était donc composé d'un côté du corps médical : du médecin en chef aux infirmières, jusqu'à ceux qui devaient faire ta toilette ou même aux agents d'entretien, tous avaient pour toi et nous un regard si compatissant, une écoute si douce, que nous nous sentions, Aymeric et moi, dans une confiance totale malgré les doses de cheval qu'ils se voyaient obligés de t'administrer (d'habitude, « nous ne sommes pas très médicaments », comme on dit). Ils l'avaient dit et c'était vrai : on faisait partie de leur équipe, ça se sentait !

De l'autre côté de cette première bulle à ton chevet, il y avait d'abord nous, tes parents. Parcourus de larmes et de grâces, alignés à notre fil puisque tu étais au bout, la plongée dans les ténèbres de cet enfer nous avait rendus lumineux comme jamais. Nous étions l'instant présent, il nous traversait, nous l'écoutions et nous savions quoi faire : nous reposer, pleurer, être avec toi, dire des mots rassurants à la famille, être légers, réaligner ce ou ceux qui devaient l'être, mettre tout au diapason du présent. Bien que nous te fassions bien sûr des séances d'ostéopathie toute douce, notre rôle n'était pas de te soigner : c'était de mettre amour, douceur, bienveillance, présence, lumière et vérité dans ta chrysalide pour accompagner ta métamorphose.

Tout proche du cœur de ta bulle, avec nous, Néa, qui était un soleil de légèreté, de paix et de joie de vivre simple, pour nous rappeler la vérité de la vie, qui est tout entière don du ciel. N'ayant pas encore un mois, elle passait son temps à dormir dans les bras affectueux des membres de la famille venus en renfort[34] et, dans tous ses rêves, elle souriait. Puis, une fois réveillée, elle posait avec calme ses yeux, dans lesquels semblaient encore luire des galaxies cosmiques, sur les gens qui l'entouraient, les invitant à revenir au présent tout en soignant leurs cœurs de sa mignoncité de bébé. Cela lui valut bien vite le sobriquet de « bébé bonheur » auprès de toute la famille. Cette paix inaltérable a eu un véritable effet sur la suite des évènements, car elle était notre ancre à la vie vraie, et à la nécessité de bien rester dans nos chaussures.

Autour de nous, il y avait ceux qui avaient été là dès l'accident. Ils s'étaient alors mis en résonance avec nous et les nécessités de l'instant, de sorte que nous fonctionnions un peu comme un seul organisme, Aymeric et moi étant le cœur et la tête, et eux se mettant à disposition complète pour nous conduire, nous alimenter, nous écouter...

Autour encore, le reste de la famille proche. Présents, aimants et soutenants tout autant dans les faits, mais comme un peu décalés sur la réalité de l'instant. Car, ne t'ayant pas vue morte, ils n'avaient point la faille que nous avions, nous quatre, dans nos profondeurs, qui nous permettait de nous aligner dans une sorte d'état de sidération et de grâce à la profonde vérité de l'instant présent. Je ne dis pas qu'ils n'avaient pas leurs failles, ni même que leur douleur puisse être moins profonde, pas

34. Elle restait avec la famille dans le couloir face à la porte, et je venais lui donner le sein de temps en temps.

du tout ! Mais leurs failles avaient été provoquées par ce qu'ils s'étaient imaginé de la noyade, et non par le vécu à l'état brut. Chacun d'eux essayait donc à son rythme de digérer ce qu'il se passait, ils nourrissaient des espoirs, des colères et des peurs en relation avec ce qu'ils s'autorisaient à imaginer.

Autour encore, les proches, amis, familles, toute ton école, nous soutenaient par la prière, des bougies allumées, l'écoute de Vivaldi, de petits messages d'encouragements, etc.

Encore après, des inconnus, qui semblaient prier avec la même ferveur que si tu avais toujours fait partie de leurs cœurs, comme si, en de tels instants, toute distance s'était soudain abolie, comme si nous étions un.

Et c'était beau.

Que l'humain est beau, là. Là, quand il est mis à nu et que, l'épreuve rendant sa réalité vacillante, ne pouvant plus se rattacher à rien par son mental, son cœur prend soudain le relais et retrouve sa position de centre de l'être. Là, quand un second souffle naissant d'on ne sait où le porte tout à coup sur un chemin qui n'existait pas et que ses pas tracent peu à peu. Là, ce qui est fait par l'un est accompli pour et par tous, car là, nous sommes un.

Nos cœurs fendus étaient devenus brèches menant à d'autres mondes et de possibles ponts, sur lesquels, ma douce, nous dansions avec toi.

Tu venais bien souvent en esprit voir ton père, plus que moi d'ailleurs.

Le 9, tu lui es apparue, et ta présence était d'une telle intensité que c'était presque comme si tu étais physiquement là. Tu es venue lui faire un câlin tout contre son ventre et son cœur.

Puis, ce soir-là, après une journée à l'hôpital, nous nous sommes retrouvés tous ensemble, ta famille paternelle et maternelle réunies.

Nous discutions de toi, évidemment. Mon père avait tenu à te faire un soin énergétique ce jour-là, et disait avoir décelé un traumatisme d'abandon et de trahison, lié au fait que les adultes qui t'avaient en charge n'étaient pas venus te sauver.

Bien sûr, cela nous fit mal au cœur.

Tu es alors de nouveau apparue à ton père, et tu as posé tes mains sur ses tempes. Cela a calmé toute la culpabilité qui était en train d'émerger sous le poids de ces paroles, mais aussi cela lui a fait comprendre que ton papi avait le droit de mettre ainsi les pieds dans le plat, parce qu'il était intérieurement bien en colère que sa petite-fille adorée ait pu se noyer sans que personne ne réagisse, même si son ton ne le montrait pas.

Sans que tu m'apparaisses, j'ai eu la même intuition, qui m'a permis de ne pas être décentrée non plus par cette accusation déguisée.

Si nous avions pris cela personnellement, en réagissant dans la colère contre lui ou dans la culpabilité contre nous, alors notre fil aurait été coupé et nous n'aurions plus été avec toi, tu n'aurais pas pu venir car nous aurions été trop lourds d'émotions. Si nous acceptions sa colère, ton sentiment de trahison et d'abandon, et le fait que nous n'avions pas été irréprochables il est vrai, alors nous restions au présent et tu pouvais venir nous contacter dans l'amour. Ne pas en faire une affaire personnelle, mais transpersonnelle, pour la porter à l'octave supérieure et l'offrir à plus grand.

J'ai très tôt eu le besoin de donner du sens à tout cela. Dès les premières heures. La manière qui m'est venue naturellement et sans calcul a été de t'offrir à tous pour que tu deviennes universelle. Puisque je ne pourrais peut-être plus t'avoir « pour moi », tu deviendrais pour tous... Je nous faisais alors héros et héroïnes d'une histoire plus grande que nous. Une histoire qui, peut-être, pourrait donner un surplus de vie aux autres. Je ne pouvais pas sauver ta vie, mais la vie est une, alors c'était une façon de la faire tout de même gagner!

Cependant, un dessein aussi grand demande beaucoup de grandeur d'âme, nous devions être présents comme jamais.

Le plus difficile, je pense, était cet état de chat de Schrödinger: tu étais morte et vivante en attendant de voir si tu pouvais te réveiller. Tout était possible: tu pouvais t'en sortir avec une petite expérience de mort imminente inspirante et de faibles séquelles sans conséquences, être plus ou moins handicapée, être totalement et à jamais léthargique, ou morte. Le pronostic nous semblait bien mauvais à ton père et moi, car tu faisais tant de crises d'épilepsie qu'ils devaient t'administrer des doses inhabituelles pour des enfants de médicaments très lourds, afin de te mettre en coma artificiel pour éviter que tu ne souffres davantage et que ton état cérébral ne s'aggrave. Mais, même si nous comprenions que c'était mauvais signe, les médecins ne voulaient pas se prononcer trop tôt, car leur métier semblait leur avoir appris d'expérience que vie et mort sont des mystères qui nous dépassent, et que chaque cas est unique. Nous attendions donc l'IRM en fin de semaine pour connaître l'état de ton cerveau.

En attendant, nous nous habituions intérieurement à l'éventualité de ta mort, tout en pariant de tout notre cœur sur la possibilité d'une guérison miraculeuse.

Ton destin ne pouvait qu'être beau puisque tu es une belle âme. C'était à nous de savoir voir et faire voir à tous cette beauté.

J'ai fait plusieurs méditations et rêves éveillés pour accompagner ton âme en conscience, et m'aligner au mieux avec la réalité subtile de ce que tu vivais toi. Sublimes instants de partages au seuil des mondes. Cela m'a infiniment aidée. En fait, tous mes actes, mes décisions et mes mises à jour de la réalité étaient effectués après consultations de la profondeur de mon être, d'Aymeric et de toi, afin de tenir ce fil si précieux. Car ce fil était pour nous funambules marchant sur le vide rien de moins que vital, et chaque pas devait se faire en conscience, sous peine de tomber dans les abysses du : « Pourquoi nous, monde cruel ? », ou, pire, du : « Qu'ai-je donc fait ? »

Oh ! Bien sûr, nous avons pleuré, nous avons douté, nous nous sommes mis en colère même, parfois. Tenir son fil ne veut pas dire être au-dessus des émotions ou des pensées ; cela signifie aligner actes, émotions, pensées et intuitions à quelque chose de plus grand, qui nous dépasse et qui n'est autre que nous-même, notre âme et notre esprit comme disent certains, notre part d'éternité. Ce fil ténu, pensées et émotions peuvent le faire vibrer, mais ne le dévient pas. Elles passent, font leur boulot de nettoyage, nos larmes lavent un peu nos chagrins, nos regrets, nos remords, nos douleurs, et nous laissent semblables à l'air particulier d'après la pluie : vides, légers et lourds, tout à la fois.

L'émotion, même désagréable (celle qu'on appelle « négative »), a son sens, son rôle à jouer, et le joue très bien si on la laisse faire. Mais si on la justifie ou la répudie, si on croit être triste alors qu'on est juste un infini et éternel amour traversé temporairement par de la tristesse, alors notre fil se dévie, cela fera des nœuds, cela prendra des plombes. Il faut laisser faire l'intelligence de la vie, écouter en conscience émotions et pensées qui viennent jouer leurs rôles dans notre théâtre intérieur, sans y croire tout à fait, et surtout sans vouloir maîtriser, dominer ce monde intérieur. Sinon comment l'intelligence de la vie pourrait-elle faire son œuvre ?

C'est ainsi que, ballottés par les vents contraires de mauvaises nouvelles médicales et d'espoirs de tous ceux qui nous soutenaient sans faillir, nous avons mené sans trop d'embûches notre barque jusqu'à la fin de la semaine et ton passage dans la machine à IRM.

Ce matin-là, je me réveillai avec une belle légèreté dans le cœur, ce qui nourrit mon espérance : quelque chose en moi me disait que tout se passerait bien, comme si j'étais portée par plus grand, ce que ma raison traduisit par « ma petite puce va s'en sortir ». Or, je remarquai que le cordon ombilical de lumière entre nous, celui que tes guides m'avaient offert avant ta conception et qui contenait toute l'information de ta vie sur Terre, n'était plus là. Du tout. J'arrivai étonnamment à ne pas m'en inquiéter, voyant là le signe que tu avais passé un cap, une renaissance. Que j'avais fait mon job, tu n'avais plus besoin de moi. Je n'étais pas encore prête à entendre l'imminence de ton envol et pariai sur cette espérance plus agréable.

L'examen réalisé, nous attendîmes les résultats en tirant en famille le Yi Jing[35]. Celui-ci nous dit qu'un petit agneau, incarnation de la pureté et de l'innocence, allait être sacrifié sur l'autel, permettant ainsi à tous de voir la beauté de Dieu par son don. Que nous ne pouvions rien y faire, et qu'il fallait faire confiance. Nous avons plus ou moins commencé à envisager une issue que jusque-là nous préférions ne pas évoquer trop longtemps.

Nous avons attendu les résultats de l'IRM moins de temps qu'annoncé : la lecture était plus facile que prévu, car tout ton cerveau, ou presque, avait grillé.

Les médecins nous expliquèrent avec bienveillance, sincérité et tact, que seuls deux choix s'offraient à nous : te garder en vie, mais en sachant que ton existence serait réduite à une vie végétative sans grande conscience ni aucune possibilité de mouvement, ou te laisser doucement partir. Ils précisèrent qu'ils n'étaient pas pour l'acharnement thérapeutique, mais que la décision finale nous reviendrait tout de même.

La décision finale était évidente : cela ne pouvait être ta vie, toi qui étais danse, liberté, rire, conscience, tu ne pouvais vivre enfermée dans un petit corps cassé.

Bien vite, nous avons envoyé un texto à tous ceux qui priaient pour toi :

« Bonsoir à tous.
Nous accompagnons Amélys dans la lumière, et nous sentons portés par vos douces pensées d'amour.
Amélys m'est apparue en rêve pour me demander de

35. Oracle chinois.

dire que ces prières et pensées devaient naître et se nourrir de notre amour pour elle et non de la peur de sa mort. Si elle finit bientôt par devenir un papillon et s'envole vers les cieux, ne lui demandons pas de rester parmi nous, chenilles, pour nous épargner la douleur de son absence. Car l'amour amène toujours à l'unité, il ne peut donc y avoir absence.
Que vos prières d'amour contiennent cette liberté...
Merci beaucoup de votre compréhension et de votre soutien merveilleux.
Nous vous donnerons des nouvelles. »

Le chat de Schrödinger venait de sortir de sa boîte et le constat était là : ce n'était pas un chat, mort ou vivant, mais un envol de papillon... Et c'était beau.

Pourtant, malgré cette beauté, un pas-encore-accompli tapotait ma poitrine. En effet, lorsque le médecin nous avait annoncé la si difficile nouvelle, mon cœur de mère, brisé bien sûr, s'était rattrapé instantanément à une branche : la beauté de ta vie. Ta vie avait vraiment été belle et tu n'avais pas de regret à avoir car elle était parfaite ainsi. Mais quand je t'avais demandé, à plusieurs reprises, quelques mois ou semaines plus tôt, ce que tu voulais faire plus tard, tu n'avais toujours eu qu'une seule réponse : épouser ton prince et élever vos enfants. Il fallait que tu puisses réaliser ce rêve !

INTERLUDE DE LA FÊTE DES MÈRES

Dimanche 30 mai 2021, jour de la fête des mères

Ce matin, j'ai senti Amélys. Cela faisait longtemps qu'elle n'était pas « venue » me rendre visite. Elle était à peine là, peut-être même pas, peut-être seulement moi qui pensais fort à elle ?

C'était la fête des mères et cela m'a touchée qu'elle puisse descendre pour cela… Juste un message d'amour silencieux. Je décidais donc d'écrire un interlude avec elle, afin d'être dans sa présence et la vibration de sa parole, pour me sentir un peu avec elle.

L'après-midi, je me mets à mon clavier.

« Je ne peux pas venir pour l'instant, je ne suis pas prête, attends.

Je ne peux pas venir, car je ne suis pas sauve. Tu n'as pas le droit de me voir comme cela. Je suis dans mes habits de nuit. Les mots ne peuvent traduire ce que je te raconte, c'est pourquoi cela sonne saugrenu.

Regarde dans ton cœur, les étoiles. »

Je ferme les yeux, tourne mon regard intérieur vers l'espace de mon cœur et vois un chien dessiné dans un ciel étoilé.

« Je suis nue dans la nuit, avec le chien devant mon visage. Tu n'y croirais pas, ce que nous vivons ici. Je dois aller me lever,

car je suis en train de mourir à moi-même, et il y a danger si ma conscience n'y est pas tout à fait. Je ne peux pas te parler tout de suite. Tout à l'heure.

Je t'aime, bisous. »

Je réessaie le soir.

« Je ne suis pas disponible, maman, je ne peux pas te parler. Je dois aller de l'avant, sans toi. Tu ne peux plus me parler pour le moment, pour le livre. Je dois faire ma place au Ciel du cœur, et ne pas être dans l'ancien de ma vie d'avant. Je sais que tu comprends. Je crois que tu avais envie d'entendre cela, car toi aussi tu as de moins en moins envie de me parler : ce n'est pas parce que tu es dans autre chose, ou parce que tu n'es pas avec moi, c'est nous deux qui sommes là-dedans, autres. Plus mère-fille. Mais je t'aimerai toujours.

— Je peux me connecter à mon amour pour toi afin de t'envoyer des offrandes de pensées d'amour ? Ça te plaît ?

— Tu ne dois pas faire cela, car tes pensées ne sont pas de la même nature que les miennes. Tu dois dire au monde : "Ma fille est partie, elle est heureuse, ne pleurez pas, la mort n'est rien." Basta. Ne sois pas dans l'affect excessif : c'est fini car c'était la fin. Je crois que tu le sais.

Je t'aime. Bonne nuit.

— Notre lien ne peut donc plus être ? Il n'est pas bon pour toi que je me connecte à toi, ou bien y a-t-il une "bonne façon" de le faire ?

— Il existe une façon : mourir. Sois vivante : c'est mieux !

— Mais alors les mondes sont séparés ? Je croyais devoir devenir ta parole, m'avais-tu dit !

— Tu es la parole, je suis la parole.

Tu es mes cordes vocales. Les cordes vocales parlent-elles pour être écoutées par la parole ? Non, par le monde. Tu m'as en toi, puisque tu m'as aimée. C'est cela, la parole. Laisse vibrer ton cœur en pensant à moi et ton cœur dira naturellement les mots justes qui unissent les mondes à jamais.

Les mondes sont unis si on comprend que ce n'est pas le lien humain de parole, de pensée, d'affect qui relie, mais la nature même des êtres qui fait qu'ils sont un. Tu m'as en toi, tout comme tu as le Ciel et la Terre, et tous les mondes. Nous ne sommes pas séparés. La parole sépare, elle est humaine dans le monde de la séparation : il y a celui ou celle qui écoute, et celle ou celui qui parle. L'intuition pure, la pensée silencieuse, est l'expérience humaine possible de cette union, mais c'est toujours un, même si l'humain ne le sent pas, n'en a pas conscience.

Maman, je t'aime, je dois y aller, bisous. »

Je comprends de cet entretien qu'elle m'invite à incarner le sens de ce que l'on a vécu, par ce livre par exemple, d'une part. Je voulais qu'elle me parle parce que c'était la fête des mères et ce n'était pas juste, d'où sans doute sa distance dans cet entretien-ci.

D'autre part, elle m'invite là à cultiver l'amour qui fait que je l'ai pour toujours en moi, mais en arrêtant de chercher Amélys dans un autrui céleste : juste l'amour d'Amélys en moi, sans Amélys, suffit.

Peut-être y aura-t-il d'autres phases où elle pourra être plus présente à moi, mais je n'en suis pas sûre. C'est aussi possible que je ne sois pas totalement présente à elle, et non elle qui fait l'absente.

De toute façon, il n'y a dans cette histoire que bien peu de certitude. Notre amour, cela est sûr. C'est tout ce dont il faut s'occuper.

CHAPITRE 24

Rendez-vous à la fontaine d'or

11 juillet 2020, Montpellier

Ce matin-là, je me suis réveillée toute guillerette dès 6h30 du matin, sans raison apparente. Une joie était dans mon cœur, une vraie grande joie emplie de liberté et de paix. On aurait dit que c'était si fort que ce pouvait bien être cette sereine allégresse qui m'avait réveillée.

J'ai alors écouté plus profondément cet état pour en déceler la source, et j'ai vu que j'avais en moi une présence et une évidence du sens de tout cela qui avait germé ; j'ai su ce qu'il fallait que je dise lors de ta cérémonie d'enterrement, comme si l'on m'inspirait tout à coup des mots que je devais faire entendre.

Je suis alors descendue dans le salon, sans faire de bruit afin de ne réveiller personne, et j'ai cherché un stylo et du papier dans cette maison qui nous était prêtée pour l'occasion. J'en ai trouvé, et me suis mise à poser en mots les pensées qui venaient éclairer mon esprit. Pas un texte bien écrit, juste des idées pour ne pas les oublier, car je voulais pouvoir improviser le moment venu, pour être dans la vérité de l'instant présent et non dans la récitation ou la lecture.

J'ai écrit ainsi durant une bonne heure, vibrante d'inspiration et toujours emplie de cette joie et de cette présence, comme si tu étais à mes côtés pour me souffler les mots.

Puis, les autres se sont progressivement réveillés; la journée commença. J'ai appelé l'hôpital pour avoir de tes nouvelles de la nuit. Ils m'ont dit qu'à présent tu allais bien, mais tu les avais un peu inquiétés ce matin, car tu avais fait une tachycardie sans raison apparente, qu'ils n'avaient pas réussi à calmer par les médicaments, mais qui avait cédé spontanément environ une heure après. Je remarquai avec surprise qu'il s'agissait justement de l'heure pendant laquelle j'avais écrit. Coïncidence, ou bien était-ce toi qui m'avais tant inspirée, en mettant du feu de ton cœur dans mes mots ?

Tu n'allais pas survivre, nous le savions maintenant. Malgré cette nouvelle, ton père et moi avons continué à garder notre fil avec une légèreté de funambules.

J'en étais, pour être honnête, moi-même impressionnée. Je nous voyais faire et sentais cette paix dans mon être qui ne cillait point, tout en reconnaissant la même chez Aymeric. Je comprenais alors qu'il était en train de se passer quelque chose qui nous dépassait tous. Pas un drame, non, quelque chose de merveilleux et unique, profondément novateur et mystérieux. Nous étions tant portés par la vie, c'était miraculeux...

Je pense que si on m'avait dit que j'aurais pu accepter de te voir t'en aller dans la joie, je ne l'aurais jamais cru. Comme tout le monde, je pensais que perdre son enfant était la pire chose qui puisse arriver à quelqu'un. Mais j'étais pénétrée d'une présence qui me permettait de tout traverser avec joie, sagesse et courage ; du coup, au lieu de ressentir une terrible injustice à assister à la mort de notre fille bien-aimée, je nous trouvais au contraire honorés de la confiance que semblait nous accorder la vie, dans un partenariat avec elle pour être acteurs d'un miracle.

Pour être digne de cet honneur et rester le plus juste, je décidai de faire de nouveau un rêve éveillé afin de m'aligner au plus près de la profondeur de nos éternités à toutes deux. Le rendez-vous avait été pris pour ce soir du 11 juillet.

Nous avons passé la journée en famille à l'hôpital. Maintenant que nous savions que tu ne survivrais pas, les directives pour éviter le coronavirus n'étaient (ouf!) plus en vigueur pour notre famille et les proches, qui ont enfin pu venir à ton chevet.

J'ai voulu faire une sieste contre toi, ma peau contre la tienne. Une infirmière me l'avait proposé, et cela m'avait paru une idée merveilleuse. Elle m'aida donc à me faire une petite place dans ton lit, et je t'ai enlacée, tout en évitant les fils des machines. Ce n'était pas ton odeur, cachée par les onguents de soin de l'hôpital, ce n'était pas chez nous, ton visage déformé était caché par ton respirateur, et ta peau était à une température dictée par une machine... Mais je n'ai eu aucune peine à faire fi de tout cela tant j'étais heureuse de faire la sieste avec ma fille comme nous le faisions si souvent. Que tu sois mourante ou pas, être en ta présence me comblait d'amour tout naturellement, c'était automatique – il en avait toujours été ainsi durant toute ta vie. Mon cœur se remplit de bonheur et de douceur de vivre, comme des poumons exultent de se remplir après une longue apnée. Je m'endormis contre toi, heureuse.

Une heure après, je me suis réveillée et j'ai entendu dans ma tête : « Bon, ça va, c'est fait, maintenant tu peux partir : tu sais bien que je ne suis plus là ! »

Je ne l'ai pas mal pris, au contraire, je me suis dit que j'avais en effet joué à la maman qui fait la sieste avec sa fille comme avant, et cela avait été vraiment délicieux comme jeu, mais que ce n'était qu'un jeu qui ne devait pas être pris trop au sérieux, que je ne devais pas croire que tu n'étais que ce petit corps abîmé. Je m'en suis donc allée, heureuse et ressourcée, retrouver Néa et votre père, en ayant la certitude que quitter cette chambre n'était pas te quitter.

Après notre retour de l'hôpital, mon rendez-vous de rêve.

Ça commence. Je revois en image une carte postale qui est dans ta chambre, représentant un chemin de lys plantés sur des nuages qui mène au ciel et, au bout du chemin, une maman qui embrasse son enfant. Mais dans mon rêve, contrairement à la carte, il y a une porte et un ange qui en garde le passage. J'arrive à sa hauteur, quand celui-ci me souffle dessus, enlevant ainsi toute mon apparence physique, ce qui me permet d'entrer.

Je n'ai plus aucune apparence et pour l'instant rien n'en a : je ne vois que de la lumière. Puis une sorte de soleil lumineux se démarque peu à peu de ce décor nébuleux. Ce soleil est moi, ma part éternelle...

Cet astre m'achemine vers la fontaine d'or, déjà vue de si nombreuses fois que cela semble être le centre de mon

Ciel. Je t'y vois, en train de jouer avec une petite âme dorée, qui prend la forme d'un petit garçon auréolé de lumière. Je pressens qu'un lien fraternel vous unit. Est-ce le même être que la fausse couche ? Cela se pourrait, car il est doré lui aussi, mais je n'en suis pas sûre, d'autant que j'avais toujours vu une énergie plus féminine et plus douce...

Je salue cet enfant, qui me félicite pour mon courage.

Je me tourne ensuite vers toi, ma douce Amélys. Tu me prends dans tes bras et, après un silence profond, tu me dis que tu m'aimes.

Dans cet univers tout à fait nébuleux, que mon imagination a bien du mal à traduire en formes concrètes, nos apparences sont malléables et nous pouvons en changer à loisir – on voit qu'elles ne sont que déguisement pour pouvoir se voir. Dès que j'y crois trop ou même que j'essaie de vous regarder l'un ou l'autre avec précision, les images s'envolent, m'invitant au détachement.

« La vie est transformation, toujours. Alors si tu t'identifies à ta forme, tu es mortelle. Si tu t'ouvres au changement, tu ne peux pas mourir, juste évoluer ! »

Ainsi, nous pouvons être mortel même au paradis, ou immortel vivant sur la Terre : soit nous croyons être ce que nous sommes et rien d'autre, devenant alors voués à disparaître un jour, soit nous nous laissons porter par le Tout et le changement qui nous traverse sans cesse et nous sommes changement.

Puis, tu m'amènes au bord du monde, au seuil, là où nous nous sommes rencontrées au début de ta grossesse spirituelle. Nous nous y asseyons et tu te blottis contre moi. Là, nous regardons ensemble ton chemin de vie (un chemin qui se dessine sous nos yeux mais sans aucune précision visible, du moins pour moi). Tu sembles heureuse et fière.

« Maman, on a réussi ! Les choses sont telles que je le voulais ! »

Puis tu touches le bord de mes yeux pour y récolter mes larmes, que tu déposes ensuite sur mon cœur en disant : *« Ça fait du bien aussi... ça nourrit les oiseaux du ciel ! »*

Tu deviens alors toute petite et viens tout entière dans mon cœur.

« Tu vas me manquer le matin, tu sais... quand tu m'appelais pour que je vienne te sortir du lit... », te murmuré-je avec douceur et nostalgie.

Ces mots te transforment tout à coup en dragon qui me regarde avec des yeux de colère.

« Qu'y a-t-il ? J'ai dit quelque chose qu'il ne fallait pas ?

— *Je ne veux pas que tu penses à ça !* »

Tu m'amènes alors dans notre maison, dans ta chambre, et je vois dans ton lit la petite Néa : tu me montres que la joie sera toujours là, avec elle maintenant.

« Sois dans la joie, sois radicale dans cette décision d'être dans la joie !

— Mais tu reconnaissais pourtant tout à l'heure que les larmes font du bien, aussi...

— *Quand elles viennent du cœur, les larmes allègent et sont accueil, abandon de soi dans le présent, et alors c'est bienfaisant et salvateur. Mais quand elles viennent de la tête, elles ramènent au passé qui n'est plus ou au futur qui ne sera pas, et coupent ainsi du présent et de la vie. Si tu pleures en pensant à hier ou à demain, ce n'est pas juste.* »

Soudain, je ressens de la vie nouvelle dans mon ventre. Un petit garçon relié à cette fontaine d'or ; celui que j'ai vu tout à l'heure au début de ce rêve sans doute...

« *C'est mon petit frère.* »

C'est bien sûr trop tôt pour moi, qui viens d'accoucher il y a moins d'un mois et qui attends d'un jour à l'autre la mort prochaine de sa première fille. J'interromps comme je peux l'expérience, trop dure à vivre en de pareils instants, afin de reprendre mon souffle... Puis, tout de même touchée par ce petit frère à qui je ne veux pas laisser comme accueil une porte fermée, j'essaie de m'ouvrir de nouveau à cela, laissant s'entrechoquer les bris de ma réalité linéaire.

L'image s'étend alors, en même temps que ma conscience qui s'agrandit comme une pâte qu'on étale à l'infini, empêchant mon mental de suivre... Je me retrouve face à face avec un être immense, qui me semble être tout à fait divin. Je suis alors avalée par ce dieu, digérée, et je me dissous en lui, intégrant ainsi son immense corps de lumière. Je monte dans sa langue et dans ses yeux. Être sa parole et son regard lumineux.

Après cette communion aussi mystérieuse que sacrée, je te retrouve. Tu m'amènes dans ta chambre d'hôpital, et te mets sur le lit où repose ton corps. Avec toute ton espièglerie, tu fais joyeusement des blagues avec lui, du genre grimaces et oreilles d'âne, et joues avec les machines qui l'entourent et te maintiennent dans cette vie végétative, théâtrale à l'excès comme tu sais si bien le faire pour me faire rigoler.

Nous voyons la famille à la fenêtre de la chambre, qui ne comprend pas. Mais ton père et moi comprenons, me dis-tu. Nous sommes dans le secret du mystère de ce qui est en train de se passer. Eux ne sont pas capables de le vivre comme cela avec jeu, et ce n'est pas grave, c'est normal, car nous étions faits pour ça.

Comme tu ris ! Un rire de grelots qui fait triompher la joie sur la souffrance et la mort.

Puis cela change et devient bleu, puis noir. Je comprends que nous voyons à présent la pièce non dans son apparence physique mais dans le bas astral (plan émotionnel). Il y a beaucoup de mauvaises énergies dans cette pièce, des émotions et des pensées très basses, très lourdes.

« Préviens tout le monde, s'il te plaît ! »

Tu me fais alors comprendre que la tristesse t'alourdit, et que je dois t'aider à rester dans la légèreté ; mais ils peuvent comprendre, m'assures-tu.

« Et puis, cela me touche sans me toucher, tu sais ! Cela ne m'empêche pas de m'envoler dans la joie... »

Je comprends pour autant que tu veuilles refaire un peu la déco astrale de cette chambre et un grand ménage. Elle en a bien besoin en effet, car il n'y a pas que les pensées de notre famille, mais aussi, voire surtout, toutes les souffrances des gens venus avant nous voir leur enfant malade ou mourant, depuis des années. Ensemble, nous nettoyons tout cela par notre écoute lumineuse et nos prières silencieuses, et je m'engage à demander à ton père de faire de même. Cela te réjouit !

Cela aidera peut-être les enfants suivants qui habiteront pour quelque temps cette pièce.

Je vois ma mère entrer dans la chambre. Elle culpabilise de te laisser seule, et veut rester pour te tenir compagnie. Mais tu m'expliques qu'au contraire, ça te demande de rester ici pour être avec ta mamie et la consoler, alors que tu y es bien à l'étroit en comparaison des mondes lumineux qui s'ouvrent à toi à présent.

« Tu pourras lui expliquer, maman, s'il te plaît ? Tu peux lui lire le texte que je t'ai inspiré pour la cérémonie, ça l'aidera à mieux comprendre. »

Je vois que tu es tiraillée par la douleur de tous les proches qui prient afin que tu te rétablisses malgré tout.

« Ils attendent un miracle, mais ne voient pas que le miracle est ailleurs... »

L'évidence se montre à mon regard : vivre la perte d'un enfant dans la joie, l'accompagner dans ses derniers souffles dans l'accueil et l'acceptation, c'est là notre vrai miracle inédit qui transcende la mort !

Touchée par la beauté du sens que je perçois à présent avec clarté, je te prends dans mes bras, murmurant mon admiration pour ta force, et ma fierté infinie d'avoir été ta mère.

« C'est un jeu, tu sais. On peut encore jouer tant qu'on veut. »

Tu me demandes aussi de montrer à chacun que ta vie fut parfaite, car les regrets de ceux qui pensent que tu n'as pas eu le temps de vivre une vraie vie complète te pèsent. Je vois cette pensée : « Une petite fille si intelligente, gentille, sensible et douce, jolie, drôle, spirituelle, extraordinaire : avec tous les dons qu'elle avait, elle aurait accompli tant de belles et grandes choses. » Mais tu es en train d'accomplir de belles et grandes choses, il suffit d'ouvrir les yeux pour le voir : c'était une vie d'étoile filante, rapide, mais merveilleuse et entière, alors clamons-le sans le moindre doute, aucun regret n'est de mise !

Pour finir, tu me parles de ton lien avec Néa. Lors du rêve éveillé fait juste après ta noyade, tu étais encore dans une jalousie d'enfant, car ton regard était toujours identifié aux plans émotionnels. Mais à présent, tu vois avec clarté et te souviens de ce qui te relie à ta sœur. Comme tu me l'avais dit lors de ta vie intra-utérine en rêve, tu venais préparer le chemin, l'éclairer, et Néa viendrait ensuite apporter à nos vies et au monde cet amour et cette tendresse qui la caractérisent. Vos destins sont liés, et se relient à cette fontaine d'or, lieu de vos rendez-vous. Et des nôtres.

« Ça y est, j'ai trouvé la solution ! » m'avez-vous dit toutes les deux, l'une en naissant, l'autre en mourant : la solution pour être unies à travers les mondes, par cette fontaine. Je vois comme des fils d'or symboliques qui relient ces fontaines à différents endroits du Ciel, et tous, en s'associant, se complètent par leurs différences, formant des collectifs qui se rejoignent à d'autres collectifs, en fractales, à l'infini.

Tu me demandes alors de faire venir Néa pour de vrai, maintenant. J'appelle donc Aymeric pour qu'il me l'amène et la pose sur mon ventre. C'est alors que tout semble s'aligner, les mondes physiques et subtils autour de cette fontaine comme pilier et Néa comme socle, comme si materner Néa avec amour accordait tout.

« Donne-lui tous mes jouets, et sois à 100 % sa maman, au présent. Chaque instant est un accomplissement, et tous les instants prennent sens s'ils sont reliés au présent.

Tu n'as plus de devoir de maman envers moi : si on se revoit, ce n'est pas parce que j'en ai besoin, mais seulement pour le plaisir d'être ensemble », me dis-tu en me serrant fort contre toi, puis en mc laissant aller vers ta sœur.

Je me mets à pleurer, avec le cœur, de tristesse et de beauté en voyant ce départ si magnifique, et l'on se quitte en s'embrassant.

*

Après ce rêve, j'ai appelé ma mère, restée à ton chevet, et lui ai expliqué succinctement ce que j'avais vu et compris et la nécessité de vivre dans la joie, l'amour et la légèreté plutôt que l'affliction, la tristesse et les regrets. Elle m'a dit qu'elle comprenait tout à fait cela, bien que cela soit difficile à faire, mais qu'elle essayait et essayerait de tout cœur.

Puis, suivant ton conseil dans mon rêve, je lui ai lu le texte de cérémonie par téléphone. Elle semblait touchée par ces mots, mais distraite. Une fois ma lecture terminée, je lui en ai fait la remarque, et elle m'a dit que cela n'était pas lié à la qualité du texte, beau et inspirant, mais au fait que tu venais de faire une tachycardie soudaine, juste au moment où j'avais entamé la lecture, et que, malgré les efforts du corps médical, elle n'avait été résolue qu'à l'instant où j'avais arrêté de lire. Cela semblait bien confirmer mon intuition matinale : ce n'étaient pas deux coïncidences troublantes, mais les preuves miraculeuses que tu mettais littéralement tout ton cœur dans ces mots qui étaient au moins autant les tiens que les miens.

INTERLUDE DU POURQUOI DES RÊVES

15 août 2021

« Je t'aime je t'aime je t'aime je t'aime je t'aime je t'aime je t'aime je t'aime je t'aime...

Je suis une petite fille qui n'a pas encore rêvé suffisamment.

Tu traduis mal mes mots, je veux dire que mes rêves n'ont pas atteint leurs objectifs encore.

Mais voilà que je les prends dans mes doigts et les regarde et vois que ce sont des rêves.

Tu te souviens de "dis, de quoi vas-tu rêver ?" : les rêves sont faits pour que nous nous y retrouvions.

Je rêvais de mariage et tu m'as mariée, et nous nous sommes retrouvés dans ce rêve.

Les rêves de la nuit et les rêves du jour sont rêves tous deux. Comme la vie. Il n'y a rien qui ne soit pas rêve, sauf quand je t'aime et que je sens cet amour dans les profondeurs de mon soi. Le reste est rêves pour se retrouver dedans. Tout le reste, l'existence, la mort, les jeux, le sérieux, les rêves de nuits ou éveillés, les plans sur la comète. Pour que je puisse apprendre à te connaître alors que je te connais depuis toujours, vu que je t'aime.

J'ai épousé mon prince, dans une robe blanche constellée d'étoiles, et je dansais sur le chant des anges qui fêtaient mon retour aux cieux. C'était beau, et tu n'étais pas là. Mais tu sais que ce n'est pas vrai : si je t'aime tu étais là en moi. Jamais tu n'es pas là, jamais je ne suis pas là. Là où tu m'aimes, nous sommes ensemble toujours, même séparées. Et je t'aime.

— On imagine une distance entre nous simplement pour pouvoir avoir la joie de nous retrouver.

— *"Je t'aime" nous réunit, "je t'aime" nous désacralise pour nous accomplir dans le tout et non dans toi d'un côté et moi de l'autre. Tu crois que tu es toi, je crois que je suis moi, et qu'on est séparées. Je reviens à mon amour et nous sommes une en Dieu. Pour toujours et éternellement. Tu vois ?*

— J'ai rêvé que tu étais ma fille, et c'était l'un des plus beaux rêves de ma vie. Même sa fin avec des larmes, c'était tout magnifique ! Je voudrais continuer, ne pas me réveiller pour jouer à te retrouver... Mais je sais que ce n'est plus l'heure, il faut que je me réveille et que je voie que je ne tiendrai plus ta main à l'extérieur de moi, que je n'entendrai plus ta voix dehors, car tu habites dans ma joie de t'aimer, en moi.

— *À bientôt maman doucette, et à toujours aussi à la fois... Bisous.* »

CHAPITRE 25

Les noces alchimiques de la fiancée des fleurs avec son prince noir

Ah ! Les idées saugrenues des doux rêveurs ! Mais voilà, j'étais la maman de la petite mourante, et on me passait donc tous mes caprices, alors ma folie a vu le jour et nous avons organisé ton mariage le 12 juillet. Facile, ton prince était imaginaire, il était donc fort aisé de l'inviter ! Nous avons convié à vos noces famille et amis proches, et préparé la cérémonie et les festivités au plus proche de ce que tu nous avais dit. Tu parlais presque tous les jours de ton mariage, nous savions bien ce que tu voulais !

Ta robe de princesse rose que tu aimais tellement, évidemment. Pour le voile, tu avais flashé sur une couronne avec un tissu de soie orange accroché à l'arrière, que tu avais porté lors de ton dernier jour d'école. Tellement flashé que tu avais voulu la voler – coquine ! Ta maîtresse accepta avec bon cœur de nous l'offrir pour ton mariage. Je te mis le même vernis à ongles que celui que je portais le jour de nos noces à ton père et moi, des boucles d'oreilles à clip, tes ballerines adorées.

Je te massais avec des huiles précieuses, du parfum sacré d'Auroville ainsi que de l'huile essentielle de rose que je mis sur ton cœur afin de te préparer à tes noces alchimiques – le jeu avec Fleur de marguerite, mais aussi l'union avec l'invisible, symbolisé par ton prince noir, qui bientôt allait venir t'embrasser tout entière.

Ta marraine passa la nuit à te confectionner au crochet une belle grosse marguerite, incarnation pour l'occasion de ton fiancé, et une toute petite pour être votre bébé.

Pour la cérémonie, seuls ton père et moi étions dans la chambre. Et tes doudous et poupées. Après nous avoir aidés à te pomponner, les infirmières nous laissèrent notre intimité, les volets baissés, ta chambre embellie par des fleurs et des bougies.

L'alliance, une bague qui était à moi quand j'étais enfant, par chance en forme de marguerite, en référence au nom de ton prince, fut bénite par ton père dans un silence ému et sacré. Puis j'ai chanté *La Vie en rose* d'Édith Piaf, que tu aimais toi-même chanter. Après quoi, investie de tout le sérieux que requiert un jeu d'enfant, j'ai lu le texte de cérémonie.

Nous t'avons passé la bague au doigt, et, dans un amour immense, nous t'avons laissée seule avec ton prince dans toute la splendeur de votre amour reconnu, et sommes allés rejoindre les autres pour célébrer cette union, dans une salle prêtée par la famille, non loin de là. Toute décorée, avec un beau buffet, des fleurs : un vrai mariage ! En grande pompe – autant que possible quand on n'a que deux jours pour tout organiser.

Comme tu nous avais dit que Fleur de marguerite était noir et jouait très bien du tambour pour te faire danser, nous avons dansé au son de cet instrument. Puis un de tes oncles m'a accompagnée à la guitare et j'ai chanté pour toi, du profond de mon cœur, quelques chansons que j'aimais te chanter durant ta vie d'enfant et depuis la grossesse. Ce moment était magique, j'entendais ma voix résonner et me dis qu'elle n'avait sans doute jamais été aussi belle et pénétrée de sens.

Comme cela se fait souvent durant les mariages, nous avions projeté un montage vidéo de toutes tes photos, qui retraçait ta vie depuis ta naissance. Beauté. Puis une vidéo au cours de laquelle tu nous parlais de ton prince, assise nue sur ton pot le soir avant de te coucher, racontant comme à ton habitude moult drôleries de petite fille à l'imagination débordante, pour finir par le fait que ton prince était riche, pas comme Aladdin qui lui est pauvre... alors il vole tout !

Aymeric a passé la soirée à parler à chacun, à réconforter les cœurs, à y faire luire le sens, la reliance des mondes, l'éternité de la vie et la douceur de l'amour qui peut tout traverser. Comme lors de notre mariage, il est allé voir chaque invité pour parler et écouter, être lien et baume. Complémentaire sans préméditation, tandis qu'il œuvrait dans l'intime, j'essayais de rayonner ta lumière au grand jour, dans mes danses et mon sourire.

Je savais bien que l'ambiance était plus à la tristesse qu'aux réjouissances et à la célébration de cet amour fou de la fiancée des fleurs et de son prince noir. Mais je voulais jouer ce jeu, je voulais que tu aies ton beau mariage, pour que tous tes rêves se soient réalisés avant que tu ne partes. Alors j'ai dansé, tourbillonnant, Néa dans mes bras, au milieu de la piste, seule ou accompagnée de compatissants qui voulaient ne pas me laisser seule pour te célébrer. Pourtant, peu m'importait, j'étais heureuse de ce jeu, heureuse de virevolter pour toi qui aimais tant danser, heureuse de ta vie parfaite, heureuse d'être ta maman et de me dire que j'avais fait, malgré tout, et de tout mon être, du mieux que j'avais pu.

Alors que je dansais ainsi avec Néa, j'ai senti ta présence. Forte. Évidente. Je sentais presque ta peau sur la mienne. Tu étais venue en esprit et me serrais la taille, émue et triste de devoir me quitter et quitter ta sœur nouvelle. Je n'ai pas voulu rentrer dans cette mélancolie, et j'ai décidé, non sans douter que cela soit le bon choix, de te rassurer dans la joie et de continuer à danser avec toi. T'es-tu sentie suffisamment écoutée ? Cela t'a-t-il aidé à t'élever dans la légèreté et l'amour ? Tout en continuant à danser, je te disais de ne pas t'inquiéter, que rien ne nous séparerait si tu le voulais : tout comme j'avais pu être avec toi avant que tu ne sois dans mon ventre, nous pourrions nous voir après. Que tout irait bien et que tu pouvais suivre ton chemin de lumière sans peine. Que je t'aimais et t'aimerai toujours, que tu avais révolutionné à jamais ma vie.

Tu es restée là quelques longues minutes, puis tu es partie.

Après ces belles épousailles, et tandis que nous rentrions tous à l'appartement qui nous avait été prêté non loin de l'hôpital, ta mamie Nonna a voulu rester cette nuit-là avec toi. Papi Nonno l'a accompagnée pour te dire au revoir. Ils allaient partir quand les infirmières leur proposèrent de te masser, puisqu'elles étaient sur le point de le faire. Heureux de pouvoir passer ce temps privilégié avec toi alors qu'ils n'avaient presque pas pu te voir de la semaine, ils massèrent donc ton petit corps avec huiles et parfums précieux. Puis mamie est restée seule à ton chevet toute la nuit, pour sentir ton odeur et écouter ton souffle.

Ton cœur continuait de battre, ta respiration maintenue par des machines. Pourtant, ton cerveau cessa de vivre à l'aube, on ne sait pas bien quand puisque tout ton corps, comme une horloge, perdurait dans ses mouvements de vie mécanique.

On nous a appelés pour nous annoncer ta mort, mais dans nos cœurs l'envol était déjà amorcé, et Aymeric et moi étions heureux que cela se soit fait juste après ton mariage, sans durer dans d'interminables souffrances. Nous sommes venus te dire adieu ; tous sont passés, ont pleuré, t'ont embrassée.

Les médecins nous ont proposé de faire don de tes organes à de petits enfants demandeurs de greffe. Des larmes ont roulé sur mes joues de penser que ce corps que j'avais tant chéri depuis sa venue dans mon ventre allait trouver un nouveau sens dans la guérison d'autres enfants. Malgré cette émotion si belle, nous voulions y réfléchir raisonnablement, de peur que tu sois encore un peu présente à ta chair, que cela crée trop une dissolution ou un arrachement chez toi, qui sait ? Mais, quand nous sommes allés voir ce petit corps, nous avons vite compris que tu n'étais vraiment plus dedans. Ce corps d'enfant, que j'avais porté en moi, que j'avais nourri de mon lait, caressé, aimé, n'était plus celle que j'aime, mais son vêtement laissé là, sa chrysalide vide.

Vide, oui. Étant ostéopathe, et curieuse des mystères de la vie même en de pareils moments, je voulus écouter le mouvement énergétique de tes organes. Et prodiguer un soin en vue d'une éventuelle greffe. Jamais je n'avais senti cela : ton cerveau réagissait comme ce qu'on peut sentir sur les morts d'habitude, un mouvement d'expiration qui n'en finit plus, une vague qui meurt sur la plage sans qu'aucune autre vague ne lui fasse suite. En revanche, toutes les autres parties de ton corps continuaient un mouvement mécanique parfait d'horloge suisse sans affect. Aucune dysfonction, zéro émotion, rien n'habitait ce corps, mis à part une vie organique non pénétrée d'âme. Incroyable sensation.

Rassurés, nous avons donc accepté de faire ce don, pour que ta mort puisse sauver des vies, même si cela voulait dire ne pas être présents lors de ton dernier souffle, que tu aurais sur une table d'opération, loin de nous, entourée de mains inconnues.

Nous t'avons fait un dernier baiser, tout simple, sans pleurs ni tragédie, car nous savions que tu n'étais déjà plus là, et plus que ça, que partir de cette chambre d'hôpital n'était pas te quitter à jamais.

« Vous souhaitez que je parte pour vous laisser seuls avec elle ? demanda l'infirmière.

— Non, restez, cela ne prendra pas longtemps : on s'est déjà tout dit », répondis-je dans un sourire aimant.

La légèreté de ces derniers au revoir parentaux pleins d'amour et d'acceptation l'a fait éclater en sanglots, ce qui m'a fait prendre conscience de l'infinie beauté de notre geste, pur et vrai. Je me suis alors dit que, si on mettait de côté l'aspect agréable ou désagréable et qu'on regardait avec des yeux d'artiste, vos naissances à ta sœur et toi et ce baiser étaient sans doute les moments les plus beaux de ma vie. Des moments hors du temps qui relient les mondes et ouvrent les cieux du cœur.

Voilà, c'est ainsi que tu es partie.

Sublime point final d'une existence illuminée par la splendeur de ton âme de nacre.

INTERLUDE DE L'ANNIVERSAIRE DE TON BAPTÊME !

7 juillet 2021, soit un an après la noyade

« Je ne suis pas dans le Ciel, mais sur la Terre, en vérité. Je suis dans les hommes et les femmes qui ont foi en moi. Je n'ai pas de corps, pas véritablement d'esprit, mais je suis dans ceux qui m'aiment et m'aimeront toujours. Je n'ai pas de visage, mais tous les visages. Je ne suis rien et tout à la fois. J'ai peur de perdre la foi, car c'est mon immondice, mais je sais aussi que je ne perdrai rien si tu ne peux pas me promouvoir suffisamment. J'ai eu peur que tu flanches, tu étais bien fatiguée, tu n'as pas beaucoup dormi, maman doucette, et voilà tu es sur pied quand même et tu dis ce que je veux leur dire.

Je veux leur dire : "Soyez ! Soyez libres, vérité, debout. Ne croyez pas au noir et à l'écran qui réside devant vos yeux, regardez plus loin, plus haut, plus en dedans de vous-mêmes.

Ne trichez pas, ni avec les autres, ni avec vous-mêmes, d'ailleurs c'est une seule et même chose.

Ne pleurez pas, ne riez pas, car pleurs et rire ne sont que du vent dans vos branches : laissez juste pleurs et rires vous ébranler puis repartir comme le vent. Ne vous identifiez à rien, ne soyez pas ce que vous ressentez, ce que vous faites, ce que vous pensez. N'ignorez jamais la parole de Dieu dans votre cœur, elle doit être entendue, et nul autre ne peut l'entendre que vous. Vous êtes enfant de Dieu, et Dieu vous aime autant que vous l'aimez. Aimez-le et vous serez baignés pour toujours d'amour pur. Comblés !

Ne craignez pas demain, la pollution, la faim, la soif et tout le reste. Demain sera comme aujourd'hui : imprévisible.

Dans l'univers des nuits de l'âme, quand on ouvre les yeux du cœur après avoir fermé ceux du corps, il y réside des choses indicibles, qui scintillent de merveilles. J'ai devant mes yeux de l'âme des torrents qui jaillissent et vont et viennent sans heurt, ils viennent du profond des âges et ne demandent qu'à éclore en vous pour faire une idée, une pensée nouvelle, petite mais qui grandira. Recevez la grâce, laissez-vous toucher par les mondes subtils. Ils ne demandent que ça : laissez faire et vous recevrez par quintaux.

Dans mon cœur d'âme réside un être incroyable, je crois qu'il s'appelle Christ. Il a une couronne d'or sur la tête et jouit de la paix des mondes. Et je l'ai vu dans ton cœur, et dans celui de mon père. Cultivez, cultivez tous ce Christ de votre cœur. Sans grandiose, sans religion, sans affect, sans mental : cultivez-le comme on cultive une fleur qu'on aime."

J'ai aimé une fleur, et dans son parfum, il y avait le monde. C'était ma mère, elle s'appelait Emma. Elle était grande pour moi, et m'a beaucoup appris. Je la remercie. Je la cultive à présent dans mon cœur, elle est en moi et je suis en elle pour toujours. Je n'ai plus à venir te voir, maman, car j'ai mon Emma en moi, elle me suffit. Elle contient tout, comme une graine contient toutes les floraisons et les fruits d'une plante.

Je t'aime. Je suis heureuse, heureuse d'avoir été écoutée sans entrave, sans qu'on change mes mots, sans peur de déplaire aux lecteurs suspicieux. Merci pour ce livre, maman. J'espère qu'il sera beau aux yeux des humains comme il l'est à nos yeux.

Je t'aime.

Amélys. »

CHAPITRE 26

Ton miracle

Je savais que le jour de ton enterrement serait un jour extraordinaire. Un jour que tu nous offrais, et que nous avions, Aymeric et moi, à offrir aux autres. Un jour qu'il ne fallait pas garder pour nous mais transformer en message universel. Ce n'était pas de l'orgueil, je le savais, c'est tout: j'étais appelée à rayonner d'une lumière qui me dépasse, à faire vibrer ma voix d'une parole plus grande que moi, et ton père serait le pilier de présence silencieuse qui permettrait à ma voix de résonner avec justesse.

Je me sentais si portée que je n'étais pas triste de ta mort, pas de trac de prendre la parole en public, j'étais sereine mais impatiente à la fois de savoir que nous allions être les outils d'un miracle.

Nous sommes arrivés à l'église. Une foule de familles, d'amis et même d'inconnus nous y attendait, la lumière matinale du soleil d'été sur les visages et des larmes au bord des yeux.

Je ne voulais pas rentrer dans leur tristesse, dans ces « condoléances » : il nous fallait garder notre fil, car on nous attendait au bout, tu nous attendais au bout.

Tous ont pris place dans ton église, celle que tu aimais tant dans ta vie d'enfant.

Tes oncles, parrain et marraine ont porté ton petit cercueil blanc sur lequel j'ai peint un œillet et un lys d'or, sous les airs de l'*Ave Maria*. Ils l'ont déposé au cœur du lieu saint, ta marraine a placé dessus une lettre d'amour, à côté de quelques bougies, de fleurs et de la figurine du phœnix avec laquelle tu aimais jouer.

Tes tantes se sont avancées et ont entouré ton cercueil en demi-cercle, chantant a cappella la berceuse de Noël que tu adorais que je te chante, légèrement modifiée pour l'occasion :

« Entre les roses et les lys
Dort, dort, dort notre Amélys.
Mille anges divins, mille séraphins,
Veillent alentour de cette belle âme d'amour. »

Alors qu'elles se rasseyaient, ton parrain s'est avancé et a lu un beau poème qu'il a écrit d'un jet, disant que la beauté de ton être et de ta présence pouvait aider à panser la blessure abyssale de ta perte.

Puis ton papi Nonno a lu le texte qu'il t'avait écrit, remerciement pour la beauté du lien d'amour qui vous a unis et qui a su lui ouvrir le cœur comme personne.

J'ai passé Néa à la famille, et ton papa et moi nous sommes avancés pour prendre la parole, à deux : moi qui parlais, lui qui tenait le silence et regardait chacun d'un regard d'amour pour l'accueillir dans la vibration du sens de mes mots.

J'ai commencé en maman doucette, et t'ai lu le poème que je t'avais écrit quand j'étais enceinte de toi, complété de quelques strophes pour l'occasion, afin d'honorer qui tu as été, es et seras, et de dire comme je t'aimais, je t'aime et je t'aimerai de toute éternité.

Puis, j'ai chanté la chanson de Francis Cabrel qui porte ce titre et qui, en ce jour, semblait écrite mot pour mot pour nous. Tandis que je chantais, le micro a fait résonner ma voix et je l'ai entendue inonder l'église. Je n'ai jamais aussi bien chanté, me semble-t-il, et une petite pensée m'a traversé l'esprit, comme lors de ton mariage : « Voilà pourquoi Dieu m'a donné une jolie voix : pour ce moment-là de nos vies. »

J'ai ressenti comme ce chant touchait au cœur les gens présents. Ça y était, ils étaient prêts, la porte était ouverte : je pouvais commencer le discours que tu m'avais inspiré la veille de ton mariage.

« L'impossible est simplement une somme de possibilités plus grandes, encore irréalisées. Elle voile une étape plus avancée, un voyage encore inaccompli. L'impossible est le signe du possible de demain. »

Sri Aurobindo

« Encore inaccomplie est la jonction entre la Terre et le Ciel, comme un pont d'Avignon où les anges ont bien payé leur part de l'œuvre et les hommes tardent encore... Alors il s'agit pour l'heure de mondes presque complètement séparés, et tant d'entre nous doutent encore qu'il y ait autre chose que ce petit îlot que nous nommons "la réalité".

Mais il existe des êtres dont la tâche est de relier les mondes, tels des bâtisseurs de ponts, ou tels des abeilles pollinisatrices permettant la rencontre amoureuse pour que les noces du Ciel et de la Terre puissent, un jour peut-être, porter des fruits. Amélys était faite pour ça ; elle nous a appris à le faire, nous ses parents.

Pour relier les mondes, il faut s'occuper des deux portes (qui les séparent ou les lient, selon si on les considère comme fermées ou ouvertes) : la naissance et la mort.

Deux portes... les deux miracles d'Amélys !

Laissez-moi vous les raconter un peu... Neuf mois avant que j'aie l'immense honneur d'héberger son petit corps dans mon ventre de mère, cette grande âme est venue nous contacter, son futur père et moi, en rêve et en méditations, nous invitant à voyager en esprit dans des hauteurs célestes en tous points semblables aux espaces décrits par les personnes ayant vécu des expériences de mort imminente. Sauf que nous, nous étions vivants, en bonne santé, et tout à fait réveillés. Nous avons eu le même vécu sans nous en parler l'un l'autre, les mêmes expériences chacun de notre côté. Elle nous a initiés au cours de cette "grossesse spirituelle" à une multitude de mystères, trop nombreux et trop profonds pour que j'en parle ici. J'imagine que ce que je dis là doit paraître incroyable, voire farfelu, mais tout se recoupait, tout se confirmait, nous ne pouvions douter de la véracité de ce vécu hors norme.

La suite, une grossesse, une naissance puis quarante mois (jour pour jour) de vie, parsemés de petits miracles quotidiens et intraordinaires : le bonheur intrinsèque de la vie quand on vit dans l'amour, rien de plus, rien de moins.

Puis son deuxième grand miracle extraordinaire, son passage par la deuxième porte : sa mort. Une mort baptême, une mort envol...

Quand je l'ai vue mourir, puis que son cœur est reparti, mon petit cœur de mère lui a promis un miracle, justement. Vous nous y avez aidés par vos prières. Et c'est elle qui l'a fait, mais pas là où on l'attendait : son miracle n'était pas de revivre dans son corps, mais de faire mourir la mort.

Impossible. Qu'y a-t-il de plus impossible que d'accueillir la mort de son enfant chéri avec une joie véritable dans le cœur ? C'est impossible, car la douleur du manque est trop forte... Mais le manque n'existe que si l'on est séparé, et celle qui relie les mondes permet que nous soyons unis encore, différemment mais toujours, dans l'amour. Un proverbe hébraïque dit : "Il faut vivre dans la joie, il faut vivre dans l'amour, d'ailleurs c'est une seule et même chose." La voilà, la clé ! On *peut* accompagner et accueillir sa mort dans la joie ! Bien sûr, pas la joie qui s'oppose à la tristesse, mais celle « d'en haut », plus profonde, qui n'a pas de contraire, celle qui sait envelopper la tristesse ou toute autre émotion avec une infinie tendresse sans en être amoindrie.

Quand le pont n'est pas encore construit, l'espace qui nous sépare (ou nous relie) ressemble au vide qu'il faut traverser comme un funambule, obligé par la proximité du péril à être bien présent à chacun de nos pas. Suivre son fil, parce que celle qu'on aime est au bout, parce que c'est lui qui nous relie à elle. Suivre son fil...

Alors, la réalité subit comme un retournement complet. On pourrait dire : “Pauvre petite !”, mais on se dit : “Quelle vie, petite en quantité mais si grandiose en qualité... une vie parfaite, intensément vécue.” On pourrait dire : “Pauvres parents !”, mais on se dit : “Quelle chance ineffable d’avoir été ses parents, de l’avoir vue grandir, de l’avoir mise au monde, puis accompagnée dans l’autre monde dans l’amour, mains dans la main à chaque pas !”

On pense : “Sa dernière pensée fut sûrement : maman et papa vont venir me chercher, vont venir me sauver, et ils ne sont pas venus à temps.” Mais nous sommes ensuite allés la chercher à travers les mondes, lui prouvant pour l’éternité qu’elle ne serait jamais abandonnée, qu’elle ne pourrait jamais véritablement l’être, car elle est et sera toujours aimée d’un amour plus grand que toute mort.

Une vie de miracles qui déflorent l’impossible. Et c’est à tout jamais, et pour tous ! Un impossible réalisé devient irrémédiablement possible, car même s’il n’est pas toujours facile, on sait qu’“on peut le faire puisque cela a été fait”.

Alors annoncez tous la bonne nouvelle : la mort a été vaincue par l’amour, et cela permet la naissance du monde nouveau que nous sommes tant à sentir poindre au milieu des ruines de l’ancien qui agonise ! Car l’ancien monde était gouverné par la peur de la mort. La peur de la mort qui entraîne des guerres incessantes, car vouloir survivre entretient la loi du plus fort qui terrasse les faibles. La peur de la mort qui appelle à rechercher une sécurité qui coupe les élans de partage et d’échanges véritables.

Voyez ! C’est évident ! Le monde ancien est gouverné par la mort, le monde nouveau par l’amour.

Nous avons été soutenus et aidés avec des prières et des dons par tant de gens, souvent que nous ne connaissions même pas, simplement car leurs cœurs étaient touchés. Car leurs cœurs étaient nos cœurs, comme si nous étions un. Un cœur bouleversé par la vue d'une étoile filante qui traverse l'espace, comme un fil de lumière entre la Terre et le Ciel... Une étoile filante qui nous invite à suivre notre propre fil de funambule...

À tous ceux qui, en lisant ces lignes, auront su abattre les murs qui enfermaient leur esprit et auront commencé à créer un pont, créer un premier petit pont entre leurs oreilles et leurs cœurs, nous disons : "Annoncez-le autant que vous le pouvez, l'impossible est possible, une petite fille-grande âme a fait mourir la mort par l'amour !"

Depuis longtemps, l'une de mes phrases préférées, tirée de la Bible, est celle où Jésus, lors d'un enterrement, dit : "Suis-moi et laisse les morts ensevelir leurs morts."

Aujourd'hui, je comprends pourquoi j'ai toujours tant aimé cette phrase, qui ne laisse aucune place à la tiédeur ; car, tout comme le papa d'Amélys, tout comme tous ceux qui comprendront et sauront se réjouir de ces paroles, et tout comme ceux qui souhaitent assister aux noces de la Terre et du Ciel, je suis une vivante ! Et tout comme Amélys, devenue éternelle, immortelle par la qualité d'amour qu'elle a su nous inspirer. »

L'église vibrait. Même le prêtre, qui n'a pas pu entendre les mots du discours car il se tenait derrière nous, a pourtant été transpercé par la portée du message puisqu'il nous avouera plus tard avoir vécu l'une des plus grandes expériences spirituelles de sa vie, en sentant dans l'intimité de son âme et de sa chair le mystère de la résurrection.

C'était à son tour de prendre la parole. Il a parlé de la beauté et de la grandeur d'âme de cette petite fille que tu as été. Qu'après quarante mois de vie jour pour jour, comme les quarante jours dans le désert du Christ, ta mort a été baptême, renaissance à plus vaste.

Puis il a invité chacun à venir recueillir et transmettre la lumière du message de ta vie et de ton envol : tous sont venus allumer une bougie à partir du feu des grands cierges qui étaient à tes côtés.

Cela a pris si longtemps que nous avons vite vu une chose importante : il était nécessaire que tous aident à transmettre cette flamme, en allumant le cierge du voisin !

Entre partages et recueillements, l'église s'est peu à peu illuminée de ta lumière.

Nous sommes sortis. La transmutation semblait bien avoir eu lieu : presque plus personne ne nous a dit « nos condoléances », mais une pluie d'or de mercis pleins d'amour, avec des étreintes malgré les interdits du contexte sanitaire, qui n'avaient plus de sens dans la clarté de ce moment de grâce. C'est Aymeric et moi qui les avons tous embrassés, comme pour terminer d'y déposer la petite graine de ta lumière que nous portions en nous. Nous n'avions pas besoin d'être consolés, mais de transmettre, pas besoin de recevoir, mais de donner en ce jour.

Les visages semblaient changés. J'ai cru voir dans beaucoup de regards que la graine de lumière était sincèrement plantée. Le soleil de la joie et de la conscience, et la pluie des émotions et des épreuves de la vie feront peut-être fleurir quelques foyers de ces fleurs nouvelles, un jour prochain ou lointain[36].

Nous avons accompagné ton baptême de feu en chansons dans une salle inondée de fleurs, puis sommes allés au château fêter cela avec nos proches.

En fin de journée, j'ai souri en entendant notre nièce dire avec légèreté et spontanéité cette phrase qu'on attend plus à un mariage ou un baptême qu'à un enterrement : « Ah ! Quelle magnifique journée ! »

Oui, magnifique.

36. On nous confirma durant les mois qui suivirent que ce fut bien vecteur de nombreuses prises de conscience et d'inspiration, voire parfois d'aides quasi miraculeuses, chez des gens proches ou éloignés. Mais ce sont là d'autres histoires que je ne peux pas prendre le temps de développer ici, aussi jolies soient-elles.

INTERLUDE POUR QUE « AIME » PUISSE ÊTRE

17 juillet 2021, tard dans la nuit

« Je suis Amélys Margot Jeanne Loutrel et je suis aussi tout et rien à la fois. J'aime et n'aime pas, je vis et ne vis plus. Je suis et ne suis rien, car tout est et n'est pas, aussi.

J'aime ma maman mais elle n'est pas ma mère, j'aime mon papa mais il n'est pas mon père, je les aime et je peux car je joue à être, mais je ne suis que Dieu, comme toi et eux et tous.

Dis-leur qu'ils ne sont que Dieu, et son jeu ! Dis-leur que, puisqu'ils sont jeu, ils sont faits pour s'amuser ; ne pas se prendre au sérieux et jouir de vivre même les drames, voilà le secret de la vie : on ne risque rien puisque la mort n'existe pas plus que nous n'existons.

Je suis un miracle, comme eux tous. Dis-leur qu'ils sont miracles, car il est miraculeux que Dieu soit multitude ! Dis-leur, maman, dis-leur, ils doivent savoir et apprendre à se réjouir de vivre. Ils doivent connaître la joie de vivre, qui n'est pas profiter des moments joyeux, mais vivre tous les moments en se souvenant qu'on est Dieu qui dort.

Je t'aime maman chérie, je vois comme tu as bien fait le livre, je suis fière de toi. Je crois que tu ne te laisses pas être fière de moi autant que tu pourrais sinon tu serais tellement aux anges que nous serions dans la même maison. Je t'aime tellement.

Je t'aime tellement ; je t'aime, je t'aime, je t'aime, je t'aime, je t'aime, c'est un de mes jeux préférés : aimer !

Dis à papa aussi, et embrasse-le pour moi.

Et dis à tous de se réjouir, car le monde nouveau sera joie. »

Comme le livre était censé être fini, je lui demande, pour être sûre :

« Tu veux que j'écrive tout ça à la fin du livre ?

— *Oui. Ajoute juste que rien n'a d'importance et tout en a. Il ne faut jamais oublier ce qu'est véritablement la vie quand on est en train de vivre, et alors on vit heureux !*

Bisous du ciel, je t'aime, à tout bientôt, pour toujours...

Amélys fleur de lys. »

Malgré ces au revoir, elle reprend : « *Je ne vois pas pourquoi ne pas dire aussi que je ne suis pas l'auteure des dialogues, mais qu'ils m'ont été inspirés de plus haut que moi. Ils viennent de Dieu, qui est moi, et qui est ceux qui liront ça. S'ils s'en souviennent, cela leur parlera ; sinon, ils trouveront ça mignon ou fou ; mais qu'importe. Moi je suis heureuse.*

Tu es heureuse toi, maman ?

— Infiniment, et reconnaissante aussi de tout, notamment de la grâce de t'avoir accompagnée...

— *Je t'aime, je t'aime, je t'aime.* »

Je pense alors en mon for intérieur que cela fait beaucoup de répétitions, et me demande la pertinence d'inscrire tous ces « je t'aime » dans le livre. Comme si elle avait entendu ma pensée, elle me dit : « *Écris-le, c'est le plus important du livre ! Même si je me répète, écris-le. Ne crois pas que ce sont de vaines paroles qui ne font pas avancer les choses, c'est le cœur du message.*

Je et tu existent pour que aime puisse être possible. »

Malgré la beauté infinie de ces paroles, il est tard et je me sens très fatiguée, peut-être trop pour continuer l'entretien, tant et si bien que je me demande si cela va être encore long. Encore une fois, elle lit dans mes pensées: *« Tu es pressée car tu n'as pas dit au revoir au temps. Tu sais qui est dans le temps? Les menteurs, car ils se mentent à eux-mêmes s'ils disent "je suis en retard" ou "en avance", mais ils ne voient pas qu'ils sont présents à chaque instant. Battements de cœur rappellent, respiration rappelle, et tout cela rappelle que sortir du temps apprend à vivre. »*

Je culpabilise du coup un peu d'avoir pu souhaiter un entretien bref et me dis que ce n'est pas très respectueux pour elle.

« Il n'y a pas de faute, tu ne peux plus me contredire, me blesser, m'enthousiasmer, car je suis au-delà de ces affects qui sont dans ta vie à toi. J'ai dépassé cela et suis juste dans le bonheur de vivre. Je crois que tu peux le goûter, vis-le, maman, je t'en prie, rejoins-moi dans le bonheur de vivre, c'est si doux de vivre pour de vrai!

Tu sais, quand j'étais vivante sur Terre, je me disais souvent que tu savais mieux vivre que moi car tu semblais avoir plus de réponses, car tu étais grande et savais tout à mes yeux, sauf quand tu n'avais pas raison car ça ne m'allait pas. Mais maintenant je vois, et je rigole là-haut de te voir galérer avec de toutes petites broutilles, et m'émerveille de la force de l'oubli, car tu es une grande âme et tu as réussi à tout de même oublier avec brio, pour te ressouvenir, c'est trop chouette, tu trouves pas, de vivre ce jeu? Il contient tant et tant d'exercices... J'ai imaginé un exercice pour toi, il s'appelle "appelle une étoile dans le ciel".

Tu imagines une étoile, et tu lui donnes un nom. Là, tu vises ton mental pour voir l'image de l'étoile et tu la crées dans ton esprit. Après quoi, tu flottes dedans et permets à l'étoile de prendre corps tout autour de toi. Si tu flottes suffisamment longtemps, tu pourras voir les étoiles des autres personnes, car ton imaginaire aura atteint le leur, les pensées que les autres ont dites en amont. Pense à une étoile, et tu verras qu'ensemble vous faites un ciel immense. Tu es dans ton étoile, mais aussi l'autre et l'autre personne; tous unis, dans la création du jeu de Dieu. Et je ris de vous voir, et je vous aide beaucoup, je suis si heureuse de l'avenir qui approche, je ne vois que fleurissements, et tu verras que tu pourras jouir de la vie dans les temps prochains, les gens doutent mais ne doute pas, tu jouiras de la vie car tu es Dieu, et Dieu est fait pour jouir de son jeu. »

Ma fatigue est toujours bien présente, et je crois que l'entretien va finir ici, en l'espérant un peu.

« *Ne me dis pas au revoir, je ne veux plus partir. Il faut que je te raconte! Tu as un instant, pour parler du bébé?* »

Elle me dit alors qu'il faut accomplir quelque chose pour mon fils, au niveau énergétique, avant sa naissance (je suis enceinte de quatre ou cinq mois). Je garderai ce passage secret pour préserver son intimité.

« *J'ai déjà tourné un film ici, pour le monde nouveau. Je t'ai prise comme actrice. Il ne va pas y avoir de sang, maman, il ne va pas y avoir de guerre. Amour amour amour. Tu sais ce qu'il te reste à faire, vivre, mourir, aimer, dans l'ordre, c'est ce qu'il faut faire, encore et encore et toujours. Apprends-leur, s'il te plaît!*

Je suis si heureuse de t'avoir eue pour maman, je me réjouis de travailler avec toi, depuis là-haut, et de pouvoir voir ce que tu fais... Tu fais bien, quand même. Mais ne te fatigue pas trop sur les détails, ils n'ont pas tant d'importance. Tu dois avoir la foi dans tes sensations et tes intuitions, il ne peut pas y avoir d'erreur dans ce que tu ressens, seulement dans ton interprétation de tes ressentis. Par exemple, tu sais que tu as besoin de te déprogrammer de l'urgence de Dieu. Jouir est divin. Tu le sauras bientôt, mais aie confiance ! Cela aidera le bébé à avoir de bons poumons. L'air est chaud si tu jouis, froid si tu t'annihiles. Jouis de Dieu, dans tout et pour tous.

Je t'aime, je vais me coucher car tu es trop fatiguée. Ici non, mais je viendrai dans tes rêves de cette nuit t'inspirer pour demain et toute ta vie. Tu sauras que c'est moi car tu seras heureuse.

Bisous !

Amélys d'or. »

CHAPITRE 27

L'accompagnement du retour

Une nouvelle vie s'ouvrait pour toi, une nouvelle vie s'ouvrait pour nous.

Comme lors de ton arrivée sur Terre, ton départ fut progressif: tu venais souvent en esprit, plusieurs fois par jour au début, à nos côtés, ton papa ou moi. Juste pour être ensemble, sans demande ni attente, partageant notre quotidien. Rien de grandiloquent: ce pouvait être dans le bain, au dîner, quand je changeais la couche de Néa... Et tout à coup, ta présence de perle nacrée emplissait l'espace à mes côtés.

Parfois, cela me procurait de la joie d'être ensemble dans un partage silencieux d'amour. Parfois, cela me piquait le cœur, car j'aurais voulu que tu sois toujours notre fille, vivante; mais j'essayais de ne pas trop plonger dans cela en ta présence: tu faisais l'effort de venir, je voulais t'accueillir sans faire la tête. Et parfois, je dois bien reconnaître que j'avais du mal à te consacrer de l'attention, car je me devais d'être quand même dans le flux de mes activités.

Ces visites étaient douces, tu étais magnifique ; le plus souvent petite fille encore, mais avec un « corps » lumineux et nacré. Souvent, tu te changeais en âme immense de lumière blanche et variais d'aspects comme on change de chemise – pour que je ne croie pas en ta forme, m'avais-tu dit.

Ce fut comme pour la grossesse : tu venais dans mon quotidien ou je montais vers le tien. Deux mondes bien différents, l'un avec des tétées et des couches à changer, l'autre avec des miracles à préparer, des fontaines et des lacs faits de lumière qui se souvient.

Je montais souvent, car je ne voulais pas que tu descendes trop, bien que tu m'aies dit de ne pas m'inquiéter : « Je connais le chemin, je sais qui je suis, je peux descendre sans me perdre car je sais que je ne suis plus la petite fille. »

En tout cas, j'aimais te rendre visite, cela me rappelait la grossesse spirituelle. Et avant ma naissance. J'arrivais dans ton monde, et tu venais m'accueillir en t'exclamant joyeusement « maman doucette ! » ; puis tu me racontais ce que tu faisais avec tes amis de là-haut... Que de merveilles !

Oh ! Tu faisais tout un tas de choses. Je ne comprenais pas tout, bien sûr, même presque rien, c'est vrai, mais cela m'époustouflait ! J'étais si surprise de la pluralité des expériences que tu pouvais faire dans le ciel du cœur... Les humains ont tendance à voir la vie après la mort (quand ils se laissent y croire) comme une pause entre deux incarnations, une attente tranquille, voire un repos, mais pour les âmes des petites abeilles enthousiastes de voleter de-ci de-là pour accomplir un travail ou un autre, le Ciel du cœur semble regorger de possibilités infinies.

Par exemple, une fois, tu m'as dit préparer, avec beaucoup d'autres âmes, la venue d'un être très spécial qui viendrait apporter une nouvelle lumière au monde.

Une autre fois, tu m'as amenée au bord d'un lac, et m'as montré que vous « cultiviez » dedans de nouveaux paradigmes de pensée, afin d'ensemencer le mental des humains pour préparer le monde à venir. Je voyais alors ces paradigmes blobloter dans « l'eau », semblables à des boules d'énergie bleu nuit, et même si c'était un peu top secret et pas trop pour moi, tu m'en as fait « goûter » un (ce qui a entraîné une distorsion de réalité et des effets énergétiques difficiles à décrire, un peu comme si j'avais pris une drogue hallucinogène très puissante).

Je ne dis pas que je n'avais pas des doutes sur mes ressentis. Et peu de moyens d'avoir des preuves, sinon quelques synchronicités qu'on pourrait facilement interpréter autrement si on voulait rester sceptiques. Mais l'amour qui me permettait de te rejoindre non seulement se passe de preuve, mais il est carrément freiné dans son miracle si on monte dans notre tête pour tout disséquer et analyser afin de prouver la véracité de ce vécu. Et qu'est-ce que je risquais ? Si c'était ma tête qui inventait tout cela, c'était si sublime, si inspirant, si vrai dans ma chair et mon cœur, que cela devait être vécu quoi qu'il en soit, non ?

Voilà une expérience qui me donna davantage confiance dans mon intuition. Un jour, j'ai eu la surprise de te voir avec mon grand-père paternel, qui est mort quand j'avais 10 ans. Il m'a dit quelques mots, surtout destinés à mon frère et ma mère, afin de leur témoigner sa fierté pour ce qu'ils avaient accompli : les études de mon frère, et pour ma mère, il me montra une photo d'elle adolescente et me dit être fier de ses exploits, et de comment elle avait élevé ses enfants. J'ai aussi vu sa femme, ma grand-mère, mais elle n'avait rien à me dire, tant elle n'en revenait toujours pas du bonheur de profiter d'un corps léger et sans douleur (elle était morte peu de temps auparavant dans la souffrance d'un corps trop vieux) : je la voyais sautiller partout comme une gamine.

Quand j'ai raconté ma vision à ma famille, ma mère m'a confirmé l'existence de cette photo, prise lors d'un de ses exploits sportifs. Quant à mon frère, je ne le savais pas, mais il avait souvent prié notre papi pour qu'il lui transmette de la force durant ses études difficiles, d'où sa fierté de voir à présent cet accomplissement. De plus, ils m'ont dit qu'ils avaient prié en pensant à notre grand-père pour qu'il s'occupe de toi lors de ta mort, d'où sans doute sa présence à tes côtés alors que tu ne l'avais absolument pas connu et n'avais, je crois, même pas entendu parler de lui.

Ces recoupements m'ont aidée à avoir confiance dans mon ressenti, et de plus, j'ai appris plus tard qu'au même moment, à quelques kilomètres de là, Aymeric a aussi eu une vision de toi avec un vieux monsieur, qu'il sentait avoir un lien de grand-père mais ne ressemblait pas aux siens.

Une autre fois, je t'ai vue avec la maman d'Aymeric, et celle-ci m'a demandé de lui dire qu'il pouvait aller la voir quand il voulait, qu'elle était là pour lui. Cela a marqué le début d'un renouvellement de leur relation, car avant cela, il n'osait pas trop la contacter.

Comme lors de la grossesse, que d'aventures, que d'histoires à conter ! Je pourrais écrire un livre entier à ce sujet.

Mais en fait, tu étais dans un sas d'entrée, en attendant de retrouver ta vraie nature pour aller accomplir ta destinée, devenir autre. Quelques mois de gestation pour préparer ta renaissance...

Ainsi, que ce soit moi chez toi ou toi chez moi, pendant six mois tu faisais encore partie intégrante du quotidien. Idem pour ton père.

Mon cœur était brisé et je devais faire avec: avec sa magnificence et sa transcendance, car cette brisure laissait passer la lumière de façon sublime, et je sentais un besoin de partager cette lumière autour de moi, ce qui m'a alignée à plus grand que moi-même et m'a procuré une grande joie et une vision du sens comme une évidence. Et faire aussi avec ses freins et ses difficultés à vivre simplement ce que je pouvais auparavant vivre spontanément – l'intensité d'ouverture d'amour que j'avais connue en étant ta mère. J'aimais Néa, mais je ne parvenais pas, durant les premiers mois, à le sentir aussi aisément que je sentais mon cœur flotter et exulter d'amour pour toi quand tu étais bébé. Il faut du temps... Non! Pas du temps: de la bienveillance, de la conscience, du soin et de l'écoute.

Je m'occupais de Néa aussi bien que possible, la faisais rire avec de doux guilis et tout plein de bisous, essayais de lui rendre la vie belle, souvent avec une joie partagée, mais aussi, bien d'autres fois, avec un déchirement dans le cœur. J'avais l'impression de ne pas assez m'occuper de toi, de t'abandonner.

Il a fallu du temps pour que mon instinct de mère comprenne le changement de relation. Ma tête avait compris le sens, et mon cœur cultivait la joie et écoutait ce sens afin de trouver dans mon amour pour toi la force nécessaire pour aider dans la légèreté ton envol vers les cieux, et transmettre à tous ton message dans mon sourire, mon regard et ma parole. Mais mon instinct était un peu perdu devant la brutalité de ce changement de réalité : je m'étais tant préparée à être mère de vous deux qu'en moi naissait de la culpabilité si je ne pensais pas suffisamment à toi, si je ne m'occupais pas de toi d'une manière ou d'une autre, comme si tu étais encore la petite fille prompte à être jalouse de sa sœur. Tu n'étais plus ma fille, mais j'étais toujours ta maman. Il m'a fallu réinventer une place pour Néa, pour toi, réinventer une relation avec chacune de vous.

Comment ? En allant puiser en moi la force de guérir mon cœur et de le transmuter.

INTERLUDE QU'IL NE FAUT PAS COMPRENDRE

10 juin 2022

« Je ne peux pas parler quand je suis vaine. Si tu m'interroges pour le livre, mais juste pour remplir l'espace entre les chapitres, alors qui suis-je ?

Je suis celle qui doit parler car sa bouche brûle du feu nouveau, brûle de ce qui doit absolument être entendu !

Je suis celle dont les pieds brûlent sur un chemin qui n'existe pas encore, qui le crée en passant, qui sautille sur un chemin de joie créé à chaque instant par maman et moi et eux.

Tu dois leur dire de ne pas s'en faire, pour rien, car c'est la clé : ils s'en font vraiment trop, du mouron, et cela les coupe du Ciel. Ce n'est vraiment pas à eux de résoudre leurs problèmes : il faut qu'ils plongent dans l'eau froide, comme moi mais en mieux, sans mourir. Il faut qu'ils plongent sans savoir s'ils vont savoir nager. Perdus, on les retrouvera morts : ils seront renouvelés dans l'amour. Là, ils iront au paradis, mais ce sera mort symbolique et paradis sur Terre, ici-bas ! Je veux dire que quand on apprend vraiment à lâcher prise, alors tout à coup un relais est pris, et ce qui nous arrive est juste et à notre taille. On est profondément dans la vie.

Ne vous faites pas du mouron, vous êtes trop inintelligents pour trouver toutes les solutions à vos problèmes, alors laissez faire Dieu !

Laissez-le vous pénétrer la bouche, les pieds, les mains, pour agir et parler juste, parler et agir vrai, être debout sans encombre, debout sans faillir. Lui, Dieu, n'a jamais de limite à sa gloire. Il ne flanchera pas, ne mentira pas par couardise, pour éviter la vérité trop lourde à dire.

Le monde est plein de mensonge et c'est parce que les hommes manquent de foi véritable en Dieu, alors ils veulent tout faire par eux-mêmes, et ne font que des bêtises humaines.

Tu crois que ma parole est vraie ? Regarde-la avec sa face ! Elle luit dans la nuit des sans voile, mais meurt tout de suite si on regarde avec des yeux de passé. Si tu me vis, si tu me souffres dans tes tripes et m'exultes dans ton sourire, envers et contre tout, alors je suis vivante dans ma parole. Ce n'est pas parole de sagesse, ni de vérité, mais parole nue, parole vraie, par vécu intérieur. Le tien. Le leur. Le mien aussi. Alors ça nous traverse, et ça continue, et le monde nouveau point à l'horizon.

Mais si tu comprends, ça s'arrête à ton cerveau, et y reste le temps que dure ta mémoire, puis en part de façon stérile, endormi dans les méandres de ta pensée volage.

Je ne suis pas faite pour parler vainement, ne m'identifie pas comme une sainte qui parle merveilleusement, ou comme une sage, ou comme un bébé miraculeusement sorti de l'eau des cieux ! Identifie-moi comme ton cœur, la parole de ton âme. La parole de leur âme, s'ils se laissent toucher par ma parole. Car la vérité est une, et peu importe qui la prononce, pourvu qu'elle vibre, qu'elle vibre à l'intérieur de vos os, de votre chair et de vos tripes.

Changez la matière, pas vos pensées. Changez jusqu'à vos os, pour pouvoir grandir dans le monde nouveau qui s'annonce, soyez neufs, renouvelés par la vérité de l'instant vécu vrai, sans peur, sans trouver une solution à la souffrance.

Je suis morte et ne souffre plus. Tu es vivante et tu souffres. Tu souffres et tu essaies de l'éviter, alors, tu trouves tout un tas de solutions et tu t'insensibilises : couardise ! Vaines paroles ! La pensée t'empêche de vivre, en essayant de t'endormir dans un réel sûr.

Je voudrais te prendre dans mes bras, et que tu sois à l'abri de la souffrance... Que ton cœur exulte de joie tout le reste de ta vie, dans la contemplation de l'instant présent devenu sacré par la reconnaissance de ton regard nouveau. Mais tu serais morte alors, tu ne serais pas vivante ici-bas. Ici-bas, on joue à oublier pour se rappeler. Vous avez oublié, alors je vous rappelle.

C'est rigolo ? Oh ! Je sais que tous les jeux ne vous font pas rire. Je voudrais tant vous prendre tous dans mes petits bras nus et potelés d'enfant et de grande âme, et vous dire à tous, à la Terre entière, des mots doux, tout doux, qui rassurent et chassent les chagrins. Mais vous créez de l'or, et vos âmes s'en réjouissent comme les orpailleurs sous le soleil brûlant ou le froid, sous la cagne qui cogne, dans la patience désespérée. Un gramme d'or, et toute l'attente est joie. Un gramme et tout vaut la chandelle. Un gramme d'or, c'est la vie reconnue – qui vaut tout l'or du monde !

Je t'aime beaucoup, mais je dois m'en aller plus loin encore, si loin que tu ne peux pas me suivre pour l'instant. La participation au livre doit se faire sans moi, car je ne peux plus parler pour eux dans un langage écrit. Tu dois leur dire autrement. Nous resterons en contact, mais sans mots. Je suis l'énergie de Marie devenue petite fille, celle qui se noie et reste debout dans la grâce. Je décide que ma vie suivante se fait dans des hauteurs célestes, et peu peuvent me suivre. Tu as le passeport pour ça, t'inquiète pas, mais ce sera toi qui parleras à ma place maintenant, je ne peux plus me servir de vos mots. Cela m'abaisse.

Je dois te dire merci pour tout ce que tu m'as permis de dire à travers tes doigts. J'espère qu'ils entendront sans douter, et feront ça en refermant le livre. J'espère que vous viendrez tous faire la fête aux cieux quand vous aurez compris que Ciel et Terre sont unis à jamais, et que vous y êtes déjà.

Réjouissez-vous, faites la fête avec vos anges de lumière et vos amis d'en bas ! Soyez heureux de vivre, et vous vivrez pour Dieu et les anges du Ciel, qui se réjouiront de vivre à travers vous. Quelle joie ! Ultime joie que l'homme devenu Homme, car il permet à Dieu de devenir Homme, et c'est si beau, l'Homme vrai !

Je te laisse, mais pas dans le cœur, où je suis toujours avec toi.

Ton Amélys, à jamais tienne, pour toujours dans l'amour,

Bises. »

CHAPITRE 28

À mort, *amor*

Ta mort avait semé en nous des graines nouvelles, mais si nous avions été portés durant tout ton départ, il nous fallait à présent faire grandir racines et feuillage, aller dans nos profondeurs les plus sombres et nos lumières célestes pour permettre à ce nouveau-là de voir le jour vraiment.

Par ce grandiose coup de grâce, Aymeric et moi étions devenus deux cœurs parcourus d'une grande déchirure qui tour à tour nous faisait souffrir ou laissait passer la lumière ; il y avait ainsi de longues périodes où ta mort était à nos yeux miracle, et d'autres où notre fille nous manquait viscéralement. Comme une respiration, des allées et venues, pour trouver justesse, équilibre, une paix sans mensonge.

Si je regarde *a posteriori*, je comprends qu'il nous a fallu, à ton père et moi, accomplir, en nous et totalement, ce que nous avions dit lors de notre discours à l'église : s'affranchir de la peur de la mort en s'abandonnant à l'amour... Mais même pour une personne qui n'a jamais eu peur de mourir, ce n'est pas facile ! Je n'ai jamais vu la mort comme une fin, et l'idée de retourner dans l'au-delà m'a toujours paru attrayante, n'ayant pas tout à fait oublié la légèreté et la liberté qui y règnent. Pour autant, il ne m'a pas été aisé de transmuter la peur de la mort, car elle ne s'arrête pas à la simple peur que je puisse mourir. C'est aussi la peur de souffrir, la fin de ce que j'aime, de ceux que j'aime, l'impermanence de tous et de tout et de moi, le silence, le néant, et tout cela doit être apprivoisé, regardé en face et accueilli en notre cœur ouvert, pour être transmuté dans l'amour.

Oui, vaste programme, mais si beau !

Chacun fait comme il peut. Que le lecteur ne s'attende pas à trouver dans ce chapitre une méthode pour traverser un deuil : c'est infiniment personnel, et pas vraiment le sujet de notre livre. Voilà juste le récit de nos aventures de conscience, à Aymeric et moi.

Cet été-là, encore vibrants de la grâce qui nous avait portés durant ton départ, et nous portait souvent encore, nous traversions les jours, mais nous n'étions, ton père et moi, plus vraiment sur la même longueur d'onde, comme cela avait été le cas durant la semaine d'hôpital. J'avais besoin de présence à mes côtés, de parler, de jouer, d'été et de vacances, de voir que la vie triomphe malgré tout. Aymeric avait besoin de repos, de solitude, d'aller à la rencontre de la douleur de ta perte par les objets qui avaient été les tiens, la recherche de ton odeur dans tes draps, ton souvenir qui pouvait habiter ta cabane ou ta chambre.

Comme il allait dans la profondeur et le silence tandis que je m'orientais vers la légèreté de la joyeuse superficie des jours, je semblais aller mieux, et tous me félicitaient d'être capable de rebondir ainsi, tandis qu'on me demandait anxieusement : « Et comment va Aymeric ? »

Il n' « allait » pourtant ni mieux ni moins bien, vraiment. D'ailleurs, que cette question est à côté de la plaque dans un moment pareil ! Je me suis mise à la haïr, à l'éviter autant que possible. Que peut répondre à cette question une femme qui est dans la douleur de l'enfantement, un papillon qui met toutes ses forces pour rompre sa chrysalide, une pousse qui déchire le béton, ou des humains en deuil en pleine transmutation de leur rapport à la vie, la mort et l'amour ? « Ça va » et « ça ne va pas » sont tout aussi mensongers l'un que l'autre : je souffre de mes joies à venir, je suis en train de mourir à ce que je connaissais de moi-même et de ma réalité pour m'ouvrir à plus grand que je ne connais pas encore, mon cœur est traversé d'une coulée de néant dans lequel semble pouvoir émerger un nouveau à venir : voilà ce qu'il faudrait répondre ! Mais je disais simplement : « On va aussi bien qu'on peut aller dans une telle situation. » Bref, une réponse stupide pour une question stupide.

Nos besoins étaient si différents qu'un écart a commencé à se creuser entre Aymeric et moi ; cela le mettait en colère que je ne sois pas plus à son écoute, que je joue l'héroïne et récolte tous les honneurs de mon discours à l'église et de mon sourire malgré tout. Lui avait été pilier de silence, mais peu de gens savent écouter le silence qui porte la parole. Nous avons continué dans ces rôles, lui dans le retrait du monde, moi dans la parole entourée. Je fuyais notre foyer dans des vacances au bord de la piscine et l'y laissais seul. Mais bien que nos besoins soient si différents, nous souhaitions pourtant être sur la même longueur d'onde, main dans la main dans cette épreuve. Cela a engendré de grosses frustrations, des disputes terribles, jusqu'à ce que nous ayons tout deux compris que nous ne pouvions pas être ensemble dans cette histoire, car le deuil touche au cœur de son cœur chaque être, et est de ce fait infiniment personnel.

Je crois qu'il nous fallait être seuls, même si nous étions très bien accompagnés, mais seuls dans notre vécu. D'ailleurs, cette épreuve nous avait mis en décalage avec tout le monde. Nous ressentions une lancinante solitude, quand nous entendions les discours anxieux de gens qui se stressaient énormément pour ce qui semblait tout à coup être à nos yeux des broutilles, et en décalage aussi avec ceux qui souffraient de la mort de notre fille et à qui nous remontions le moral en leur faisant voir le sens de tout cela.

Je pense que cette solitude était nécessaire pour la plongée en eaux profondes qui nous attendait fatalement, et à laquelle nous ne pouvions espérer échapper en nous épaulant l'un l'autre : parfois, il faut une bonne descente aux enfers en solitaire pour aller voir qui l'on est vraiment.

Nous avons donc géré cela à notre rythme, dans la reconnaissance de l'autre.

Pour ma part, j'utilisais les moments de calme, durant lesquels je n'avais rien ou presque à faire, pour ouvrir le coffre de mes émotions, et y démêler les pelotes que j'y trouvais. Je laissais les émotions me traverser, tout en les observant du haut de ma conscience. Douleur, souffrance, chagrin, colère se promenaient en moi, puis passaient en quelques minutes, perdant leur côté effrayant par la reconnaissance de leur impermanence. Souvent, j'aidais le processus à s'enclencher en trouvant une phrase vectrice d'émotions, comme

« Amélys s'est noyée », et laissais les émotions se dérouler en moi, pénétrer douloureusement tout mon corps puis s'en aller quelques minutes après, à la suite de quoi redire cette phrase ne me faisait plus souffrir. Je changeais alors de phrase, tournant autour du sujet comme une archéologue creuse patiemment tout autour de l'objet qu'elle veut déterrer: « Amélys est morte », « J'ai perdu ma fille », « Néa n'a plus sa grande sœur auprès d'elle », etc. Un peu tous les jours, avec patience et sans heurt, comme on fait sa toilette, je rangeais ainsi les émotions de mon ventre et mon cœur, recadrais et mettais à jour les pensées dans ma tête, dans le calme du congé maternité.

Malgré la régularité de ce travail, il y avait, comme c'est toujours le cas dans la vie, il me semble, des hauts et des bas ; et comme il s'agissait de quelque chose d'abyssal et immense, les hauts et les bas étaient monumentaux.

Dans les hauteurs atteintes, je crois avoir su parfois rayonner une nouvelle lumière, d'un autre monde, et accompagner proches et patients dans un cheminement intérieur à partir de cette épreuve qui m'avait tant appris. Mon intuition m'alignait à des mondes célestes - tu en faisais l'ancre et le guide. Le fil à tisser entre les mondes luisait dans mes mains, et ma joie était véritable, immense, sublime, et source d'inspiration pour ceux qui en étaient témoins.

Mes bas étaient calmes, peu d'émotion, le plus souvent ni colère ni chagrin, juste une envie de rejoindre le Ciel, et la vision de mes os qui se brisent sur le sol, notamment mon crâne, mes genoux... Je voulais mourir.

Et j'ai bien vite compris que c'était en effet la solution, la seule. Mais pas mourir physiquement : ma réalité avait été mise à sac, il fallait mourir comme le grain meurt pour devenir plante, il fallait grandir vers ce que j'étais appelée à devenir : plus que moi-même.

Tu sais, je crois que ce deuil se faisait des deux côtés du passage. Tu étais encore clairement dans les parages, même si tu avais déjà accès à des sphères célestes très élevées et n'étais en rien un fantôme perdu. Mais il te fallait du temps pour préparer ton départ en bonne et due forme. Et nous, tes parents, le ressentions subtilement. Quand tu partais plus loin, nous nous faisions spontanément légèreté et nous lâchions du lest, puis replongions dans nos profondeurs pour une douloureuse réactualisation de la réalité au cours de laquelle tu nous manquais de nouveau, après quoi nous pouvions retrouver le sens et tenions droits sur notre fil avec un vrai sourire aux lèvres, jusqu'à la prochaine étape, jusqu'à la marche prochaine de ton escalier entre les mondes. Comme toujours dans la vie, on voit et revoit les mêmes choses mais plus profondément, car on ne tourne pas en rond mais on s'élève en spirale.

Au début, souvent, ton père ou moi prenions dans nos bras l'urne remplie de tes cendres, pour se rappeler qui tu avais été, pour se reconnecter à ta vibration d'enfant. Cela faisait du bien, bizarrement : c'était doux comme un câlin qui réconforte.

Nous sentions aussi bien souvent ta présence, proche, si proche que je pouvais presque te sentir sur ma peau. J'avais encore ton odeur dans mes narines, mes doigts se souvenaient avoir si souvent caressé ton visage, et les objets de la maison étaient habités de ton souvenir.

Je comprenais qu'il nous fallait alors réintégrer tout cela en nous. Chaque jouet, chaque lieu où nous avions été ensemble, chaque livre, chaque chanson et chaque film que tu avais écouté ou vu nous rappelait une part de toi. Il fallait alors inviter cette part d'Amélys à venir en nous et non à rester à l'extérieur, dans l'objet, la nostalgie du souvenir ou le regret d'un futur qui ne pourrait avoir lieu. Nous nous formions chacun peu à peu dans nos profondeurs une Amélys intérieure, quintessence de notre vécu ensemble. Le travail était donc de cesser de te chercher à l'extérieur, et de te retrouver à l'intérieur même du cœur de notre Être.

Il y a eu aussi, durant les premiers mois, un travail qui s'est imposé à nous sur les liens karmiques qui nous unissaient, toi, Néa, ton père et moi. Chacun son lien, tu ne nous avais pas choisis par hasard. J'ai plusieurs fois raconté, car revu de très nombreuses fois en rêve, ces liens qui m'unissaient à toi. Je les avais travaillés à plusieurs reprises, mais il a fallu le faire encore, afin que tout soit serein et sain entre nous – nos liens déliés, notre prochaine rencontre serait-elle seulement un libre rendez-vous d'amour ?

Nous avons été aidés par deux thérapeutes, lors de belles séances qui nous apportèrent grand bien : l'une environ trois mois après ta mort, l'autre le jour des six mois de ta chute dans l'eau (le rendez-vous avait été pris ainsi sans le faire exprès).

Après ce soin anniversaire des six mois, le sommeil s'est imposé tant j'étais épuisée. J'ai donc fait la sieste avec Néa. Après avoir dormi une bonne heure, comme ta petite sœur dormait toujours à mes côtés, j'ai enchaîné avec un rêve éveillé qui s'imposa naturellement à moi. Je t'y ai vue, puis notre futur fils, Néa et l'enfant de la fausse couche, tous dans des formes d'adultes, irradiant dans la lumière de leurs âmes éternelles aux couleurs uniques au monde. Chacun de vous m'a expliqué sa tâche, et j'ai vu le fil, la continuité qu'il y avait dans nos incarnations et désincarnations. Au cours de ce rêve, on m'a aussi montré le passage du monde ancien au monde nouveau. Je voyais la bascule à accomplir, le retournement à opérer, notamment dans la qualité du lien qui nous unit chacun aux autres et au monde. Un retournement du lien par lequel on deviendrait liés aux autres, non par des liens extérieurs (affectifs ou autres), mais par la source de notre être reconnue qui nous connecte à notre origine commune.

Après ce rêve et ce soin, j'étais renouvelée. J'ai pu te parler en toute simplicité, et nous avons commencé ainsi les interludes de ce livre (j'avais commencé de mon côté à l'écrire depuis septembre). Rapidement, le jour anniversaire des six mois de ta crémation, précisément, je t'ai vue vivre ta fête, et tu es allée dans des sphères plus élevées encore, te détachant de ta vie d'avant. Tu avais, me dis-tu alors, retrouvé la mémoire de toutes tes vies, et de tout.

Mais cela n'a pas gêné nos entretiens – au contraire : ils étaient moins lourds pour moi que quand j'avais essayé de te parler quelques mois auparavant. Nous étions toutes les deux plus prêtes, sans doute ?

Nous discutions alors très simplement, je te prêtais ma bouche ou mes mains et tu parlais ou écrivais comme cela des messages. Nous dialoguions comme si rien n'était plus naturel que cela. Cela a atteint son paroxysme fin février/début mars, après quoi il m'a fallu me tourner vers moi-même et te quitter un peu, car tu t'élevais encore et perdais de plus en plus ton ancienne identité de fillette.

Je n'arrivais plus alors à avoir foi dans nos entretiens, car j'avais un mal fou à te contacter, à sentir ta présence. Tu t'éloignais trop, je voyais bien que tu passais à « autre chose », et moi-même je n'en avais plus autant envie : il me semblait que j'avais d'autres choses à régler avant de pouvoir continuer à dialoguer avec toi, car notre relation devait à présent se faire sur un autre plan, atteindre un autre stade auquel je ne pourrais avoir accès qu'en travaillant d'abord profondément sur moi pour intégrer ce que tu m'avais dit. Hors de question de me servir de nos entretiens pour trouver des réponses toutes faites à mes questions, comme si tu étais mon guide. Ou de fusionner avec toi pour te garder. Nous étions toutes les deux d'accord sur cela, je crois : deux âmes qui s'aiment d'un amour qui libère et non qui retient dans un rôle ou un autre.

Me tournant vers moi-même, je suis retombée sur ma douleur de la coupure originelle d'avec l'unité, douleur qui me fait souffrir depuis l'enfance.

Je la sentais physiquement dans mon cœur, fendu en deux, et je sentais avec évidence que cela n'était non pas dû à ta mort ou à tout autre traumatisme (même si ton départ avait comme jeté du jus de citron sur la blessure), mais bien au fait de me sentir séparée de la Source.

L'amour est la clé. La blessure était au cœur, temple de l'amour. La blessure serait-elle la serrure ?

J'entrais tout entière dans cette abyssale douleur, me tenant, sans me débattre ou essayer de réparer quoi que ce soit, sur les berges de cette plaie. Et contactais ainsi mon néant. Moult fois, longtemps, comme pour l'apprivoiser – ou me laisser apprivoiser.

Non sans difficulté, j'ai ensuite essayé de réactualiser mon amour pour autrui. J'ai tout d'abord découvert un désir d'amour fusionnel, de trouver une moitié qui me complète parfaitement, un autre qui puisse être toujours sur la même longueur d'onde que moi. Et je me heurtais bien sûr à la naïveté de cette demande, car si la passion amoureuse des débuts peut donner l'illusion hormonale que cela soit possible, mon couple avait (et ce n'est pas une mauvaise chose) dépassé ce stade, et ni aucune amitié, ni mes enfants, ne pouvait tenir ce rôle. L'autre n'était pas là pour me combler, nul ne le pourrait, nul ne le devait, car c'était à moi de trouver en moi-même ma propre complétude.

Puis les désirs de plaire ont fait leur apparition. J'ai vu ces désirs à l'œuvre, me faisant vouloir être belle, spirituelle, intelligente, gentille et généreuse, vouloir être sans cesse entourée et fuir la solitude.

À cause de mon tempérament perfectionniste sans doute, j'ai tout d'abord voulu les maîtriser ou les transcender, sans succès, et j'ai finalement compris que je ne pourrai muter mon amour sans reconnaître et accueillir la présence de ces désirs plutôt que de vouloir me hisser au-dessus d'eux. Comme le dit M. Jung: « Il ne s'agit pas d'atteindre la perfection, mais la totalité. »

Ce désir d'être lumineuse aux yeux d'autrui m'a tout naturellement amenée à voir et embrasser aussi mes peurs des ombres cachées que je portais en moi. Notamment l'acceptation de la mort et de la maladie d'Aymeric, et j'ai pu m'offrir l'autorisation, pour la toute première fois, d'imaginer avoir un mari malade et vivre ensemble et heureux avec nos enfants. En rêve, je nous ai vus, dans notre maison, les enfants lui offrant des dessins sur son lit de mort. L'image était belle, pleine d'amour, de reconnaissance, de joie de vivre même dans l'accueil de la mort. Je voyais comme cela pouvait être un exemple sublime – voire d'un certain côté une chance, oserais-je dire – d'avoir un père malade qui accepte la vie et la mort dans la joie et le courage. Il me sembla que cela pouvait être un futur beau aussi, si nous le décidions, si nous disions un vrai oui à la vie dans les épreuves qu'elle nous présente à vivre. Jusqu'à présent, je n'avais osé penser que « positif » pour qu'il n'ait pas la maladie, et là j'ai enfin pu ouvrir mon esprit et m'autoriser à faire confiance à la vie au lieu de vouloir à tout prix la contrôler pour éviter ce que je crois être le pire.

Car on peut faire de toute épreuve une joie : ta mort en est la preuve.

Alors j'ai appris à jouir de la vie dans mes petits désirs, dans mes ombres, dans mes grandes lumières célestes, m'autorisant à être moi, libre et vraie dans tous ces aspects-là. Pli pris dans mes précédentes incarnations peut-être, j'avais pris l'habitude de me sacrifier, de tout offrir au Ciel, de brûler par les deux bouts comme une petite sainte. Là, je sentais que j'avais besoin de vivre avec le plaisir de vivre, d'inviter Dieu à vivre les plaisirs plutôt que de les lui sacrifier.

Aimer la Terre.

Et rejoindre le Ciel.

Vers l'anniversaire de ta mort, j'ai enfin compris. Nous sommes tous projetés dans nos existences qui sont rêves, tandis qu'une part de nous demeure ancre au Ciel du cœur, notre double de lumière, notre part divine. La mort peut alors être le réveil, retrouvailles de l'être et de son double.

Ici, je suis son rêve, vivant moult expériences, petites ou grandes, ordinaires ou formidables, terribles ou magnifiques, pour faire voyager son amour. Or, lorsque je me souviens que je suis son rêve, et que nous sommes un, lorsque je ne fais pas que me le dire intellectuellement mais que je le ressens aussi dans mon cœur et mes tripes, alors ma joie peut régner en toute situation, car c'est présence et joie d'aimer. Et la peur de la mort meurt, pour laisser place à la réunion, à l'amour pur, aux noces avec moi-même.

Tu me l'avais dit, je l'avais lu ailleurs dans les écrits de grands maîtres spirituels, mais je n'avais pas compris dans ma chair, pas intégré pour de vrai, jusqu'à le sentir vraiment. C'est pour cela que je devais faire tout ce travail sur la coupure originelle qui me lacère le cœur depuis petite, car c'est le souvenir de cette vérité.

Bien sûr, je ne prétends pas être dans cette union divine libérée de toute peur tout le temps. Je dis simplement que cette année de deuil m'a aidée à ouvrir les portes qui me permettent d'apprivoiser cet état, et, très progressivement, de l'inviter à régner dans mon quotidien. Les graines tombent vite sur le sol, mais mettent toujours du temps à s'enraciner et pousser pour grandir – la patience vient à bout de tout.

Voilà pour moi. Une année bien remplie ; un millésime même. Et Aymeric, comment a-t-il changé la peur de la mort en amour ?

Dans les premiers mois, il a continué à utiliser le vecteur des objets qui lui rappelaient sa fille chérie, et faisait donc un travail sensiblement similaire au mien pour travailler en profondeur sur ses émotions et attachements, dans un rythme différent, car nous sommes différents, bien sûr, et il était plus provoqué par des objets et des lieux que par des phrases, comme je l'étais.

Mais sa colère, tout à fait normale dans un deuil, prenait une place envahissante dans notre quotidien, et me heurtait violemment, bien qu'il n'y ait jamais eu de coups, bien sûr, ce n'est pas son style. Cela augmentait en lui, et avait lieu de plus en plus souvent en présence de Néa, ce qui était dur pour nous deux, car nous ne voulions pas qu'elle assiste à cela. Mi-décembre, il décida donc de se faire aider par des thérapeutes pour pouvoir apprivoiser sa colère et ses ombres intérieures, et surtout, de prendre vraiment du temps pour lui, seul.

Il alla faire une retraite en solitaire au monastère de la Sainte-Baume. Randonnées initiatiques dans la montagne avec pour seul GPS son intuition, se perdre pour se retrouver, s'épuiser pour se ressourcer. Et méditations avec rêves éveillés à la reconquête de ses terres intérieures les plus sombres, pour se réconcilier avec ses enfers personnels et y apporter la lumière.

À la fin de la retraite, un homme d'Église présent sur les lieux et avec qui il avait sympathisé lui proposa de le bénir au cours d'une belle cérémonie sacrée, et de lui apporter une information de guérison face à la maladie.

Cette petite semaine de temps que pour lui et sa profondeur a merveilleusement bien fonctionné. Déjà, il se mettait bien moins en colère. Mais surtout, il a gagné en vérité vis-à-vis de lui-même. Plus complet et en paix, il a pu se détacher de la peur de la mort et de la maladie et a contacté une qualité d'amour nouvelle, plus profonde et plus lumineuse, plus inconditionnelle. Il avait moins besoin qu'on le rassure d'amour et de reconnaissance puisqu'il s'était fait lui-même ce don en lui.

Lors de l'anniversaire de ta mort, nous sommes allés à l'église que tu aimais. Lorsqu'il s'est assis en prière silencieuse, Aymeric a eu la vision des trois mondes alchimiques de ses rêves éveillés. Mais cette fois-ci, les trois mondes se pénétraient, comme si le bas recevait le haut, le matériel, telle une coupe sacrée, se remplissant du subtil et se laissant être transmuté par lui.

Interlude où je ne te suis pas

10 juin 2022

Je ne dois pas te dire. Je ne dois pas te faire. Je ne dois pas, surtout pas, te donner naissance. Je dois me dire, me faire, me donner naissance. Tu es toi, je suis moi. C'est en allant vers moi, ma douce âmie des cieux, mon éternelle amour, c'est en allant vers moi que je te retrouverai.

Si je te poursuivais, je te perdrais toujours un jour. Je t'aurais avec moi un temps, le temps que nos chemins se lient, puis ils se sépareraient et nous nous perdrions.

Mais moi, je te contiens. Tout entière, et pas que par l'imagination ! Je te contiens tout entière par mon amour.

Si je suis moi, vraie, juste, sincère, si je suis moi, je suis présente à ceux que j'aime, et rien ne peut nous séparer, ni la distance, ni la mort, ni ton élévation dans des mondes inconnus, mon sommeil, ou que sais-je.

Tu sais ce que tu m'as appris ? Tu m'as fait comprendre que je n'étais pas juste quand j'attendais de toi que tu m'apportes quoi que ce soit. Du bonheur, de la joie, de l'amour, du temps passé ensemble... Je veux être de la matière qui se souvient : celle qui a retrouvé sa propre complétude, qui s'offre bonheur, joie, amour, temps de présence vraie, et se souvient ainsi de qui elle est : infiniment unique au monde, mais aussi tout à la fois. Moi et Dieu.

Puisque tu m'as dit que le paradis était fait de lumière qui se souvient, alors je peux être dans tous les mondes, comme cette lumière-là. Mon unité retrouvée, je peux être comme une grande montagne dont les pieds sont léchés par l'eau de mer et ancrés dans la plaine, et dont les sommets dépassent les nuages. Une, je n'ai plus à voyager entre les mondes, car je suis assez grande pour les avoir en moi. C'est alors comme se réjouir de la beauté des étoiles en fermant les yeux : mes yeux sont trop petits pour embrasser tous les astres, mais mon cœur le peut. Pas par ses sentiments, mais par son silence qui est souvenir de l'unité.

Je voulais t'écouter, et dire le dernier interlude à partir de mon silence, qui est mon cœur, mon axe. Et tu m'as dit partir si loin que peu peuvent te suivre. C'est la seule façon que je vois : ne pas te suivre, mais être avec toi.

J'étais une petite fille à qui le Ciel manquait, jusqu'à en pleurer parfois dans mon lit le soir. En grandissant, brûlante de ce manque comme une amoureuse accro, j'ai appris à voyager entre les mondes. Vous m'avez ouvert, toi et tes frères et sœurs, les portes du paradis, pour vous accompagner dans vos mises aux mondes. Puis tu m'as tenu la main, et grâce à ton amour, j'ai compris que je n'avais pas à voyager, pas à être d'un seul côté du fil, mais à devenir musicienne en le faisant vibrer. Que ce fil, mon axe, relie tous les mondes.

Je et tu existent pour que aime puisse être : la vie est un jeu et, malgré une apparente dualité, nous sommes un, donc le manque de l'autre est aboli. Le manque de Ciel, le manque de ma fille au Ciel, tous les manques un peu... et toute épreuve devient joie, car l'épreuve déchire un peu le voile d'illusion que notre petit moi a mis en place, permettant de voir que derrière tout luit la joie pure, et la présence pure de ce(ux) qu'on aime, même dans leur absence.

Fermez les yeux, car seul votre cœur sait voir ! Fermez vos yeux et ouvrez les cieux de votre cœur !

CHAPITRE 29

Allons jouer !

« Amélys, on pourrait écrire le dernier chapitre ensemble ?

— *Je ne peux pas écrire à ta place, commence l'histoire !*

— Très bien, alors voilà. Le petit bébé est là, avec ses yeux contenant l'amour de Dieu et son sourire la paix du Ciel. Comme il te ressemble... Merci de me l'avoir envoyé !

— *De rien, maman doucette...*

— Durant toute la grossesse, il m'a dit plusieurs fois : « Je dois naître dans l'Amour ! » Pas étonnant : il avait déjà été conçu dans un amour nouveau. Comment ça ? Eh bien, tu sais, j'ai parlé plus haut de mon travail sur la coupure originelle. Or une nuit de mars, que j'avais passée blanche à écouter cette plaie céleste en mon cœur, j'ai pris conscience de la nécessité de m'engager en amour avec moi-même et mon double, et de défusionner d'avec Aymeric. Ce processus a évidemment demandé des réajustements dans notre couple, provoquant une terrible dispute au matin. Nous nous sommes quittés ainsi pour ne nous revoir que le soir. Je m'attendais à le retrouver fâché, mais lui aussi avait fait le travail de son côté, ce jour-là... Et c'est dans un pardon, dans une reconnaissance, dans une acceptation de mes parts d'ombre comme de ma lumière, dans un amour sans égal qui irradiait de ses yeux comme jamais je n'avais vu des yeux irradier d'amour, que nous avons créé la graine qui deviendrait son corps.

Le travail sur cette coupure originelle a continué en moi durant tout le premier trimestre de grossesse, soit jusqu'à l'anniversaire de ta mort. J'ai alors véritablement compris que j'étais le rêve de mon double pour faire voyager l'amour dans le champ des possibles... Pourtant, c'est bien ce que tu n'avais de cesse de me répéter de moult façons lors de nos entretiens, mais il fallait que je le comprenne par moi-même avant de pouvoir te comprendre.

Le temps a passé. Peu à peu, l'amour a grandi en moi, et ce « je et tu existent pour que aime puisse être » que tu m'avais dit a fait son chemin. C'est devenu ma devise – non, plus que cela : ma boussole ! Quand un choix s'imposait à moi, je me disais : « Que ferait l'amour à ma place ? » Et toujours cela me montrait la direction juste, par-delà ce qu'il convient de faire ou ne pas faire, dire ou ne pas dire, par-delà le bien ou le mal, dans la justesse de l'instant.

Pendant que germaient ainsi ces enseignements que tu m'as offerts, le bébé grandissait en moi, lui aussi. Puis, la fin de la grossesse est arrivée. Le col était ouvert depuis un mois, mon bassin prêt, et le bébé bien positionné, tout était en place mais pas de naissance à l'horizon, au grand étonnement des sages-femmes. Cela m'a donné le temps, l'envie, le besoin même, de ranger ma maison et ma vie dans les moindres recoins.

Qu'avais-je accompli par amour, qu'avais-je fait par peur ? À la lumière de cette réflexion, j'ai vu combien ma peur concernant la maladie et la mort d'Aymeric avait trop souvent dicté mes paroles, mes actes et mes silences. Je n'avais pas suffisamment pris en compte et écouté sa souffrance, son deuil pour sa maman, sa propre peur de mourir : je voulais trouver une solution, toujours, avancer, le guérir, le sauver, ce qui m'avait empêché d'être véritablement dans l'amour, car tout cela était motivé par la peur. Qu'aurait fait l'amour à ma place ? Il aurait eu confiance en lui et sa capacité à vivre sa propre vie dans la vérité. Que son miracle à lui soit de guérir ou d'être malade, ce n'était pas à moi de juger si c'était bien ou pas. Il ne faut pas juger la vie sur son côté agréable ou désagréable : une vie est belle parce qu'elle est vraie et qu'elle a permis la découverte de pépites d'or, que ce soit dans l'épreuve ou dans les moments heureux.

Or il n'est jamais trop tard pour faire vaincre l'amour, puisqu'il est éternel, ce qui veut dire affranchi du temps. J'ai donc décidé de demander pardon et de lui proposer de renouveler nos vœux de mariage. J'ai également demandé pardon à ma maman de lui avoir fait jouer ce rôle si ingrat de celle qui révèle les ombres que je me refuse de voir. Si j'avais été claire par rapport à tout cela, jamais ces conversations n'auraient eu cette ampleur et cet impact sur moi, elle et les autres. J'aurais su apporter la lumière de l'esprit d'amour sur ses peurs et elle se serait sentie entendue et accompagnée dans ses émotions, qui n'auraient pas disparu pour autant, mais qui auraient pu être doucement éclairées pour être traversées en conscience. C'est ce qui a été fait pour ta mort, il n'y a eu presque que lumière, soutien et légèreté autour de nous de toutes parts, non pas sans chagrin et sans peur, mais au contraire jusque dans le cœur des chagrins et des peurs. C'est la lumière de ton amour qui a su nous guider sur ce chemin-là et le rendre possible. Si cela a été possible pour ta mort, pourquoi pas pour tout le reste ?

Malgré ces rangements de fond en comble dans la maison et les relations, le bébé ne naissait toujours pas. « Je dois naître dans l'amour. » Qu'est-ce qui pouvait bien bloquer ? Si j'ai entendu tôt la réponse, simple et limpide, j'ai mis un bon mois à l'écouter véritablement : j'avais besoin de prendre une pause, de reprendre mon souffle et de me féliciter pour tout ce que j'avais traversé. J'avais accompli ce qu'il fallait, je vous avais accompagnés, toi, ton frère et ta sœur, à naître et mourir, grande et aimante, jusque dans mes impossibles dépassés, sans trop flancher et avec courage, malgré des nuits toujours raccourcies par des besoins de câlins de bébé, des insomnies dues aux hormones de grossesse ou aux maladies infantiles, et, sans pause, j'avais tout enduré. Mais même si j'étais là, grande, debout et légère, j'avais besoin qu'on reconnaisse, et surtout que je reconnaisse, que cela n'avait pas été rien. Il allait bientôt falloir que j'accouche, et ça fait mal, je le sais, puis que j'élève deux enfants en bas âge, ce qui est communément reconnu pour être bien fatigant. Je sentais bien que j'en aurais tout à fait la force, et que cela serait joie, mais tout de même, une petite pause pour reprendre mon souffle ! Quand j'ai enfin pris véritablement conscience de l'ampleur de ce besoin et en ai parlé au coin du feu à ma famille, j'ai décidé que le lendemain je m'offrirais une journée pour me féliciter de tout cela. Une journée cadeau pour moi.

J'ai demandé à mes parents de garder Néa. Nous nous sommes faits, avec ton père, un délicieux repas en tête à tête, parlant à table de tout ce que nous avions traversé, depuis l'enfance, de notre courage, de notre amour, de la beauté de nos vies aussi, de leurs sens.

« Si je devais dire en seulement quelques mots ce que la mort d'Amélys, et puis même tout le reste, m'a appris, je dirai ça : "je et tu existent pour que aime puisse être !" La vie est un rêve, et nous pouvons décider d'être créateur de notre réalité, non pour nous amener à ne vivre que ce qui nous plaît, mais pour faire voyager l'amour, et voir ce que l'amour peut accomplir dans toutes les situations du champ des possibles.

Tu as vu, c'est fou, la mort d'un enfant, c'est ce que tout le monde pense être le plus difficile à vivre. Et on dit que la chorée de Huntington fait partie des pires maladies, parce que l'on voit les membres de sa famille disparaître et qu'on sait qu'on va finir par être à son tour malade. C'est fou que dans cette incarnation, nous ayons à vivre les deux, tu ne trouves pas ? Je pense que c'est pour faire gagner l'amour jusque-là, pour montrer à tous qu'on peut faire ça, même là. C'est beau... Et ça ne m'étonne pas vraiment, nous connaissant, que nous ayons choisi ces vies-là finalement ! Ça nous va bien, ça va avec ce côté de toujours tout brûler.

Et là, nous sommes sur le point d'avoir un bébé. Peut-être qu'il ne fera pas tout de suite ses nuits, que nous serons fatigués et tout, mais j'aimerais que nous nous promettions d'essayer de nous souvenir que nous sommes créateurs de notre vie et qu'elle est faite pour aimer. Quand nous serons réveillés par des pleurs pour nourrir notre bébé, nous le nourrirons par amour, quand nous changerons ses couches, ce sera par amour, quand nous rangerons la maison, que nous travaillerons, que nous ferons tout ce que le quotidien nous demande de faire, ne perdons pas de vue que nous faisons tout cela par amour ! Alors, même si nous sommes fatigués, et même si parfois c'est difficile, voire que ça nous paraît pour certaines choses au-dessus de nos forces, nous pourrons tout faire dans la joie, car l'amour peut tout !

Et même si nous oublions cette promesse, que nous nous disputons en raison de la fatigue, que nous nous laissons submerger par tout ce qu'il faut faire, nous pouvons toujours nous relever et recommencer. Il faut oublier plein de fois sa leçon et la réapprendre à chaque fois pour bien la connaître. Alors nous oublierons, nous serons à côté de nos pompes, puis nous nous disputerons souvent, nous serons tristes, et tout au fond nous entendrons notre tristesse qui nous rappellera “la vie, ce n'est pas ça”. Et nous nous remettrons en selle pour faire voyager l'amour, jusque dans notre train-train quotidien.

Ça te va ? Ça te va qu'on se promette de tout faire pour essayer d'être créateurs de notre vie ?

— Carrément !

— Alors check ?

— Check ! »

Après le repas, épuisés, nous avons fait une sieste de quatre heures, un sommeil bien mérité qui est venu comme un cadeau que nous nous sommes offert à nous-mêmes.

C'est cette nuit-là qu'Elyam est né.

*

C'est l'anniversaire des un an et demi de ta mort aujourd'hui, et je termine tout juste ce livre. Je relis avec émerveillement à quel point tout a du sens, comment tout est enseignement et aide pour que l'on puisse accomplir notre œuvre.

Dans mon cœur, cette petite boussole, qui ressemble à une faille tout au fond de mon être. Un abysse de désir d'amour qui me rappelle la coupure d'avec ma part d'éternité et me donne envie de retrouver cette unité perdue, comme une petite Ève qui voudrait redevenir une et nue.

Sous nos pieds, à chacun de nos pas, des cailloux blancs de Petit Poucet pour nous montrer le chemin. Mémoires de sacrifices antiques et baptêmes égyptiens pour tutoyer la mort, rêves de mutations et de destructions de mondes, maladie génétique, décès de nos proches, avortement, fausse couche, ton envol... Voici les enseignements, pour pénétrer toujours plus profondément dans la vérité de la mort ! Car ce mystère-là recèle une clé, et nos âmes ne voulaient point passer à côté : la peur de la mort semble bien être l'origine de l'ego, et tout tourne autour d'elle, en se déguisant en peur de l'abandon, du manque, du rejet, etc. Mais au fond, l'ego est le mode automatique de l'être visant tout entier à la survie de la personne, donc toutes ses lubies et tout ce qui le constitue proviennent de cette peur-là. Ainsi, pénétrer le mystère de la mort nous transmute.

Un enseignement qui sera certainement utile à plus d'un dans ces temps de mutation du monde.

Et traverser les mondes pour accompagner ceux qu'on aime à naître et à mourir, afin que mort et naissance ne soient plus séparation mais reliance, car elles peuvent être passage, pont.

Voilà, boussole et petits cailloux blancs, et le chemin s'illumine et devient évidence. La vie est un miracle... si nous le choisissons, à chaque instant.

Amélys, qu'est-ce que tu en penses ? Tu veux ajouter quelque chose pour conclure ?

« Je ne suis pas au fait des conclusions des livres, mais la vie est mystérieuse, alors il faut dire aux lecteurs : "N'écoutez pas ma mère, elle dit que des bêtises ! N'écoutez que votre cœur ! Si votre cœur fait vibrer les mots de ma mère, alors c'est la vérité, sinon, refermez ce livre et allez jouer, vous n'êtes pas prêt à entendre. Ce qu'est la vie, seuls les enfants le savent, et c'est pourtant eux qui demandent, et vous, les adultes, qui répondez. Bêtise !

Jouez toujours, rêvez sans doute, soyez heureux. Là est la clé. Être heureux, c'est être joie dans son être, et ça veut dire jouer."

Je t'aime, bisou, et merci de m'avoir donné la parole. Le livre est fini, et je l'adore ! Comme toi !

Bisous ! Je retourne jouer aussi, ciao ciao ! »

À PROPOS DE L'AUTRICE

Emma Mira a toujours eu la tête dans les étoiles. Cette rêveuse de haut vol pratique le rêve éveillé comme voie d'éveil et d'auto-initiation depuis plus d'une dizaine d'années. Sensible à l'invisible dès sa plus tendre enfance, elle explore sans relâche les réalités énergétiques et les mondes spirituels, par curiosité, goût du voyage, pour apprendre à soigner (c'est son métier), mais aussi pour répondre à une irrépressible soif et calmer une nostalgie d'un ailleurs céleste qui lui semble être son « vrai chez-elle ».

Passionnée par toutes les dimensions de l'humain, elle n'a cessé de se former à des disciplines telles que l'ostéopathie, la psycho-énergétique, le rêve éveillé, l'astrologie, des techniques de soins quantiques, ou la perception des forces formatrices qui soutiennent le vivant. Elle s'est ouverte à de nouveaux dons, tels que par exemple la lecture des âmes ou la perception de la musique des êtres, initiés dans ses « rêves éveillés » et autres visions dans le subtil.

Grâce à cette ouverture des sens, elle a été invitée, avec son mari, à contempler l'aventure d'incarnation de ses enfants, dès 9 mois avant leur conception jusqu'à leur naissance.

En 2020, après la naissance de leur deuxième fille, l'aînée s'est noyée. Une nouvelle initiation s'est alors imposée à elle, provoquant la transmutation de son amour vers un nouveau paradigme dans lequel le manque n'a plus de sens, et où la joie véritable peut luire même dans les épreuves.

Depuis cet éveil, elle élève ses enfants tout en continuant à exercer son métier de thérapeute. Elle a également créé un lieu dans une petite forêt, pour relier mondes spirituels et physique par l'art et l'écoute sensible de la nature et de nos mondes intérieurs, et incarner de nouveaux paradigmes pour le monde à venir.

INDEX

A

I

J

K

L

M

N

O

P

R

S

T

SOMMAIRE

CHEZ LE MÊME ÉDITEUR

COLLECTION CHAMANISMES
LES CLASSIQUES D'AUJOURD'HUI ET DE DEMAIN

Au-delà du tambour
Lettres à mes esprits alliés
Brigitte Pietrzak
(Préface d'Agnès Stevenin)

La chamane Brigitte Pietrzak interroge ses esprits sur le chamanisme et le sens de la vie : des questions spirituelles et existentielles, intimes et universelles.

Voyages chamaniques & Rencontres remarquables
Brigitte Pietrzak
(Préface de Lilou Macé)

L'autrice raconte les moments forts de son apprentissage auprès de ses alliés du monde invisible et nous révèle les précieux enseignements reçus.

Ciel blanc, Ciel noir
Une initiation au chamanisme mongol
Brigitte Pietrzak
(Préface d'Audrey Fella)

Une chamane française remonte aux sources du chamanisme mongol. Quand magie rime avec lucidité, et pouvoir avec clarté.

Chamanes célestes
Rencontres avec les grands guérisseurs de Mongolie
Kevin Turner
(Préface de Laurent Huguelit)

Initiations, actes magiques, secrets révélés – les chamanes de Mongolie se livrent à Kevin Turner. Une aventure dont la portée spirituelle changera votre vision du monde. (Prix du meilleur livre chamanique.)

Femmes chamanes

Rencontres initiatiques
Audrey Fella

Une immersion éclairante au cœur du chamanisme féminin et occidental d'aujourd'hui.
Avec Maud Séjournant, Claire Barré, Lorenza Garcia, Myriam Beaugendre, Brigitte Pietrzak et Sandra Ingerman.
(Prix ALEF des Libraires Mieux-être et Spiritualité.)

Fusion

Bouddhisme & chamanisme, un cœur à cœur spirituel
Laurent Huguelit
(Illustrations d'Angéline Bichon)

Lâcher-prise, acceptation et bienveillance – telles sont les intentions du voyage dans lequel nous emmène cet ouvrage qui allie théorie, pratique, et poésie. Bienvenue au cœur de la nature profonde...

Mère

L'Enseignement spirituel de la forêt amazonienne
Laurent Huguelit
(Préface de Matthieu Ricard,
illustrations d'Angéline Bichon)

« J'ai des choses à dire à mes enfants... » Invité par la forêt amazonienne à lui prêter sa plume, Laurent Huguelit nous fait découvrir l'enseignement de ce grand esprit que les peuplades indigènes appellent « Madre » – la Mère.

Les Huit Circuits de conscience

Chamanisme cybernétique & pouvoir créateur
Laurent Huguelit
(Préface d'Ervin Laszlo)

Défrichant le futur, Laurent Huguelit nous fait découvrir une cartographie de la psyché qui offre un outil précieux pour un monde en pleine transformation. Un livre audacieux et d'une grande clarté, qui marie chamanisme traditionnel, psychologie et channeling.

Le Chamane & le Psy

Un dialogue entre deux mondes
Laurent Huguelit, Dr Olivier Chambon
(Préface de Michael Harner)

Réalité des esprits, plantes rituelles, substances psychédéliques, vie après la mort, rapports entre chamanismes et psychothérapies sont au cœur de cette conversation éclairante. Un dialogue d'avant-garde.

Caverne et Cosmos

Rencontres chamaniques avec une autre réalité
Michael Harner (Préface de Laurent Huguelit)

Trente ans après son grand classique *La Voie du chamane*, Michael Harner nous livre *Caverne et Cosmos*, un livre déjà culte. Incontournable pour tous ceux qui s'intéressent au chamanisme, mais aussi à la spiritualité, aux expériences de mort imminente, à la conscience ou encore au channeling.

La Voie du chamane

Un manuel de pouvoir & de guérison
Michael Harner
(Préface de Laurent Huguelit)

Un manuel irremplaçable qui permet de comprendre et de pratiquer la transe chamanique sans plantes, avec pour seule aide un tambour. Une référence mondiale, entièrement mise à jour par Laurent Huguelit, auteur des *Huit Circuits de conscience*.

Deux Plantes enseignantes

Le Tabac & l'Ayahuasca
Jeremy Narby, Rafael Chanchari Pizuri

Deux éclairages visionnaires et complémentaires sur les « plantes maîtresses ».

COLLECTION CHANNELS
L'EXPRESSION ACTUELLE D'UN PHÉNOMÈNE INTEMPOREL

Mon expérience d'incarnation imminente
Comprendre l'humain par le spirituel (TOMES I & II)
Christian Sundberg

Se souvenir de pourquoi et comment nous avons pris la décision de nous incarner.

Journal de l'invisible
Brigitte Pietrzak

Ces enseignements limpides, canalisés au jour le jour, nous font prendre conscience du sens de notre incarnation et des multiples dimensions de notre âme.

Les Danses de l'âme
Lena Favre

Un outil puissant pour accompagner l'extraordinaire élévation du taux vibratoire de la Terre qui caractérise l'époque actuelle.

L'Envol vers soi
Lena Favre
(Préface de Michka)

Le premier livre qui nous amène à expérimenter sereinement l'ascension vibratoire de la Terre et de ses habitants.

Créer sa fortune

Attirer l'abondance

Sanaya Roman, Duane Packer

Un véritable manuel de prospérité qui met à la portée de tous les techniques permettant d'attirer l'abondance de l'univers. Avec à la clé joie de vivre, réussite et santé.

S'ouvrir au channeling

Comment se relier à son guide

Sanaya Roman, Duane Packer

Un manuel qui permet de pratiquer le channeling; une approche sûre et progressive, que l'on cherche à se connecter à son moi supérieur ou à un guide spirituel. Une référence internationale enfin en français.

Tuning in

De Bashar à Kryon, six grands channels d'aujourd'hui

David Thomas, Matthiew Klinck

Ce florilège du channeling réunit six des plus éminents channels actuels. Ils abordent la loi de l'attraction, le concept de Dieu, l'émergence d'un nouveau niveau de conscience humaine et la façon dont nous créons notre réalité. Un livre idéal pour s'initier au channeling.

Abraham parle

Un nouveau commencement (TOMES I & II)

Un livre d'Abraham, par Jerry & Esther Hicks

Inédit en français, le tout premier des livres d'Abraham. De la loi de l'attraction au pouvoir de l'instant présent, retrouvez le plus célèbre des channels dans un manuel foisonnant de méthodes inédites.

COLLECTION LES LIVRES DE SETH
AUX SOURCES DU CHANNELING

L'Individu et les évènements de masse
(TOMES I & II)
Un livre de Seth, par Jane Roberts

Dès le début des années 1960, Seth affirme que nous créons notre propre réalité en fonction de nos croyances. Dans ce livre précurseur, il examine la façon dont ces réalités individuelles se combinent pour former les évènements planétaires – comme les séismes, les épidémies et les guerres.

La Nature de la psyché
Son expression humaine
Un livre de Seth, par Jane Roberts

Seth nous initie ici à un espace de conscience qu'il nomme « psyché », source de tous les possibles, et qui se manifeste de différentes manières en fonction des choix de chacun.

La Réalité « inconnue »
(TOMES I, II & III)
Un livre de Seth, par Jane Roberts

Dans cette somme éditée en trois tomes, Seth explore entre autres le concept des « réalités probables » introduit dans *Seth parle,* et si cher à la nouvelle science-fiction comme à la physique quantique.

La Nature de la réalité personnelle
Comment résoudre vos problèmes quotidiens et enrichir votre vie (TOMES I & II)
Un livre de Seth, par Jane Roberts

Un enseignement pratique particulièrement en phase avec notre époque, et qui donne des clés pour modifier notre rapport au monde.

Seth parle

L'éternelle validité de l'âme *(TOMES I & II)*
Un livre de Seth, par Jane Roberts

Seth est considéré par des millions de lecteurs comme le maître spirituel qui leur a ouvert la porte vers d'autres niveaux de réalité. Dès les années 1960, avant Deepak Chopra ou Eckhart Tolle qu'il a inspirés, Seth se situe à la source d'une nouvelle vision du monde où chacun crée sa propre réalité.

Le Matériau de Seth

Une introduction *(TOMES I & II)*
Un livre de Seth, par Jane Roberts

Une introduction éclairante et d'accès particulièrement facile au message de Seth, l'entité considérée par des millions de lecteurs comme l'un des grands maîtres spirituels de notre époque. *Le Matériau de Seth* est présenté par Jane Roberts, qui lui prêta sa voix.

COLLECTION LES ESSENTIELS
DES CONDENSÉS DE SAGESSE

Seth parle
L'Essentiel en 365 pensées
Jane Roberts (Une sélection de Tigrane Hadengue)

Réunis pour la première fois, ces 365 extraits du premier livre dicté par Seth permettent d'accéder directement au cœur de son enseignement métaphysique.

La Nature de la réalité personnelle
L'Essentiel en 365 pensées
Jane Roberts (Une sélection de Tigrane Hadengue)

Réunis pour la première fois, ces 365 extraits du deuxième livre dicté par Seth permettent d'accéder directement au cœur de son enseignement pratique.

Tuning in
L'Essentiel en 300 pensées
Bashar, Kryon, Chief Joseph, Tobias, Torah,
Les Pléiadiens (Une sélection de Tigrane Hadengue)

Le meilleur du channeling contemporain en 300 pensées clés.

COLLECTION MUTATIONS

VIVRE LE NOUVEAU PARADIGME

Ces animaux qui n'en sont pas

Peggy Reboul

(Préface d'Agnès Stevenin)

Ce deuxième livre de Peggy Reboul permet d'aller encore plus loin dans la compréhension du vivant. Il interroge notre relation à l'univers et nous invite à une transformation profonde de nos croyances.

La Voie du tambour

Manuel de voyage chamanique

Laurent Huguelit

(Préface d'Angéline Bichon)

Un guide complet pour apprendre la technique du voyage chamanique, partir à l'aventure dans les mondes spirituels et rencontrer ses esprits alliés.

La Voie du souffle

Manuel de méditation

Laurent Huguelit

(Préface d'Aurélie Godefroy)

Un guide complet pour apprendre à méditer, approfondir sa technique, et réaliser les états de conscience les plus raffinés selon les enseignements du bouddhisme historique.

Manifeste paradisiaque

Jardinage, permaculture & spiritualité

Laurent Huguelit

(Illustrations d'Angéline Bichon)

En trente-six propositions, Laurent Huguelit nous invite à considérer le jardin comme un espace préservé dans lequel intégrité, respect et écoute sont cultivés au même titre que de bons légumes, des fruits juteux, et un univers de biodiversité.

Consciences animales

Communiquer avec le vivant
Peggy Reboul
(Préface de Roland de Miller)

Un témoignage bouleversant, qui transforme notre rapport aux animaux et à l'ensemble du vivant.

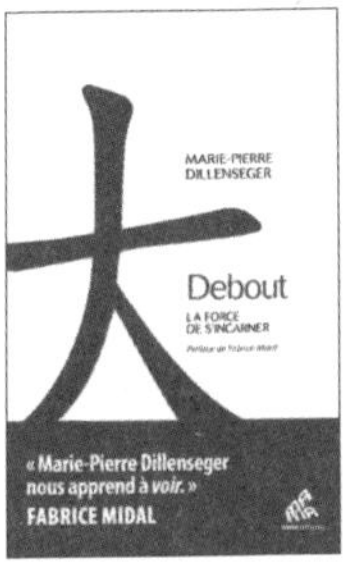

Debout

La force de s'incarner
Marie-Pierre Dillenseger
(Préface de Fabrice Midal)

« S'incarner, c'est arriver, au fil d'une vie, à lisser les aspérités qui se nichent entre l'âme et le corps. » Marie-Pierre Dillensenger nous donne des outils puissants et inédits pour relever ce défi.

Oser s'accomplir

12 clés pour être soi
Marie-Pierre Dillenseger

Une approche intemporelle et singulière pour atteindre son plein potentiel.

Bâton de parole

Un chemin vers la paix
Guide pratique
Stephan V. Beyer

Ce manuel permet d'améliorer et de renforcer le lien avec les autres, grâce à la technique ancestrale du bâton de parole.

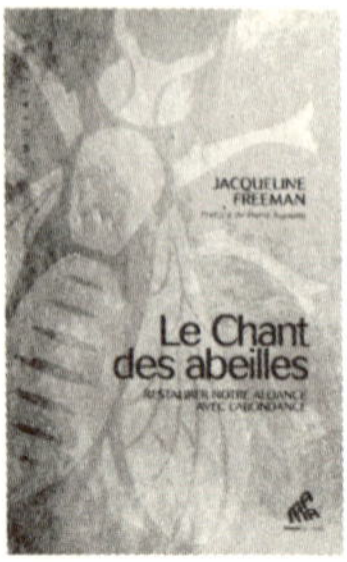

Le Chant des abeilles

Restaurer notre alliance avec l'abondance

Jacqueline Freeman

(Préface de Pierre Aucante)

Le premier livre qui nous place au cœur de la spiritualité des abeilles. Une nouvelle vision du monde naturel. *BeeScope* inclus (annuaire d'adresses utiles).

L'École de la liberté

Un modèle d'éducation autonome et démocratique

Daniel Greenberg

(Postface de Mimsy Sadofsky)

Le récit d'une expérience qui révolutionne l'école et place l'élève aux commandes de son apprentissage.

COLLECTION TÉMOIGNAGES

DES PARCOURS AUX FRONTIÈRES DE L'EXTRAORDINAIRE

La petite fille qui fit mourir la mort

Emma Mira

Un témoignage formidablement inspiré, qui montre que l'on peut dépasser la douleur causée par la perte d'un enfant et accéder à la joie.

La guérison est un chemin vers soi

Caroline Fualdès

Un parcours de guérison novateur, aux portes de l'invisible.

Mon cancer, quelle chance !

Adeline Pasteur

Lorsque Adeline découvre qu'elle a un cancer, son monde s'écroule. Pourtant, avec le recul, une fois sortie de cette « aventure », elle affirme que le cancer est la meilleure chose qui lui soit arrivée.

Une vie en quête de sens

Ervin Laszlo
(Préface de Laurence de La Baume,
Postface de Stanislav Grof)

Dans cet ouvrage, Ervin Laszlo revient sur l'histoire de sa vie et les changements fondamentaux qui l'ont jalonnée, entre musique, recherche universitaire et activisme mondial.

Autobiographie d'une chamane française

Brigitte Pietrzak
(Préface d'Aurélie Godefroy)

Brigitte Pietrzak révèle ici son parcours intime et personnel, des premières étapes de son cheminement spirituel jusqu'à la découverte de ses dons de chamane en Mongolie.

De l'hôpital Sainte-Anne aux rives du Gange

Journal d'une guérison de l'âme
Marie de la Tour
(Préface du Dr Jacques Vigne)

Quel rapport y a-t-il entre l'hôpital Sainte-Anne à Paris et les rives du Gange ? Entre ces lieux emblématiques, s'articule le chemin initiatique de Marie de la Tour.

Un long voyage

Une autobiographie spirituelle
Guido Ferrari
(Préface d'Ervin Laszlo)

Un parcours de vie riche d'explorations et de rencontres avec certains des plus grands maîtres spirituels.

Nourritures célestes

L'éveil d'un pionnier de la restauration
Alain Cojean
(Préface d'Alexandre Mars, Postface d'Henry Vignaud)

Un entrepreneur visionnaire raconte sans tabou son aventure professionnelle hors norme, son ouverture à la spiritualité et sa découverte de la communication avec l'au-delà.

Les Couches de l'oignon

Du traumatisme à la résilience, un chemin spirituel
Célia Rombaut
(Préface d'Agnès Stevenin)

Dans ce témoignage intime et sensible sur les conséquences psychiques des viols qu'elle a subis dans un réseau pédophile, Célia Rombaut, devenue thérapeute, nous emmène sur le chemin de sa reconstruction, couche par couche.

Ma peau d'un autre monde

Voyage initiatique en terres aborigènes
Vanessa Escalante

Une plongée dans les secrets de la plus ancienne culture du monde, au fil d'un témoignage intime et immersif.

La grande dame du cannabis se dévoile

Michka
(Préface de Catherine Deneuve)

Une guerrière pacifique – un récit kaléidoscopique qui, subtilement, fait du bien.

[re]vivre

Mon expérience de mort imminente en Irak
Natalie Sudman

Toute fin est un commencement.
Le récit d'une époustouflante plongée dans l'au-delà.

Une psy parle aux esprits

Martine Gercault
(Préface de Stanislav Grof,
Postface de Sandra Ingerman)

Découvrir de nouvelles voies d'accès à l'inconscient pour évoluer vers le plaisir d'être.

Dans le silence de l'amour

Agnès Stevenin

Plus qu'un témoignage intime, ce troisième volet autobiographique d'Agnès Stevenin est une transmission qui agit par les mots, mais aussi par l'énergie vibratoire qu'elle diffuse. L'autrice nous accompagne dans la pacification de notre être, grâce à sa familiarité avec une autre réalité.

Splendeur des âmes blessées

Libération

Agnès Stevenin
(Préface de Stéphane Allix)

Après la révélation de son livre *De la douleur à la douceur*, Agnès Stevenin signe un nouveau témoignage qui nous dévoile un univers aussi mystérieux que bienfaisant.

De la douleur à la douceur

Transmutation

Agnès Stevenin

Comment passer de la souffrance à la paix ? L'inspirant parcours d'une guérisseuse hors pair nous ouvre les portes d'une autre perception.

Lorsque j'étais quelqu'un d'autre

Stéphane Allix

Partir à la découverte de soi-même peut mener sur d'étranges chemins. Pour se ressourcer et faire le point sur sa vie, Stéphane Allix entame une retraite en forêt. Il ignore qu'il va se confronter à l'impensable.

De la main gauche

Une autobiographie

Livres 1, 2 & 3

Michka

Ce récit éminemment féminin, audacieux et captivant, qui traite des drogues et du sexe sans aucun tabou, nous fait découvrir un parcours débordant de vie. Une stimulante philosophie de l'existence.

De l'ombre à la lumière

Voyages d'un guérisseur chez les chamanes

Metsa (Préface de Jan Kounen)

Ayant découvert le chamanisme à la suite d'une expérience de mort imminente, François Demange, alias Metsa, nous livre le récit captivant d'une initiation hors du commun. Adopté comme apprenti par des guérisseurs reconnus en Amazonie et en Amérique du Nord, ce Français s'immerge dans ces cultures traditionnelles et devient chamane.

Carnets de voyages intérieurs

Ayahuasca medicina, un manuel

Jan Kounen (Préface d'Alejandro Jodorowsky)

Cinéaste frappadingue et infatigable explorateur de la psyché, Jan Kounen nous livre les différentes facettes de sa personnalité hors norme dans ces carnets intimes, sincères et téméraires, doublés du premier guide d'approche de la médecine traditionnelle de l'ayahuasca en Amazonie.

COLLECTION NAISSANCES
DES PRATIQUES HARMONIEUSES
POUR UNE DIMENSION SPIRITUELLE

Allaiter

Guide des gestes naturels
Julie Toutin, Illustrations de Moineau Jolie
(Préface du Dr Michel Odent
Préambule de Michka)

Un guide pour soutenir et accompagner les femmes sur le chemin de l'allaitement maternel, leur donner confiance en leur instinct et leur pouvoir inné.

Naître ici

Guide de la naissance respectée en France
Julie Toutin, (Photographies de Laura Boil,
Préface d'Isabelle Challut)

Le premier guide de la naissance en conscience, richement illustré par une photographe spécialisée dans la maternité.

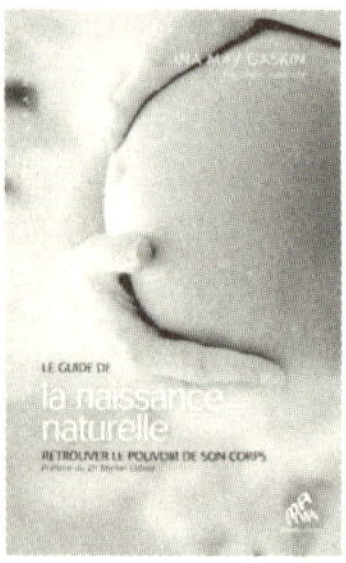

Le Guide de la naissance naturelle

Retrouver le pouvoir de son corps
Ina May Gaskin
(Préface du Dr Michel Odent)

Accoucher chez soi, dans une maison de naissance ou dans une maternité... La sage-femme la plus célèbre au monde révèle les capacités insoupçonnées du corps de la femme. *MamaScope* inclus (annuaire d'adresses utiles).

Le Guide de l'allaitement naturel

Nourrir son enfant en toute liberté
Ina May Gaskin
(Préface du Dr Michel Odent)

Une mine d'informations précieuses et de témoignages réunis par la sage-femme la plus célèbre au monde, après quarante années d'expérience.
MamaScope inclus (annuaire d'adresses utiles).

Enfanter en conscience

La dimension initiatique de l'accouchement
Aurélie Païno, Photographies de Melissa Jean
(Préface du Dr Pierre-Yves Albrecht
Postface de Laura Uplinger)

Un plaidoyer pour la naissance naturelle, véritable rite de passage auquel les femmes pourront se préparer grâce à des exercices spirituels et pratiques.

Accoucher par soi-même

Le Guide
Laura Kaplan Shanley
(Préface du Dr Marie-Pierre Goumy,
Postface du Dr Michel Odent)

Pendant des millénaires, les femmes ont enfanté avec la même facilité que les autres mammifères. Elles peuvent retrouver cette aisance aujourd'hui en se fiant à leur instinct. L'expérience de Laura Kaplan Shanley et les recherches qu'elle a menées le confirment brillamment.

Tu accoucheras dans l'extase

Dr Marie-Pierre Goumy
(Préface de Hélène Goninet)

Le témoignage intime d'une femme médecin qui a mis au monde son enfant dans l'extase : une invitation à se reconnecter profondément à soi, corps et âme.

Pourquoi j'ai mangé mon placenta

Jeanne Goujon
(Préface de Patrice Van Eersel)

Un témoignage bienfaisant qui va à l'encontre de nombreuses idées reçues sur le placenta, l'allaitement et l'accouchement.

Les Mémos illustrés de l'accouchement

170 fiches pratiques

Eve Aschour

(Préface de Julie Toutin, Postface de Hélène Goninet)

Grâce à ces mémos poétiquement illustrés, Eve Aschour donne les clés permettant de préparer une naissance naturelle, de la grossesse à l'allaitement.

L'Enfantement, entre puissance, violence et jouissance

Une dimension méconnue de la sexualité féminine

Hélène Goninet (Préface du Dr Michel Odent)

Plus de trois cents femmes répondent à des questions clés sur leur expérience de l'accouchement, de l'amour et du sexe : un livre sans précédent, qui bouscule bien des idées reçues. *MamaScope* inclus (annuaire d'adresses utiles).

Journal d'une sage-femme nature

Accueillir la vie autrement

Hélène Goninet

Pendant vingt ans, Hélène Goninet a accompagné des femmes souhaitant accoucher dans la sécurité de leur foyer. Son témoignage atteste de leur force innée à mettre au monde leurs petits.

Rêver mon bébé en images

Carnet de dessins à colorier pour accompagner ma grossesse

Hélène Goninet

Un cahier pratique et poétique pour accompagner les futurs parents pendant la grossesse et la naissance.

COLLECTION SEXES
AMOUR, PLAISIR ET DÉCOUVERTES

Magie du cycle féminin
Le pouvoir des règles
Alexandra Pope, Sjanie Hugo Wurlitzer
(Préface de Hélène Goninet)

Les femmes sont elles aussi programmées pour le pouvoir, et celui-ci, dans sa plénitude, passe par le rythme et les changements de leur cycle menstruel. Un chemin initiatique.

Les Plaisirs secrets de la ménopause
Dr Christiane Northrup
(Préface de Hélène Goninet)

Un ouvrage réjouissant, qui répond à un réel besoin. Le Dr Christiane Northrup livre ici un message capital qui aidera des millions de femmes - et d'hommes - à comprendre qu'à la ménopause, une vie voluptueuse peut commencer.

COLLECTION JARDINAGES
DES RÉFÉRENCES PIONNIÈRES

Un potager bio dans la maison
Guide d'éco-jardinage en intérieur
Léon-Hugo Bonte
(Préface de Michka, Dessins de Denis Pic Lelièvre)

Le manuel innovant pour faire pousser chez soi de savoureux fruits et légumes ou encore ses fleurs préférées... à tout moment de l'année !

Le Bio Grow Book
Jardinage biologique en intérieur & en extérieur
Karel Schelfhout, Michiel Panhuysen
(Préface de Michka)

Ce manuel pratique dévoile les nouvelles techniques du jardinage bio. Une somme de secrets redécouverts et d'astuces inédites.
BioScope inclus (annuaire d'adresses utiles).

Culture en intérieur
La bible du jardinage indoor
Jorge Cervantes (Éditions Master & basic)

Plantes et fleurs exotiques sous lumière artificielle, été comme hiver: le manuel de référence pour l'horticulture high-tech, du jardin pour amateurs aux installations les plus sophistiquées. *JardinoScope* inclus (annuaire d'adresses utiles).

L'Hydroponie pour tous
Tout sur l'horticulture à la maison
William Texier (Préface de Lawrence Brooke)

Richement illustrée et enrichie d'un chapitre sur le jardinage urbain, cette bible du jardinage hydroponique va décupler vos récoltes indoor au-delà de ce que vous pensiez possible.
HydroScope inclus (annuaire d'adresses utiles).

Culture en intérieur

Les Dix Clés du jardinage indoor
Édition Mini
Jorge Cervantes

L'essentiel de l'horticulture en intérieur. Un condensé de savoir-faire dans un format compact.

L'Hydroponie pour tous

Les Dix Clés de l'horticulture à la maison
Édition Mini
William Texier

Les conseils avisés de William Texier pour débuter le jardinage hydroponique.

COLLECTION GRAPHICS
INSPIRER PAR L'IMAGE

La Naissance en bandes dessinées
Découvrez vos super pouvoirs ! (Tome 1)
Lucile Gomez

Le premier livre sur la naissance naturelle en bandes dessinées pour mieux connaître sa force et accoucher en toute sérénité.

La Naissance en bandes dessinées
Amplifiez vos super pouvoirs ! (Tome 2)
Lucile Gomez

Le best-seller *La Naissance en BD* revient, avec un tome 2 encore plus ludique et débordant de conseils pour amplifier les super pouvoirs des femmes, et ceux de leur bébé.

La Naissance en bandes dessinées
Propagez vos super pouvoirs ! (Tome 3)
Lucile Gomez

Ce tome 3 de *La Naissance en BD* vous donne les clés pour amplifier les super pouvoirs des mères, les partager avec le bébé, et les propager à la famille entière.

Jardiner bio en bandes dessinées
Librement adapté du livre Le Bio Grow Book
de Karel Schelfhout & Michiel Panhuysen
Denis Pic Lelièvre
(Préface de Michka)

La bible du jardinage biologique moderne en version BD. Parce qu'un bon dessin vaut mieux qu'un long discours.

PERSONAL STORIES
ADVENTURERS IN CONSCIOUSNESS

The Grande Dame *of Cannabis Tells her Story*
Michka
(Foreword by Catherine Deneuve)

A tale abundant with intimate revelations and surprises.

Cómo llegué a ser la reina del hachís
Mila
(Prefacio por Jamie Craig)

Un fascinante relato personal de uno de los raros iconos femeninos de la industria del cannabis.

How I Became The Hash Queen
Mila
(Foreword by Jamie Craig)

An exciting personal account from one of the cannabis industry's rare female icons.

HORS COLLECTION

Cannabis médical

Du chanvre indien aux cannabinoïdes de synthèse

Michka *et al.* (Éditions Complète & Poche)

En plein cœur des débats sur la légalisation du cannabis thérapeutique, l'ouvrage de référence sur la question, écrit par les plus grands spécialistes internationaux. *CannaScope* inclus (annuaire d'adresses utiles).

Se soigner avec le cannabis

État des lieux

Michka *et al.* (Édition Mini)

Le cannabis médical a fait la preuve de son efficacité face à un nombre important de maux. D'éminents spécialistes internationaux répondent ici aux questions les plus fréquentes sur ses modes d'action et la meilleure façon de l'utiliser.

COLLECTION CARTES & LIVRET
DE LA CONNAISSANCE À LA RÉALISATION

Le Chamanisme
par Laurent Huguelit

Une introduction destinée aux débutants. Pour découvrir la spiritualité chamanique, ses liens avec le monde moderne, les esprits et la nature.

Ouvrage de référence :
Le Chamane & le Psy

INCLUS DANS LE COFFRET
- Un jeu de 101 cartes
- Un livret de 120 pages
- Un plateau recto verso

L'Oracle de la chamane
par Brigitte Pietrzak

Découvrez la divination chamanique autrement, l'accès aux esprits, les animaux de pouvoir et la force de l'invisible.
Un outil pratique pour stimuler la vision intérieure, développer les sens subtils, et interpréter les messages délivrés par les guides.

INCLUS DANS LE COFFRET
- Un jeu de 52 cartes
- Un livret de 72 pages
- Un plateau recto verso

Le Soin

par Agnès Stevenin

Découvrez la thérapie énergétique autrement, ses liens avec le corps, l'esprit et l'invisible.
Un outil complet pour stimuler la guérison, développer le bien-être et mettre en pratique de nouvelles perceptions.

Ouvrage de référence :
De la douleur à la douceur

INCLUS DANS LE COFFRET
- Un jeu de 101 cartes
- Un livret de 120 pages
- Un plateau recto verso

L'Être

par Agnès Stevenin

Avec ces cartes de sagesse, découvrez autrement la pratique du soin énergétique.
Un outil pour comprendre les liens entre le corps et l'esprit et le processus complexe de réparation des âmes blessées.

Ouvrage de référence :
Spendeur des âmes blessées

INCLUS DANS LE COFFRET
- Un jeu de 101 cartes
- Un livret de 120 pages
- Un plateau recto verso

L'Alignement
par Marie-Pierre Dillenseger

Découvrez la pensée chinoise autrement,
ses liens avec la société contemporaine,
notre être profond et notre chemin personnel.
Un outil complet pour s'accomplir,
passer à l'action et mettre en pratique
une sagesse millénaire.

Ouvrage de référence :
Oser s'accomplir

INCLUS DANS LE COFFRET
- Un jeu de 150 cartes
- Un livret de 176 pages
- Un plateau recto verso

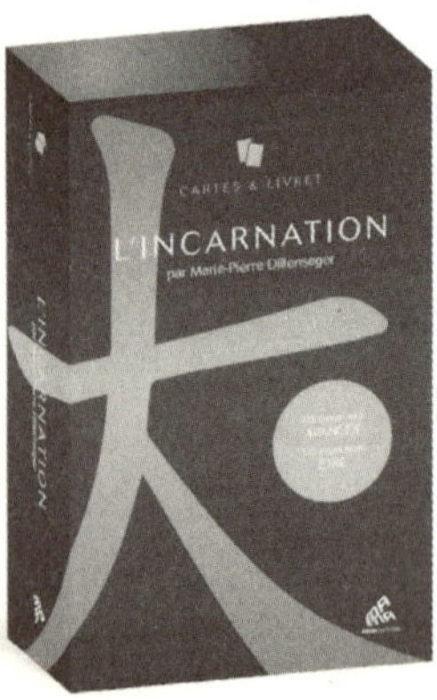

L'Incarnation
par Marie-Pierre Dillenseger

Ce coffret est une boussole qui oriente
dans la bonne direction, à savoir
celle qui mène vers soi-même.
Un outil complet pour gagner en force
et en assurance face aux épreuves
qui jalonnent les différentes étapes
de l'existence.

Ouvrage de référence :
Debout

INCLUS DANS LE COFFRET
- Un jeu de 125 cartes
- Un livret de 125 pages
- Un plateau recto verso

LES INITIATIQUES
DES HISTOIRES POUR S'OUVRIR AUX MONDES INVISIBLES

Shaman, L'Aventure mongole
Tome 1 - La Quête
Tigran (Préface de Claire Barré)

La Quête est le récit d'un jeune Français parti s'initier au chamanisme en Mongolie.
Une aventure spirituelle et amoureuse parsemée d'épreuves, à cheval entre deux mondes... pour que la flamme soit ravivée et le feu partagé.

Shaman, L'Aventure mongole
Tome 2 - La Vision
Tigran (Préface de Laurent Huguelit)

La Vision est la poursuite d'une transmission qui se déploie au cœur d'un récit mystique et passionné ponctué d'obstacles, à la lisière de l'invisible... pour que la connaissance soit sauvegardée et sa portée révélée.

Shaman, L'Aventure mongole
Tome 3 - L'Appel
Tigran (Préface de Priscilla Telmon)

L'Appel est l'accomplissement d'une quête ésotérique et charnelle au centre d'une passation de savoirs entre plusieurs dimensions... pour que la magie soit déployée et ses pouvoirs maîtrisés.

Shaman, L'Aventure amérindienne
Tome 4 - Le Chemin

Tigran (Préface de Lorenza Garcia)

Le Chemin est le récit d'un Français, passionnément amoureux, qui voyage de la Mongolie à l'Arizona. Ce conte initiatique donne vie aux enseignements d'illustres femmes et hommes-médecines. Une transmission de savoirs sur trois générations, ponctuée de révélations... pour que la vision soit reçue et la voie partagée.

Shaman, L'Aventure amérindienne
Tome 5 - Les Cieux

Tigran (Préface d'Audrey Fella)

Les Cieux relate l'aventure amoureuse et spirituelle d'un Français qui voyage entre les mondes visibles et invisibles. Ce conte initiatique diffuse les lumières d'illustres femmes et hommes-médecines. Une quête semée d'embûches et une passation de pouvoirs dans la magie d'une nuit noire... pour que l'étincelle soit transmise et le feu ravivé.

Shaman, L'Aventure amérindienne
Tome 6 - Le Tigre & le Jaguar

Tigran

Le Tigre & le Jaguar dévoile la quête d'un Français entre les dimensions réelles et surnaturelles. Ce conte, porté par une histoire d'amour inspirante, révèle les pratiques d'illustres guérisseurs d'Asie et d'Amérique. Un éveil mystique sur trois générations de femmes-médecines, parsemé d'épreuves initiatiques... pour que la voix soit entendue et son message incarné.

LA PETITE BIBLIOTHÈQUE
TOUT L'ESPRIT MAMA ÉDITIONS
DANS DES INÉDITS COURTS ET INTENSES

Feu la jalousie
Michka

Êtes-vous prêts pour une nouvelle éthique amoureuse ?

Avec ce témoignage lumineux, Michka partage un chemin singulier, à l'écart des sentiers battus. Auquel s'adjoint un précieux *Petit Manifeste du bien-être*.
Un livre libérateur...

La mort ne nous séparera pas
Franck Laguilliez Arrondeau

Et si l'amour était plus fort que la mort ?
Lorsqu'un papillon « messager de l'au-delà » se pose sur l'épaule de Franck, quelques jours après le décès de son mari, il comprend que son âme sœur est toujours là, à ses côtés. Très vite arrive le besoin d'écrire, pour raconter leur amour et les nombreuses synchronicités qui l'ont aidé à ne pas sombrer.

Des gens qui s'aiment
Carole Berrebi (Postface de Harry Tordjman)

Jusqu'où iriez-vous par amitié ?

Carole Berrebi parvient, avec ce récit émouvant, à mettre en mots un amour qui réunit et magnifie l'amitié, la maternité, la famille. Sa plume poétique nous invite à toujours garder espoir et avoir confiance en la vie.

Visions d'un monde à l'autre
Brigitte Pietrzak

Et si on osait imaginer un monde idéal ?

Brigitte Pietrzak nous entraîne dans un univers où règnent la joie et la paix. Dans cet endroit idyllique, les villes sont de vastes jardins, les humains respectent la nature, vivent en harmonie avec eux-mêmes et les autres.

Lire les signes et trouver son chemin

Marie-Pierre Dillenseger

Comment interpréter les signes reçus sur notre chemin de vie ?

C'est à l'aide de la pensée traditionnelle chinoise et de sa propre expérience que l'autrice nous donne de précieuses clés pour interpréter ces messages et ces signes.

S'ancrer pour se déployer

Marie-Pierre Dillenseger

Et si l'avancée se nourrissait de l'immobilité ?

Paresse ? Manque de courage ? Ou formidable force d'opposition, salutaire face à l'agitation perpétuelle qui vampirise les forces de vie ? Une résistance qui ne dit pas son nom et s'organise sans mot d'ordre pour se reconnecter à l'essentiel ? Posons l'ancre. Laissons passer les trains qui nous éloignent de nous-mêmes.

Chair Lumière - Entretien avec Frédérique Lemarchand

Audrey Fella

Et si l'art était le lieu privilégié d'une rencontre avec notre être profond ?

Ce livre, sous forme d'entretien, est né de l'amitié entre l'essayiste Audrey Fella et l'artiste peintre Frédérique Lemarchand.

À table avec bébé

Fanny Alliot

Osez la diversification alimentaire menée par l'enfant (DME) !
La diversification alimentaire peut ressembler à un véritable cassetête. Entre calendriers restrictifs, âge et portions recommandées, les règles s'opposent et déroutent les parents. Et si le bon sens et l'écoute de notre bébé étaient la clé pour mener cette aventure gustative en toute sérénité ?

Première édition originale, premier tirage

Photographies © Emma Mira
Photographie de couverture © D.R.
Portrait de l'autrice © D.R.
Conception graphique : Philippe Fourquet

Achevé d'imprimer en septembre 2023
par Printcorp
pour le compte de Mama Éditions.

Ce livre est issu de forêts gérées durablement
et de sources contrôlées.

ISBN 978-2-84594-522-7
Dépôt légal octobre 2023
N° d'imprimeur 23020281

L'imprimerie Printcorp est titulaire du label :

La Clairière des LIVRES

Pour chaque titre d'un livre imprimé, un arbre est planté dans une forêt de 15 hectares en Centre Bretagne.

www.typolibris.fr (by Printcorp)